新媒体营销系列

新媒体产品定位与运营

IMS（天下秀）新媒体商业集团　编著

清华大学出版社
北京

内容简介

随着电子商务等行业的快速发展，行业对于相关专业人才的需求与日俱增。本书通过对产品定位与运营进行基础讲解，目的是让学生全面且细致地学习产品的相关专业知识。本书采用任务制的方式，在完成不同任务的过程中学习理论知识，由浅入深地展开学习。

本书采用"理论知识+案例分析与实践"的编写模式，一共11章，分别是产品定位概述、产品定位五步法、产品生命周期、产品营销、产品与产品品牌、产品调研、产品属性、产品策划、产品定价、选品的规范和流程及常见产品分类与质量要求。每章都包含基础理论知识与相关案例分析，使用理论知识指导实践操作，通过实践操作巩固理论知识，使课程循序渐进，渐入佳境。另外，本书赠送课程标准、授课大纲、讲义、PPT课件以及测试题，方便读者学习和教师授课，读者可根据个人需求下载使用。

本书结构清晰，内容由简到难，图片与案例经典实用，文字阐述通俗易懂，与实践密切结合，具有很强的实用性，适合高职、大中专院校相关专业的学生使用。

本书封面贴有清华大学出版社防伪标签，无标签者不得销售。
版权所有，侵权必究。举报：010-62782989，beiqinquan@tup.tsinghua.edu.cn。

图书在版编目（CIP）数据

新媒体产品定位与运营 / IMS（天下秀）新媒体商业集团编著. —北京：清华大学出版社，2022.1（2025.1重印）
（新媒体营销系列）
ISBN 978-7-302-59355-3

Ⅰ.①新… Ⅱ.①I… Ⅲ.①传播媒介－运营管理 Ⅳ.①G206.2

中国版本图书馆CIP数据核字（2021）第210636号

责任编辑：张　敏
封面设计：郭　鹏
责任校对：胡伟民
责任印制：曹婉颖

出版发行：清华大学出版社
　　　　　网　　址：https://www.tup.com.cn, https://www.wqxuetang.com
　　　　　地　　址：北京清华大学学研大厦A座　　邮　编：100084
　　　　　社 总 机：010-83470000　　　　　　　　邮　购：010-83470235
　　　　　投稿与读者服务：010-62776969, c-service@tup.tsinghua.edu.cn
　　　　　质量反馈：010-62772015, zhiliang@tup.tsinghua.edu.cn
印 装 者：天津安泰印刷有限公司
经　　销：全国新华书店
开　　本：170mm×240mm　　　印　张：15　　　字　数：370千字
版　　次：2022年2月第1版　　　印　次：2025年1月第3次印刷
定　　价：59.80元

产品编号：094165-01

编委会名单

主　　　编：IMS（天下秀）新媒体商业集团

编委会成员（排名不分先后）：

王　薇	王冀川	卢　宁	李　檬	李　剑	李文亮
李云涛	李　杨	孙　宁	孙杰光	孙　琳	刘　鹤
张歌东	张宇彤	张建伟	张　烨	张笑迎	张志斌
陈　曦	陆春阳	徐子卿	韩　帆	郭　擂	段志燕
杨　丹	杨　羽	吴奕辰	袁　歆	唐　洁	雷　方
蔡林汐	韩世醒	秦　耘	樊仁杰		

随着我国经济的迅速发展和市场规模的不断增长,琳琅满目的产品开始呈现在各级市场,关于企业如何打造自己的品牌并进行产品定位以及高效运营自身产品成为了一个热门话题。本书聚焦于产品定位与运营,通过讲解理论知识并与相关实践相结合完成教学培养目标,重点培养学生关于产品定位、产品策划、产品定价、产品调研报告撰写等方面的专业能力,掌握产品定位与运营的相关知识与培养相关的从业能力,为蓬勃发展的市场培养和输送更多的专业人才,缓解当今行业人才迫切需求的压力。

本书内容

本书共计11章:第1章产品定位概述;第2章产品定位五步法;第3章产品生命周期;第4章产品营销;第5章产品与产品品牌;第6章产品调研;第7章产品属性;第8章产品策划;第9章产品定价;第10章选品的规范和流程;第11章常见产品分类与质量要求。

每章围绕一个知识主题,设置有相关的课堂讨论与时下热门案例的案例分析,采用案例教学、情景模拟和角色模拟等教学方法,注重实践分析工具的运用,进行"参与式"和"合作式"教学,旨在提升学生的团队协作能力、统筹管理能力、理解能力、资料收集与整理的能力、分析能力、实践能力和创新能力。

本书依据互联网营销、电子商务、产品与市场运营等相关职业岗位所需的行业基础知识要求而设置,以产品经理这一岗位所需的能力为出发点,充分考虑职场的新人应具备的相关理论知识和实践能力,构建了本课程的理论教学内容。同时根据不同的理论教学内容,有针对性地加入实训环节,在实践中强化相关理论知识,为以后课程的学习打好基础。

本书特点

本书采用"理论知识+案例分析与实践"的教学模式,用理论指导实践,用实践巩固理论,并配合相应的课堂讨论,对课堂学习成果进行巩固并加深学生对知识点的理解,采用互动式的课堂教学方法,让每个学生都能积极地参与进来,提高学生的学习兴趣和自主学习能力,丰富课堂教学形式与内容。

本书赠送资源包括课程标准、授课大纲、讲义、PPT课件以及测试题，方便读者学习和教师授课，读者可根据个人需求扫描下方二维码下载使用。

课程标准

授课大纲

讲义

PPT课件

测试题

编　者

目录 CONTENTS

第1章 产品定位概述 001
1.1 产品定位的定义 001
1.2 产品定位的内容 001
1.2.1 质量定位 002
1.2.2 功能定位 003
1.2.3 体积定位 004
1.2.4 造型定位 004
1.2.5 价格定位 005
1.3 影响产品定位的因素 006
1.4 产品定位的主要步骤 007
1.4.1 确定潜在的竞争优势 007
1.4.2 选择竞争优势 008
1.4.3 实施定位阶段 009
1.5 产品定位过程中的注意事项 009
1.5.1 定位的概念 009
1.5.2 用户画像是一把双刃剑 010
1.6 产品定位案例分析与实践 011
1.6.1 案例一：巧用品牌属性定位——伊利果昔新品上市 011
1.6.2 案例二：找准产品定位的某饮料品牌——无糖饮料的一匹黑马 013
1.6.3 案例三：抓准市场定位——短视频平台抖音App 015
1.6.4 案例四：某运动型饮料品牌快速"卖动" 017
1.7 本章小结 019

第2章 产品定位五步法 020
2.1 第一步：目标市场定位 020
2.2 第二步：产品需求定位 022
2.3 第三步：产品测试定位 023
2.3.1 产品测试定位一般流程 024
2.3.2 市场调查的基本内容 024
2.4 第四步：差异化价值定位 026

- 2.5 第五步：营销组合定位 028
- 2.6 五步法辅助技巧 029
  - 2.6.1 技巧一：把抽象产品生成新的具象产品 029
  - 2.6.2 技巧二：需注意的问题 029
- 2.7 案例分析与实践 030
  - 2.7.1 案例一：某品牌红酒——重新定位市场 030
  - 2.7.2 案例二：抓住机遇的设计师 031
  - 2.7.3 案例三：由眼影切入——橘朵彩妆 032
- 2.8 本章小结 036

第3章 产品生命周期 037

- 3.1 产品生命周期的定义 037
  - 3.1.1 产品生命周期的概念 037
  - 3.1.2 产品生命周期阶段 037
- 3.2 产品生命周期曲线 039
- 3.3 产品生命周期不同阶段的营销策略 039
  - 3.3.1 介绍期的营销战略 040
  - 3.3.2 成长期的营销策略 041
  - 3.3.3 成熟期的营销策略 042
  - 3.3.4 衰退期的营销战略 043
- 3.4 产品生命周期分析的优点与缺点 043
- 3.5 特殊产品的生命周期 044
- 3.6 产品生命周期案例分析与实践 045
  - 3.6.1 案例一：国潮品牌王小卤是怎么成为鸡肉零食No.1的 045
  - 3.6.2 案例二："一拆入魂"的"盲盒"到底有啥魔力？ 048
- 3.7 本章小结 052

第4章 产品营销 053

- 4.1 产品营销的定义 053
- 4.2 产品定位与产品营销 054
  - 4.2.1 产品定位与产品营销的区别 054
  - 4.2.2 内容营销与产品营销的关系 054
- 4.3 产品营销的特点和现状 056
  - 4.3.1 产品营销的特点 056
  - 4.3.2 发展方向现状 057
- 4.4 产品营销在市场中的价值 058
  - 4.4.1 指导产品路径图 059
  - 4.4.2 产品推广 059
  - 4.4.3 洞察客户 060

- 4.5 产品营销对于企业的意义 ... 060
- 4.6 产品营销案例分析与实践 ... 063
  - 4.6.1 案例一：五粮窖龄20年——产品手册打动消费者 ... 063
  - 4.6.2 案例二：国产彩妆品牌社媒营销案例 ... 064
  - 4.6.3 案例三：小熊电器的营销策略 ... 070
  - 4.6.4 案例四：自然堂炫彩唇膏"三八节"神广告 ... 073
- 4.7 本章小结 ... 076

第5章 产品与产品品牌 ... 077

- 5.1 产品及产品品牌的概念 ... 077
  - 5.1.1 产品的概念 ... 077
  - 5.1.2 产品品牌的概念 ... 078
  - 5.1.3 产品品牌的表达内容 ... 079
- 5.2 产品品牌与企业品牌 ... 080
  - 5.2.1 企业品牌的概念 ... 080
  - 5.2.2 产品品牌与企业品牌的关系 ... 081
- 5.3 产品品牌的建立流程 ... 082
- 5.4 产品品牌的作用 ... 084
  - 5.4.1 品牌对于企业的作用 ... 084
  - 5.4.2 品牌对于消费者的作用 ... 085
- 5.5 品牌战略基本形式 ... 085
  - 5.5.1 产品线扩展 ... 085
  - 5.5.2 品牌延伸 ... 086
  - 5.5.3 多品牌决策 ... 086
  - 5.5.4 新品牌决策 ... 087
  - 5.5.5 合作品牌或双重品牌 ... 087
- 5.6 产品品牌案例分析 ... 087
  - 5.6.1 哔哩哔哩视频网站打造品牌新概念 ... 087
  - 5.6.2 红牛饮料：强调功能成分，打造品牌概念 ... 089
  - 5.6.3 王饱饱麦片：产品、营销、渠道三位一体的飞轮效应 ... 090
  - 5.6.4 宅猫日记的产品品牌定位 ... 095
- 5.7 本章小结 ... 097

第6章 产品调研 ... 098

- 6.1 产品调研的定义 ... 098
- 6.2 产品调研的原理与目的 ... 099
  - 6.2.1 产品调研的原理 ... 099
  - 6.2.2 产品调研的目的 ... 100
- 6.3 产品调研的内容 ... 102

6.4 产品调研的市场反馈和分析 ... 103
    6.4.1 产品调研的市场反馈 ... 104
    6.4.2 产品调研的市场分析 ... 106
6.5 产品调研报告的撰写和呈现 ... 107
    6.5.1 产品调研报告的撰写 ... 107
    6.5.2 产品调研报告的呈现 ... 111
6.6 产品调研案例分析与实践 ... 111
    6.6.1 案例一：青岛啤酒针对消费者需求的品质精酿 ... 111
    6.6.2 案例二：可口可乐跌入调研陷阱，百事以口味取胜 ... 112
6.7 本章小结 ... 113

第 7 章 产品属性 ... 115

7.1 产品属性的定义和决定因素 ... 115
    7.1.1 产品属性的定义 ... 115
    7.1.2 产品属性的决定因素 ... 116
7.2 产品属性的作用 ... 117
    7.2.1 产品属性的作用 ... 117
    7.2.2 不同产品类别的传播属性 ... 118
7.3 产品属性与应用场景 ... 119
    7.3.1 应用场景的意义 ... 119
    7.3.2 如何判断一个应用场景是否有价值 ... 119
    7.3.3 应用场景的描述方法和各部分必要性 ... 120
7.4 产品属性的场景化营销策略 ... 121
    7.4.1 场景化营销的类型 ... 122
    7.4.2 产品属性的场景化营销的五个步骤 ... 123
    7.4.3 产品属性的场景化营销的技巧 ... 124
7.5 产品属性案例分析与实践 ... 126
    7.5.1 案例一：某矿泉水品牌依靠包装升级，创造新的消费场景 ... 126
    7.5.2 案例二：某零食品牌——利用产品属性进行情景化营销的案例 ... 127
    7.5.3 案例三：某巧克力品牌——利用产品属性进行情景化营销的案例 ... 128
    7.5.4 案例四：某乳制品品牌——利用产品属性进行情景化营销的案例 ... 129
7.6 本章小结 ... 132

第 8 章 产品策划 ... 133

8.1 产品策划的定义与初始规范 ... 133
    8.1.1 产品策划的定义 ... 133
    8.1.2 产品策划的初始规范 ... 133
8.2 产品入市策划 ... 135
    8.2.1 新产品入市调研思路 ... 135

8.2.2 新产品入市调查方案设计 136
8.3 商标认证 137
8.3.1 商标的含义 137
8.3.2 认证标志 138
8.3.3 认证标志的相关违法行为 140
8.4 专利申请 141
8.4.1 专利申请 141
8.4.2 专利申请的一般步骤 142
8.4.3 怎样办理专利申请 142
8.4.4 专利申请的程序 142
8.4.5 委托专利代理机构申请专利的程序 144
8.5 产品包装 145
8.5.1 产品包装的概念 145
8.5.2 产品包装的策略 145
8.5.3 产品包装的技巧 146
8.6 产品卖点 147
8.6.1 为什么要进行产品卖点定位 147
8.6.2 确定产品核心卖点的办法 147
8.6.3 寻找产品卖点的建议 150
8.7 产品策划案例分析与实践 150
8.7.1 案例一：丧茶店通过情感营销进行产品策划 150
8.7.2 案例二：通过名人、事件效应进行产品策划 152
8.7.3 案例三：某火锅连锁品牌通过精细服务进行产品策划 153
8.7.4 案例四：某碳酸饮料品牌通过综合性营销进行产品策划 154
8.8 本章小结 156

第9章 产品定价 157
9.1 产品定价的含义 157
9.2 产品定价的决定要素 158
9.3 产品定价的趋势与分析 160
9.4 产品定价的策略与方法 161
9.5 产品升降价格的策略与方法 164
9.5.1 主动调整价格 164
9.5.2 购买者对调价的反应 165
9.5.3 竞争者对调价的反应 165
9.5.4 企业对竞争者调价的反应 165
9.6 产品价格组合的策略与方法 166
9.7 产品定价案例分析与实践 167
9.7.1 案例一：巧用产品组合的屈臣氏——用个性化零食提高产品定价 167

9.7.2 案例二：利用捆绑销售的好丽友——在不减少利润的情况下提高产品销量 168
9.7.3 案例三：将两类产品放进礼盒统一定价的某知名坚果品牌——零食的黑马 169
9.7.4 案例四：超市将不同产品组合定价 170
9.8 本章小结 171

第10章 选品的规范和流程 172

10.1 产品选品的含义 172
10.2 产品选品的技巧 172
10.2.1 产品选品的三个维度 172
10.2.2 产品选品的原则 173
10.2.3 产品选品的流程 175
10.2.4 产品选品在直播带货中的应用 176
10.3 产品选品风险评估与风险控制原则 177
10.3.1 产品选品风险评估 178
10.3.2 产品选品风险控制的原则 179
10.4 产品质量检验 180
10.4.1 产品质量检验的含义 180
10.4.2 产品质量检验的要点 181
10.4.3 产品质量检验的作用 182
10.4.4 产品质量检验的主要管理制度 183
10.5 产品品级评定与质量监督 185
10.5.1 产品品级评定的含义 185
10.5.2 产品品级评定的划分原则 185
10.5.3 产品品级评定的划分方法 186
10.5.4 产品质量监督的含义 187
10.5.5 产品质量监督的形式 187
10.5.6 产品质量监督的特点 187
10.6 产品评测原则和方法 188
10.6.1 产品评测的原则 188
10.6.2 产品评测的类型 188
10.6.3 产品评测的方法 188
10.7 产品选品、质检案例分析与实践 190
10.7.1 案例一：直播选品中的产品质量问题 190
10.7.2 案例二：玩具质量问题案例 191
10.7.3 案例三：海尔集团旗下产品质量过硬，受消费者喜爱 192
10.7.4 案例四：某知名连锁奶茶品牌成功选品 194
10.8 本章小结 195

第11章 常见产品分类与质量要求 196

11.1 日用工业品分类与质量要求 196
11.1.1 日用工业品分类 196
11.1.2 日用工业品质量要求 201
11.1.3 日用工业品的营销策略 201

11.2 纺织品分类与质量要求 203
11.2.1 纺织品分类 203
11.2.2 纺织品质量要求 204
11.2.3 纺织品品牌、包装与服务策略 206

11.3 食品分类与质量要求 208
11.3.1 食品分类 208
11.3.2 食品质量要求 211
11.3.3 不同种类食品的营销策略 212

11.4 快消产品分类与质量要求 215
11.4.1 快消产品分类 216
11.4.2 快消产品质量要求 217
11.4.3 快消产品网络营销策略 218

11.5 美容护肤类产品分类与质量要求 219
11.5.1 美容护肤类产品分类 219
11.5.2 美容护肤类产品质量要求 220
11.5.3 美容护肤类产品的销售策略 221

11.6 本章小结 222

第1章 产品定位概述

艾·里斯（AI Ries）是世界最著名的营销战略家之一，是里斯（Ries & Ries）咨询公司的主席，主要是为众多知名企业提供战略咨询服务。他在1972年与杰克·特劳特（Jack Trout，美国特劳特咨询公司创始人及前总裁）共同提出了"产品定位"概念并且加以普及。但是我们在本章中提到的"定位"指的并不是产品的本身，而是指一种新的印象——产品在消费者心目中的形象，换句话说就是产品在消费者心目中的地位。"产品定位"是指为了树立一种为适应特定的消费者，为了符合在他们心中的某种产品，而进行的一连串产品策略的企划和营销组合的活动。

商家通过广告等手段宣传产品，是符合特定消费者心理需求的某个特点的，再确立这类商品在市场竞争中的方向，促使消费者树立选购该商品的稳固印象的策略，这也是产品定位策略在广告中的应用，包括广告产品实体定位策略与广告概念定位策略。广告产品的实体定位策略就是通过突出广告产品的新价值、新功能和新用法，为消费者带来新的便捷和利益，通过这样的方法，就能使消费者对商家想要宣传的商品产生深刻的印象。

1.1 产品定位的定义

产品定位是指针对用户或者消费者对产品某一种属性的关注点，特定地塑造产品的鲜明个性或特征与其关注点相对应，从而很好地树立该产品在市场上的形象，从而使目标市场和受众人群更加了解和接受产品。

我们既可以通过产品实体上的特点表现出产品的特色，如通过观察形态、成分、构造、商标和产地等；也可以猜想和预测消费者的心理，有的喜欢豪华感、有的喜欢朴素感，有的人追求时髦，也有人更青睐典雅；还有的直接体现在价格上，也有的产品通过使用者的感受获得反馈。图1-1所示为产品定义的环形图。

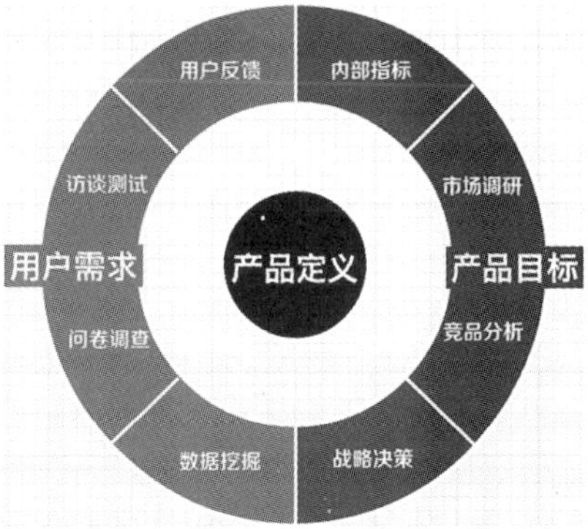

图1-1 产品定义的环形图

1.2 产品定位的内容

一般说来，在产品定位中应该关注卖点定位、功能属性定位、外观及包装定位、品牌属性定位和基本营销策略定位5个方面的内容，具体内容如表1-1所示。

表 1-1 产品定位需要关注的 5 个方面的内容

定 位 方 面	内 容 要 求
卖点定位	提炼出产品独特销售主张
功能属性定位	解决消费者的特定需求和主要的产品属性
外观及包装定位	产品的外观与包装的设计风格、规格等
品牌属性定位	品牌属性是否与企业的母品牌属性存在冲突
基本营销策略定位	做市场领导者、挑战者、跟随者还是补缺者，以及确定相应的产品价格策略、沟通策略与渠道策略

我们首先必须准确清楚地明白消费者以及他们的需求特征，然后才能针对性地准确定位产品的受众人群、特点，在定位中，定位的出发点是为了突出产品的特色，而定位的归宿是恰到好处地满足受众消费者的要求。

总的来说，一般的产品定位包括：质量定位、功能定位、体积定位、造型定位和价格定位。

1.2.1 质量定位

产品主要的衡量标准是质量，所以产品质量的好坏会直接影响到产品是否能在市场竞争中胜出或者占据主导地位。因此当我们研发和生产产品时，我们应该依据受众人群的某些需求来确定我们的产品质量。

大众印象中的观点是当产品质量越高，赋予其的价值就越高。其实，这种朴素的质量观点并不适用于所有情况。首先，衡量质量是一项难量化的行为，即使通过国家标准衡量，如 ISO 质量认证体系，得出产品质量相较于其他产品质量很好，但在市场上，消费者的认知水平与这些标准不一定相符合，消费者对质量的认知通常受限于个人感受；其次，高质量的商品并不适用于所有的市场，比如在发展中国家市场上，消费者往往更青睐于价格更便宜的产品，即便质量略微占劣势。图 1-2 所示为 ISO 标志。

图 1-2 ISO 标志

所以，当我们在进行产品定位的过程中，一定要正确地认识质量定位，不能盲目。受众人群对于市场上普遍的产品质量要求、对质量的认知还有与自己公司产品的同类产品质量问题等，这些都应该成为我们在进行质量定位时的重要考核因素。同时我们应该认识到质量是存在边际效益的——即质量边际收益应该和投入的成本大致相等，通俗讲就是"花一块钱就应得到一块钱利润"。这些提高了质量档次的产品，在市场上销售时，就要比其他产品更具价格竞争力，当这些高价售出的产品产生的增值利润比为提高档次而投入的费用高的时候，我们将产品定位在质量高的区域是合理的做法；但是，如果此时的产品质量继续提高，那么产品的成本就会继续增加，逐渐地，投入与收获达到了平衡的点，这时就到了质量定位点，而高于这个点了，我们继续提高质量，会得不偿失。

案例 优质的抗植物病虫害剂

某著名制药公司研制生产了一种抗植物病虫害剂——贝塔纳尔，该产品多年来在市场上饱受好评，一枝独秀。究其原因，该产品的化学分子式是独一无二的，且它的制作配方享受专利保护。

后来该产品的专利保护期满，竞争者们仿制，一时间市场上出现大量相似或相同的产品。又因为贝塔纳尔的价格比同类商品高出三分之一，因此其市场占有额一度面临严峻挑战。

贝塔纳尔从质量定位出发，通过各类指标来确保产品安全，即它是这一产品的发明人和多年的独家生产商，为此还建立一个贝塔纳尔研究所，并在其新办的《农艺学》杂志上发表针对目标顾客的研究报告，将质量放在产品制作、产品宣传的首位。这一举措十分成功，贝塔纳尔不仅维持了价格水平，并且在短期内获得了销售额增长，直到今天销售额也一直稳定。

1.2.2 功能定位

在市场竞争中，消费者会比较同类产品的优劣，当提及性能价格比，即性价比。性价比往往是可以左右甚至最终促使消费者购买某种产品的因素。这个时候，产品的性能也是我们在定位时考核产品的一个十分重要的指标。从某种意义上说，产品使用起来的功能指的就是性能，所以功能是产品的核心价值，会直接影响产品最终的价值。

而影响功能定位的情况和因素是多方面的，其中包括了企业自身的实力因素、市场上供求的因素、市场存在的客观地域因素和消费人群的消费水平因素等。我们在进行功能定位的时候，需要综合去考虑这些因素，经过多方考虑后，并且在明确决定性因素的前提下，我们才能够更好地进行功能定位。

功能定位包括了单一功能定位和多功能定位两种。比较来说，单一功能定位的成本会低一些，但是很多其他的方面不能满足消费者的需求；多功能定位的成本相应增加，但是很多方面可以满足客户的需求。同时，我们也可以看到，不同的行业有着截然不同的产品功能定位，以房地产行业和服装行业为例。房地产行业的功能定位往往侧重于人性化、绿色、科技化等方面，而服装行业的功能定位往往单一。因此，自身的发展需要，还要切合市场的需求来进行产品功能定位。图1-3所示为突出人性化、绿色的房地产广告。

图 1-3 房地产广告

1.2.3 体积定位

产品种类丰富之后,产品的规模也是企业在产品定位上需要考虑的重要问题。在这方面,电器产品、通信产品、电子产品尤为明显。消费者越来越青睐质量相近但体积更小的产品。在这种消费需求的影响下,超薄笔记本电脑、平板电脑、超小型家电等纷纷推向市场。图 1-4 所示为智能手机和平板电脑。对体积的定位也是产品在参与市场竞争时的一种很好的营销手段。

图 1-4 平板电脑和智能手机

1.2.4 造型定位

当今消费者对于产品的造型、外观日益重视。在产品处于同一水平线时,如果企业能够率先对产品造型进行重新定位,便能够在市场上树立鲜明的产品形象,给消费者留下深刻的印象。消费者对产品造型的多样化需求在一定程度上反映了现在的消费者更注重有个性化的产品。

消费者个性化需求的发展导致了产品造型的不断更新,企业产品采取什么样的造型或款式,是产品定位的关键内容之一。一个恰到好处的造型定位可在营销上一举成功,而一个失败的造型定位则可能令其在营销上一败涂地。

除了如建筑材料、水泥电缆这类基础产品和柴米油盐这类生活必需品之外,其他任何产品都可以采用造型定位参与市场竞争。在市场竞争中，别出心裁的产品造型能树立优势，令其脱颖而出。例如，我国某地区的农民企业家用葫芦装酒，改变了酒类行业普通使用玻璃瓶包装的惯例，这种新包装的酒一经上市就广受欢迎，形成了供不应求的局面。图 1-5 所示为精美的包装盒，让人眼前一亮，令产品在竞争中脱颖而出。

在未来，造型定位作为企业参与市场竞争的策略会更加普遍。

图 1-5　礼物包装盒

1.2.5　价格定位

价格定位在产品定位的所有部分中是最难以琢磨的部分。一方面来讲，价格是消费者日常生活中衡量产品的一个主要因素，消费者对价格的敏感程度会决定这些消费者最终的消费方向；而从另一方面来说，产品卖出的价格是企业获取利润十分重要的指标，价格最终将直接影响企业的盈利能力。此外，要想完完全全地去把握住价格定位，是一件非常困难的工作，在进行价格定位的过程中我们十分容易掉入价格陷阱。价格定位包含的内容主要有生产成本、运营成本和附加成本。

生产成本，也称为制造成本，是指一般生产活动的成本，是企业为生产推出新产品而发生的成本，包括：各项直接支出和制造费用。"直接支出"包括材料（原材料、辅助的材料、备品的备件、使用的燃料等）、工资（生产人员的工资发放、补贴和福利费的发放等）以及其他的直接支出；而"制造费用"是指企业内部，以各分厂或车间为单位，组织和管理生产所产生的各种费用，包括分管人员的工资发放、经常使用的设备存在折旧费及其他制造费用（办公费、差旅费以及劳保费等）。

运营成本，也称作经营成本或者营业成本，是指企业销售商品期间或者支付工人劳务的成本。运营成本应当与所销售的商品以及工人劳务而取得的收入进行配比，一般来说，运营成本是与运营收入直接相关的，其内容包括：主营业务的成本和其他业务产生的成本。"主营业务成本"用于核算企业在销售商品、提供劳务和其他的一系列日常运营的活动而产生的成本。"其他业务支出"是指企业除去主营业务成本以外的其他所有的销售及其他业务所发生的支出，包括销售材料、提供劳务等而发生的相关成本以及相关税款。

附加成本特指在生产和运营过程中存在的商品的装卸费、整理费、运输费、搬运费、支付给员工的劳保用品费。它是生产成本和运营成本中的一部分，是在进行价格定位时容易却不能忽略的重要部分。

现代企业的价格取向与产品取向密切相关，价格定位的种类主要有三种：

（1）高价定位。实施高价定位策略，产品的优势一定要明显，让消费者真正感受到产品的优势。行业龙头产品和高端产品可以采取高价定位策略，而日用消费品不宜采取高价定位策略，否则很容易影响产品的销售。采用高价定位策略应考虑价格区间、企业成本、产品差异、产品性质和产品可替代性。如果在进行价格定位时，不考虑这些主要的影响因素，而是仅仅盲目地采取高价定位策略，是很容易失败的。

（2）中价定位。一种介于高价定位和低价定位之间的策略。目前，当降价、打折等策略在整个市场流行时，企业可以采取中价定位，这样也可以在市场上独树一帜，吸引消费者的注意。

（3）低价定位。在保证商品质量和企业有一定盈利能力的前提下，采取薄利多销的低价定位策略，很容易进入市场，在市场竞争中优势明显。有许多成功的企业采用了低价定位。沃尔玛超市就是一个典型的例子，沃尔玛超市的产品价格通常是较低的，这也是它吸引消费者的最有力武器。在国内，格兰仕公司也同样采用了低价定位的策略，成功打入家电市场并收益颇丰。

低价定位策略也可以成为一种武器。在残酷的市场竞争中，价格可以成为一些企业的"屠刀"，也可以成为企业获取优势的杀手锏。现代市场价格战实质上是企业之间价格定位策略的博弈。

在工作中，作为企业的管理人员，应该明确的是：企业的价格定位并不是一成不变的，在不同的营销环境下、在产品生命周期的不同阶段（本书会在第3章涉及相关内容），在企业发展的不同历史阶段，价格的定位可以相应地灵活变化。

案例　某品牌手机通过高价格定位人群

某品牌手机从初始就定位自己为手机中的奢侈品，选择了知名企业家做代言人，"商界""男人""成功人士"，以及象征"珠穆朗玛"形象，这样的系列标签让大众定义了一款不一样的手机，别的手机都是打电话、拍照、看电视剧用的，但该手机好像是身份的象征。

在其钛金盛典上，发布的新一代钛金手机M4，尊享版售价12999元，巅峰版售价15999元，其中，手机私人订制服务最高售价高达25880元。不出意外的让许多人觉得价格很贵，但有些人又会觉得有价值。创始人说："我们要做本土高端手机第一品牌，中国手机有5亿台的市场，只做千分之一，目标是50万台，这两年已经卖了24.8万台了，如果是500台，我们的定位就有问题了。"

课堂讨论：在这些产品定位的内容中，你觉得哪一部分内容优先级是最高的？为什么？说说你的看法。

1.3　影响产品定位的因素

影响产品定位的因素包括四个方面：消费者心理、市场竞争、产品本身的因素和营销手段，具体内容如表1-2所示。

表 1-2　影响产品定位的因素

影响产品定位的因素	具 体 内 容
消费者心理	消费者关注的焦点和对产品属性重视程度，特别要注意消费者的情感利益——身份、名誉、地位等
市场竞争	充分了解竞争者是如何定位的，并且弄清楚我们需要怎么做才能达到与其他竞争者不同并且脱颖而出
产品本身	从产品本身去寻找可作为定位的依据，当然这些依据必须是消费者所关注的。如产品的品质、工艺、功能、产地、性价比、包装和售后服务等
营销手段	通过营销行为影响消费者的心理，将产品定位的诉求准确地传达给消费者从而达到目的

1.4　产品定位的主要步骤

产品定位的过程就是突出产品自身优势，占领消费者心理空间的过程。通常，产品（或服务）、竞争对手和消费者必须协调统一。因此，定位的过程一般分为三个步骤：确定潜在竞争优势——选择竞争优势——实施定位。

1.4.1　确定潜在的竞争优势

厘清潜在的竞争优势，就是通过对市场环境、消费群体和企业产品的分析，找到定位的依据。它们包括：

市场环境分析要素：
- 市场上同类产品的情况。
- 哪些产品最受消费者欢迎？为什么？
- 谁是这个产品最直接的竞争对手？它的定位是什么？
- 竞争品牌的定位效果如何？
- 有市场空缺吗？

消费群体分析要素：
- 消费者对这类产品的品牌偏好是什么？他们更喜欢哪个品牌？
- 不同消费群体选择这类产品的倾向是什么？
- 消费者的主要需求心理是什么？
- 消费者对本产品的印象如何？
- 消费者对品牌的满意度如何？
- 消费者选择某个品牌的动机是什么？
- 消费者在这类产品中有哪些未得到满足的需求？

企业产品分析要素：
- 需要弄清楚：我们产品的主要优点是什么？是悠久的历史、精湛的技术、贴心的服务还是产品的多样化？
- 与竞争对手相比，这种产品有什么独特的优势？
- 与竞争对手相比，这些产品有哪些共同特点没有得到充分体现？

经过上述分析，可以得出该产品相对于同类产品的独特优势，并在此基础上进一步确定定位概念。图1-6所示为多样化消费群体的画像。

1.4.2 选择竞争优势

图1-6 多样化消费群体的画像

竞争优势的选择是具体的定位决策阶段，具体的定位内容的选择要根据具体的战略和创新需要来进行。为了保证这一过程的科学性，我们在定位决策时通常遵循以下原则：

（1）利润最大化原则。

在实际的定位实践过程中，一些企业为了突出产品的"优质"定位而增加成本、降低利润，最终使企业陷入营销困境。我们的产品定位本身就是让企业在营销运作中获得更大的利润。因此，在选择产品优势作为定位决策时，首先要考虑这一优势是否能给企业带来最大利润，这就要求通过定位选择的竞争优势必须符合企业整体营销体系的要求，与营销系统统一协调。

（2）消费者身份原则。

所谓消费者认同，就是找出能够满足消费者实际需求和心理需求的产品优势的关键点，使其在消费者心中占据一席之地。研究学者认为，定位过程是在消费者心理学中完成的。因此，一个产品在定位时，如果只注重自身特点而忽略了这些特点对消费者的意义，那么定位就不会产生任何促销效果，甚至适得其反。

（3）可行性原则。

在定位决策过程中，一些定位概念看似十分合理，但在具体实施中，往往不易操作，给广告活动带来很大困难。因此，对于产品定位的决策者来说，在进行实际的产品定位中，需要完整不遗漏地考虑定位的所有可行性。包括产品定位的成本性、方便性、简单性和可操作性。虽然我们不需要花太多的钱来确定定位，但任何定位都只能通过广告和促销活动对市场和消费者有效。例如，大型广告和促销活动都是以企业的财力为基础的。如果企业的经济能力不能承担，那么无论定位决策多好，对最终的策划案都无济于事。

（4）符合企业形象原则。

企业形象是指企业在消费者心目中长期固定的定位特征和整体印象。企业形象的诸多要素，例如，企业应该在消费者面前呈现什么样的特点、优势和形象，都是通过定位决策来解决的。与产品定位相比，企业定位的实现需要更长的周期和更稳定的理念。从这个角度看，产品定位必须与企业形象一致，并充分考虑定位的可持续性和延伸性。当产品成长过程中需要多重定位时，要充分考虑上一次定位与下一次定位的连续性和相关性，以及多重定位理念在消费者心目中塑造的企业形象与企业整体形象的统一性。

1.4.3　实施定位阶段

实施定位也是一种营销策略推广形式。这种定位传播，一方面有赖于企业营销活动的配合，这就要求企业落实定位理念，突出定位优势；另一方面，通过广告和促销活动，产品的定位信息得到广泛传播，让消费者能够不断接触和识别定位理念，从而对产品留下深刻且美好的印象。

1.5　产品定位过程中的注意事项

当我们接触到一个新产品时，我们无法回避"定位"的工作。定位有很多种——产品定位、用户定位、市场定位、品牌定位、运营定位、竞争定位、目标客户定位等，从定位衍生出来的一系列术语可以用来定位一切。

如果能够正确认识定位，就可以通过定位明确每项工作的目标和方向，使工作更有方向性。如果对定位把握不好，就会陷入定位的恶性循环，无法从概念的泥沼中解脱出来。

所以人们不禁要问：我们怎样才能跨过定位的深渊？

1.5.1　定位的概念

对定位概念最广为人知的描述来自于《定位》一书，该书认为"定位是美国有史以来最大的营销概念。定位最基本的概念即胜负在于潜在顾客的心智，而赢得心智之战的关键是开创主导一个品类，令其品牌成为此品类的代表。"从《定位》一书可以看出，定位一词来自营销。其目的是使品牌在潜在客户心目中与众不同。

这句话说明了几点：

（1）了解我们的潜在客户和他们的想法；

（2）在现有的思想中选择不同的立场；

（3）获取我们的品牌定位。

基于这样的逻辑，我们在对产品进行定位时，只要对潜在用户有一个良好的形象，通过对竞争的分析，就能得到"正确"的产品（品牌）定位吗？

逻辑是对的，但事实并非如此。"定位"观念改变了广告的本质（广告是让人抗拒的传播方式之一）定义，而是定位围绕潜在顾客的心智进行，并非狭义单一的"产品（品牌）定位"。

借用产品定位，我们需要明确六个步骤：

（1）你拥有怎样的定位？将自己的产品、服务和概念同潜在客户心智中已有的认知相联系。

（2）你想拥有怎样的定位？一心想满足所有顾客的所有要求，极大可能将会一事无成。最好聚焦自己的领域，让自己成为独一无二的专家，而不是一个所谓的全才。

（3）谁是你必须超越的？定位不是一件闭门造车的工作，而是要以自己的产品为原点，横向纵向多角度多方位对比同类型产品（竞品），明确自身产品的优势与劣势。

（4）你有足够的资金吗？确定产品产制规模是一件非常重要的事情，资金并非取之不尽用之不竭的。因此，缩小地域范围的方法不失为上策，一个市场接一个市场地推出新产品或新概念，而不是在全国或是全球全面铺开。

（5）你能坚持到底吗？产品定位是一件持久的工作，贯穿产品的策划管理制度，需要我们从始至终，坚持初心，方能收获成功。

（6）你符合自己的定位吗？就创意本身而言，其实际上是一文不值的，只有为定位目标服务的创意才有意义，因此，产品是否符合自己的定位将直接影响产品的成败。

1.5.2 用户画像是一把双刃剑

用户画像又称作用户角色，作为一种勾勒出目标用户、关联用户诉求与研发方向的十分强有力的工具，最初应用在电商领域。在大数据时代的背景下，互联网上充斥着各种用户信息，用户画像会将用户的每一个具体信息抽象成标签，然后再对这些标签加以精练，将用户更加具象化，最终能够为特定的用户提供针对性的服务。

如果想了解用户，甚至是潜在用户，我们一开始就会接触到用户画像、用户定位和产品定位。从用户画像和用户定位获取产品定位的过程中，会遇到很多问题：

（1）产品的真正定位。

一般来说，产品设计就是产品定位，但对于一些没有接触过产品设计的经营者来说，他们并不知道产品设计有两种方式：UCD（User Centered Design）——以用户为中心的设计和BCD（Boss Centered Design）——以老板为中心的设计。UCD是需要把用户完整列入考虑范围的。而BCD则是以开发团队中的老板为中心，各类决策均听从于老板的要求。

以用户为中心当然是每个产品设计都非常愿意做的事情。然而，由于企业的存在、市场环境和资金的压力，并不是每一个产品设计都能简单地满足用户的需求。如果不考虑市场环境、品牌定位、竞品等综合因素，只是单一地满足用户，势必会增加定位的风险。因此，产品的真正定位应该是明确的。

（2）产品的定位者定位的不是产品。

在这个时候，有人会说，既然决策权不在我们身上，那么我们能否通过对用户的良好定位来帮助产品呢？

答案是当然的！我们需要做这样的事，真正起作用的是用户定位，因为用户决定了产品。

因此，无论是老板明确的产品形态（产品定位），还是包围老板的一群人明确的产品形态（用户定位）。真正的定位人应该清楚，尤其是在操作上，一个有"同情心"的定位决策者反而抢了老板的饭碗。

"如果定位不再是你自己的事情，用户画像有意义吗？"

上述定位大多是从产品设计的角度出发，所有的工作都围绕着用户。用户肖像实际上是用户定位的具体延续，也是支持运营的工作。图1-7所示为用户画像。

课堂讨论：如果你是产品定位的设计者，你会选择哪种设计方式？如果你是用户，你一定会选择UCD方式设计吗？

为什么？

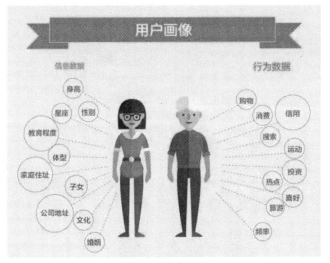

图 1-7 用户画像

1.6 产品定位案例分析与实践

产品定位是指企业对应什么样的产品来满足目标消费者或目标消费市场的需求。下面我们将会结合一些产品定位的具体案例来学习。

1.6.1 案例一：巧用品牌属性定位——伊利果果昔新品上市

通过代言人周冬雨的影响力，结合发布会大事件，引爆社会关注。借助 KOL（全称为 Key Opinion Leader，关键意见领袖）为果果昔站台，圈层年轻时尚人群，围绕"满满水果力"与年轻人群沟通，深化"果果昔＝水果力＝满满活力"的产品概念，在为期 10 天的传播周期中，以果果昔上市发布为热点。通过线上数字传播矩阵以及代言人和时尚大咖站台，成功提升果果昔品类并引爆上市期间的话题，在微博 2 亿人＋曝光和 17 万人＋互动量；在微信获得 2033 万人＋覆盖量和 100 万人＋阅读量，增加果果昔的曝光度，建立品牌知名度和行业影响力。图 1-8 所示为伊利果果昔广告图。

图 1-8 伊利果果昔广告图

※案例解析

（1）新品重磅上市，提高新品知名度。

（2）传递"浓郁果果昔，满满水果力"的品牌信息。

（3）利用KOL资源打造果果昔高端时尚调性。图1-9所示为伊利果果昔的传播节奏阶段图。

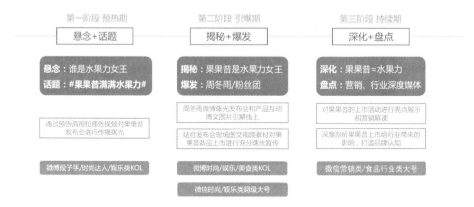

图1-9 伊利果果昔的传播节奏阶段图

第一阶段为预热期。微博段子手、时尚达人和娱乐类KOL通过预告海报对果果昔发布会进行传播和曝光，带动话题上线，如图1-10所示。

图1-10 果果昔微博"预热"内容

第二阶段为引爆期。悬念揭秘，通过线上周冬雨微博曝光发布会和微信KOL+微博KOL矩阵扩散，极速提升品牌认知。图1-11所示为"果果昔满满水果力"话题微博指数。

第三阶段为持续期。深化产品力，盘点行业影响力品牌内容深度诠释，精准受众实效触达。完整回顾整场活动，深度盘点果果昔上市带来的影响力，从行业、营销等角度阐释产品力，以增强行业深度影响力，同时引发行业内的高度关注。图1-12所示为微信公众号发布"果果昔"相关内容。

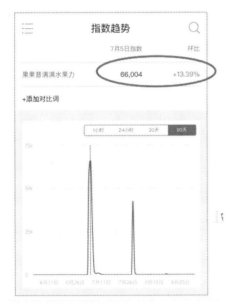

图1-11 "果果昔满满水果力"话题微博指数　图1-12 微信公众号发布"果果昔"相关内容

小结——盘点伊利的成功

- 传播内容丰富。预告海报，预告视频，明星发布。创造悬念结合发布会曝光，引发网友好奇，提高传播效应，丰富的图文素材，以不同的方式，全面为发布会预热和曝光，有效建立品牌知名度与行业地位。
- 巧妙利用 KOL 效应。段子手类 KOL 在传播中，有效吸引网友关注并转发，促进信息传播，增强传播效果，段子手类 KOL 独特调性，更增添整体传播过程中的趣味性。娱乐和时尚类 KOL 在传播中提高品牌关注度，促进品牌高端时尚化调性建立。
- 覆盖面广。此次传播计划中，共使用 51 个 KOL 全方面进行传播，涉及段子手、时尚、娱乐、美食和行业等类别。粉丝量高达 2 亿 +，总阅读量达 3054W+。为新品上市拓展受众范围，全面提升品牌知名度与美誉度。

1.6.2 案例二：找准产品定位的某饮料品牌——无糖饮料的一匹黑马

某饮料品牌作为众多新晋品牌之一，估值达 5.8 亿美元（40 亿人民币）。公司从 2016 年创立，只用了 3 年时间便在饮料市场中硬生生挤出了一条路，无疑是国产饮料界的一匹黑马。

某饮料品牌的创始人曾是社交游戏开发商的 CEO，其官网上写道："该公司是一家互联网创新型饮品公司，专注于年轻一代健康好喝的饮料。"一家专注于无糖饮料的公司，初创三年就能得到小切口市场的大估值，正来自其对于产品的精准定位。图 1-13 所示为某饮料品牌苏打气泡水的广告图。

图 1-13　某知名饮料品牌苏打气泡水的广告图

※案例解析

品牌就是在洞察的基础上，有策略的沟通。市场诊断洞察必须以目标消费者为核心，从消费者的角度看待行业、竞品和企业之间的关系，来审视某知名饮料品牌顶层设计。

（1）用户视角：新生代健康意识崛起，无糖饮料渐成风口。

任何商机的洞察首先都从消费者身上的变化开始，新品牌背后往往站着的是新人群或新的消费习惯。留意街边的网红奶茶店，你经常会看到要"三分糖""半糖"奶茶的青年们。对于爱美爱健康的年轻消费者而言，一方面是对于"肥胖"的恐惧，一方面是对于健康的追求，他们对糖分越来越较真，并愿意为之买单，支付更高溢价。

事实上，随着新生代消费者健康意识的觉醒，以及市场对健康概念的教育不断强化，无糖饮料成为饮料行业大热的新兴品类。根据相关数据显示，无糖饮料在 2017 年和 2018 年两年内，增速都达到了 30% 以上。

（2）竞争视角：巨头们扎堆涌入，布局抢占无糖茶饮。

无糖茶饮并非近几年才出现的新物种，事实上，早在几十年前饮料巨头们就嗅到商机，从 1997 年的三得利乌龙茶，到 2002 年的统一"茶里王"，但市场表现不温不火。事实上，随着消费者健康意识的强化，在经过早期的市场培育之后，从 2011 年开始，饮料巨头们纷纷加码，开启了抢滩无糖茶饮之旅：

2011 年，农夫山泉就推出了无糖茶饮"东方树叶"；

同年，天喔茶庄推出"天喔金"系列 3 款无糖茶：金观音、金普洱、金红袍；

2012 年，康师傅推出了无糖茶饮料——本味茶庄；

2017 年，日本知名饮料品牌伊藤园进入国内，推出无糖茶；

2018 年，维他"无糖茶"进入大陆市场；

同年 4 月，可口可乐推出无糖茶饮"淳茶舍"；

同年 8 月，小米有品商城上线第一款无糖茶饮"平仄茶"；

同年 10 月，娃哈哈推出"安化黑茶"饮料；

2019 年，怡宝推出"佐味茶事"无糖茶……

从 2018 年起，中国无糖茶饮正式进入爆发时期，无糖茶饮品牌的数量和销量也在悄然上升。在饮料架上的一个明显变化是，无糖茶饮真正从货架的底层/高层区域移至了中间区域，逐渐进入大众视野。无糖饮料千千万，在饮料巨头纷纷投入重金不断加码下，某知名饮料品牌异军突起有何门道？

（3）企业视角：创新甜味口感，解决无糖饮料难喝难题。

我们先来看一个问题——某国知名饮料品牌 Q 作为中国早期无糖茶饮，为什么没有成为品类代名词？原因其实很简单，跟口感有关，因为没有味道、不甜。不要天真地以为消费者嘴上说喜欢"无糖"饮料，就可以真的不要甜味了。要知道人类嗜甜简直是一种本能，主流消费者很难接受一款寡淡无味的饮品。

无糖茶饮虽是趋势，但是消费者想要的是，既要无糖，也要好喝、有甜味。这成为了行业品牌共同的痛点。而某知名饮料品牌经过多次研发尝试，找到了"赤藓糖醇"——一种既能保证甜味口感，又能避免大量热量产生的蔗糖替代品。且与无糖可乐添加的"阿斯巴甜"不同，赤藓糖醇并没有"影响健康"等负面消息出现。而这一点，正是某知名饮料品牌脱颖而出的关键之一。

- 某知名饮料品牌的定位：品类占位，霸位无糖饮料专家

某知名饮料品牌高明之处正是在于其品牌定位。那么品牌到底是什么？一是身份，二是地位。品牌的身份决定了消费者的品类选择标准，品牌的地位决定了消费者默认的购买次序。

- 品牌定位：无糖专家

基于企业的基因禀赋，某知名饮料品牌将其品牌定位为无糖饮料，主打健康无糖理念，品类占位"无糖专门家"，抢先占据无糖饮料专家、领导者身份，抢占消费者的心智。

- 品类聚焦燃茶、元气水两大核心品类

在品类上，面对无糖饮料风口，某知名饮料品牌以无糖为战略核心，纵深切入两大细分市场：一是推出无糖茶饮品牌——燃茶，主打"无糖解腻喝 R 茶"；二是推出气泡水品牌——元气水，主打"无糖有气喝元气水"。2019 年官方发布的数据是，某知名饮料品牌达到了近 10 个亿的销售额，燃茶占了将近 1/3，元气水则能占到 60%～65% 的销量。

1.6.3 案例三：抓准市场定位——短视频平台抖音 App

从文字到视频再到视频直播，用户习惯不断被刷新。作为一个平台，需要很多的内容，所以内容的门槛越高，竞争就越激烈，这样就需要有各种各样的主题和故事才能够吸引用户。短视频平台抖音于 2016 年 9 月上线，一直磨刀磨到 2017 年春节后可能感觉跑通了才大举压上资源，产品优秀的数据表现又让头条很快决定将各种流量明星 BD 推广资源全力导向这个可以提升公司品相的新项目。短视频平台抖音很快成为头条战略级产品。当然，头条最核心的算法优势也用到了短视频平台抖音上，一开始就在产品层面加入算法推荐模型保证内容分发效率。

短视频平台抖音的名字改得十分成功，把自己定位成年轻人的音乐短视频社区，这样一来抓住了年轻用户的内心需求。除了以工具属性为核心，短视频平台抖音干得最漂亮的事情应该就是联络直播平台家族公会（2014 年快手异军突起时也是收割了大批 YY

的头部主播），从美拍批量导入 KOL 并承接头条的明星资源，做以 KOL 为核心的粉丝传播。

※案例解析

现在的手机用户大部分都是 95 后，甚至是 00 后。短视频平台抖音抓住了用户的碎片化时间，他们有更好的追求，而且喜欢分享，所以把直播也当成一种分享。短视频平台抖音火了，不管是大学生还是职场人都会在闲暇之余刷上一波。今天就借此机会谈一下短视频平台抖音的运营。

首先从运营的分类来讲，短视频平台抖音属于内容型产品。所以短视频平台抖音的运营属于内容运营。其内容的生产模式应该属于内容生产模式中的 UGC（全称为 User Generated Content，也就是用户生成内容，即用户原创内容）生产模式，即鼓励用户自己进行创作。

在短视频平台抖音运营的前期，招募了 300 人左右的网红种子用户，进行统一培训视频内容的创作，并吸引有强烈表达欲望的网红加入，他们对音乐和创意视频制作、视频剪辑有着极高的热情。他们也渴望通过此平台来展示自己，同时也会尽自己努力去产出一些优秀的作品。有了好的作品，就会吸引更多的用户来传播和消费。并且短视频平台抖音也邀请了一些明星大咖们入驻，从而带动他们的粉丝使用和消费短视频平台抖音。在短视频平台抖音 App 内，产品内容主要是由创作者提供，而平台的运营者主要负责平台的管理和推广。

随着短视频平台抖音用户的逐渐增加，它的用户种类被分为了四类。第一种是优质内容的创作者，这类用户群体往往拥有很多粉丝，能够创作出许多优质的内容。第二种是追随者，这类用户群体也有表达自己的欲望，也想要去展示一些自己的作品，所以他们会向那些短视频平台抖音大咖去学习，也会去参与一些挑战话题。第三种是内容的传播者，这类用户比较活跃，对于一些比较好的视频内容，非常乐于传播和分享。第四种就是内容的消费者，他们上短视频平台抖音仅仅是为了休闲娱乐，仅仅是消费内容。

在短视频平台抖音内容定位方面，它也很好地找到了用户的痛点，抓住了年轻人对新鲜事物的好奇心。短视频平台抖音的产品调性就是"年轻人的潮流玩法"短片去记录生活的美好，同时让大家通过短片去感知世界的精彩。图 1-14 展示为短视频平台抖音的推广广告，洋红和天蓝配色十分引人眼球，给人很强的视觉效果。

在短视频平台抖音总的产品运营策略上也区别于快手的运营。短视频平台抖音的产品运营主要是通过明星大咖去带动普通人参与的一种"自上而下"的运营方式。它一方面邀请了那些明星大咖加入从而带动他们的粉丝来使用和消费，另一方面加速了自己"去中心化"的运营方式带动普通人积极参与视频创作。而快手则一直坚持"去中心化"，由普通人去带动更多人的"自下而上"的运营方式。显然短视频平台抖音的产品进程快于快手。

短视频平台抖音通过逐渐"去中心化"的运营方式，使得更多的普通人也能参与其中的创作。它的"低门槛"让任何人都可以进行短视频的创作，只要你有才华，就会得到很多人的关注和喜欢。所以许多人都乐此不疲地通过短视频的制作来获取更多的粉丝，并且视频制作的成本很低。大多数人分享的一般都是生活中一些简单有趣的事情，不需要特别炫酷或者高科技的内容，因而很多的人愿意去参与创作。

接下来就是变现的问题了。对于一款 App 而言，如果不能变现，就算做得再好也很难长久存活。短视频平台抖音的产品变现方式主要有：对于那些拥有百万粉丝的明星大咖来说，随随便便接一个广告可能就会有不菲的广告费用。还有那些由普通人崛起的短视频平台抖音大神，根据他们粉丝的数量也可以接广告，做直播以实现他们作品的变现。

这就是短视频平台抖音的基本运营方式了。在当下，短视频平台抖音确实非常火爆，从用户数量来看，短视频平台抖音也是位于短视频平台排位的第一梯队，在 2020 年上半年 DAU（全称为 Daily Active User，日活跃用户数量）已超 6 亿。

短视频平台抖音已经被越来越多的企业和商家作为一种新的营销渠道，从"双微"逐渐变为"双微一抖"。图 1-15 所示为短视频平台抖音发起的短视频平台抖音自律委员会，增加了用户对 App 的信赖度。

图 1-14　短视频平台抖音的推广广告

图 1-15　短视频平台抖音自律委员会

1.6.4　案例四：某运动型饮料品牌快速"卖动"

某运动型饮料品牌上市后，在很短的时间内就形成了热销全国的局面，在持续几个月的时间里，全国的某运动型饮料品牌经销商都必须等待货物的到来。尽管某运动型饮料品牌的品类——功能性饮料，在过去长达 10 年的时间里，充当的总是"滑铁卢"的角色。

某运动型饮料品牌是达能入主乐百氏之后的第一个成功作品。这种维生素饮料最早诞生于新西兰和澳大利亚，含有多种 B 族活性维生素及维生素 C，具有天然清新的水果味、口感清爽，很受消费者的喜爱。某运动型饮料品牌进入中国以后，也继承了国外的佳绩。图 1-16 所示为某运动型饮料品牌饮料的广告图。

图 1-16　某运动型饮料品牌饮料广告图

※ 案例解析

某运动型饮料品牌的热销是营销策略的全面胜利：作为功能饮料，某运动型饮料品牌走的却是普通饮料的路线——大容量、适中价位。某运动型饮料品牌首先是饮料，然后才是维生素饮料，定位可谓准确。其浅蓝色的差异化瓶体，具有良好的终端展示效果，深受年轻消费者的喜爱；600mL 的大瓶体，也和 500mL 的普通饮料形成了明显差异。某运动型饮料品牌推出的"维生素水"概念，正赶上黄金搭档、养生堂等大力推广维生素和矿物质的高峰。某运动型饮料品牌清淡爽口的口感，得到众多年轻消费者的喜爱。在促成某运动型饮料品牌热销的众多原因中，"躲雨篇"电视广告功不可没，快乐、充满活力的广告片，有效传达了某运动型饮料品牌"让自己充满活力、从容享受生活、迎接挑战"的品牌内涵。

某运动型饮料品牌是饮料行业最成功的饮料之一，无论在选择时机上还是在价格和品牌定位上都做得很好，在其他方面也取得了很好的效果。

从概念到包装：某运动型饮料品牌的品类是功能性饮料，包装是现代比较流行的硬制塑料瓶，颜色以蓝色为主，给人一种健康的感觉，就像是蓝天一样，让人感到只要一喝下去就会有一种回归自然的美妙感觉。符合当代青年追求时尚的潮流，很好地抓住了年轻人的思想。

从口味到价格：某运动型饮料品牌具有天然清新的水果味、口感清爽，含有多种 B 族活性维生素及维生素 C，和现代比较流行的可乐在材料和成分上有一定的区别，它不仅仅是一种可供人解渴的饮料，还是一种补充营养的功能饮料，从口感上虽然不如可乐那样刺激，但是它的口味独特，柔和清爽，任何人喝下去都会觉得很舒服，没有任何的刺激性。价格也能被大部分人接受，虽然略比可乐价格高，但是从营养角度看还是很合理的，它添加了很多维生素，在解渴的同时又能增加营养，何乐而不为呢？

课堂讨论：从上述 4 个案例中，分别讲到了本章的哪些相关的知识？将它们找出来，并自己做一份脉络图，谈谈它们之间的共同点和不同。

1.7　本章小结

在现在的市场中,许多人对产品定位与市场定位并不加区别,简单粗暴地认为两者是同一个概念。然而两者还是有一定区别的,具体地来辨析就是:市场定位指的是企业对目标消费者或目标消费者的市场选择过程;而产品定位,则是指的企业用产品来满足目标消费者或目标消费市场的需求。从理论上去辨析,在我们进行定位的时候,首先应该进行市场定位,然后进行产品定位。进行产品定位有以下的好处:

(1) 确定本企业产品的特色,加以区别。

(2) 针对本企业产品的特色,有机地进行市场营销组合。

(3) 发挥企业产品及其他资源优势。

第2章　产品定位五步法

如果用一句话来形容市面上的几大电商平台，你会怎么形容？"万能的淘宝""京东次日达""买书上当当"这些已经是这几大电商平台在广大消费者心中的固有形象。这是一提起来就会条件反射般提及的评价。这些评价实际上就体现了这些电商平台的独特价值，也是它们与其他同类产品的区别所在。

产品定位必须解决的五个问题：
- 满足谁的需要？
- 他们有些什么需要？
- 我们提供的是否满足需要？
- 需要与提供的独特结合点如何选择？
- 这些需要如何有效实现？

除此之外，在对产品进行定位的时候，还需要考虑以下几个方面：

（1）市场同类产品竞争情况；

（2）公司自身的因素，公司的实力和战略方向；

（3）产品本身的因素，如产品的品质、技术、价格和服务等；

（4）风投走向和互联网巨头公司之间的产品方向；

（5）行业技术趋势与政策支持等外界环境；

（6）营销手段，如通过各种营销形式将产品定位的诉求传达给指定消费者群体，从而影响其在消费时的选择。

2.1　第一步：目标市场定位

目标市场定位是一个把市场细分再选择目标市场的过程，即明白需要为谁服务（Who）。像射箭时，必须要瞄准靶心，精准定位，才能射中，赢得市场，如图2-1所示。首先通过分析本公司与其他竞争者生产的产品、分析本公司及竞争者所销售的产品，定位一个合适的目标市场。

目标市场定位策略：
- 无视差异，对整个市场仅提供一种产品；
- 为每一个细分的子市场提供不同的产品，重视差异；
- 细分子市场后选择一个并提供相应的产品。

在这里需要补充一对概念：生产者和消费者。这里的生产者和消费者不是指的生物意义上的生产者和消费者,而是经济学的概念,生产者一般指从事物质资料生产的劳动者;消费者则是在整个经济生产活动中担任购买产品的角色,如果消费者是整个销售链中的最后一环,那么便成为终端消费者,其特征如图2-2所示。

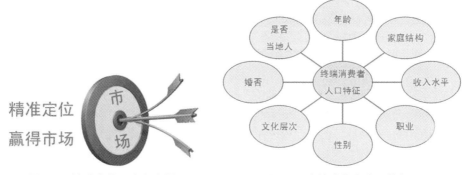

图2-1　精准定位,赢得市场　　　图2-2　终端消费者人口特征图

案例　某茶产品品牌:找准目标市场,以流行对抗经典

来自英伦的某红茶品牌,不仅把自己的品牌卖到了世界茶叶产量最高的国家——中国,而且在这个国家通过短短的5年时间就实现了茶包销售额第一、市场占有率第一的业绩神话。是什么让某品牌能够在茶文化如此深厚的中国市场迅速发展呢?此品牌想要在中国市场立足,必须面临的一个事实是:中国历来就是茶文化大国,消费者对茶叶有较为丰富的认知。如何打入中国市场,让消费者接受一个诠释本国国粹的外来品牌,是一个大难题。

随着国内外茶饮料的竞争逐步激烈,某品牌逐渐将先锋消费群体扩大到18至35岁年龄段的年轻人,具体代表为都市青年和公司白领,他们是青春时尚的先锋力量,也比较容易接受新事物和速食文化,对于某品牌茶品不会有太强的抗拒心理。同时,利用这两个群体充当意见领袖,可以在中国的年轻一代中传播某品牌的青春时尚理念,并借机进行口碑营销,进一步扩大消费者群体。并且在产品外包装上,某品牌以时尚、阳光、健康的形象面对年轻的中国消费者,明黄色的产品包装给消费者耳目一新的感觉。而经典的茶叶包设计避免了传统冲泡茶方法带来的麻烦和尴尬,给办公室白领泡茶提供了便捷;对于喝茶不是特别讲究和没有喝茶习惯、易接受速食文化的年轻人和办公室白领们来说,袋泡茶是他们的首选。就这样,某品牌依靠精准的目标消费者定位和市场定位,以流行对抗经典,成功地占据了中国时尚茶饮市场。如图2-3所示。

图2-3　某茶产品品牌产品图

课堂讨论：如果你是你们公司的产品负责人，现在有一款球鞋需要进行推广，你如何选择目标市场？为什么？分享你的做法，谈谈这样做的原因。

2.2 第二步：产品需求定位

列出主要目标市场，才能更好地进行产品定位。

进行产品需求定位的过程，是一个了解需求的过程，我们在进行产品需求定位的时候，应该弄清究竟为了满足什么需求（What）。一般情况下，市场上的用户对产品需求包括有：对产品的某一或所有功能需求、来自外部的认同感需求和来自用户自身的心理需求。对产品的某一或所有功能需求是最基础的需求，简单用一句话概括就是了解自身的产品能够满足用户的哪些需求；来自外部的认同感需求是进阶的更高级需求，是用户现实生活中的社会角色，希望别人可以通过使用特定的产品改变对自己的看法；而来自用户自身的心理需求，也是需求的最终阶段，指的是用户在情感与心理方面的需求。

通过将己方公司产品同竞争对手的同类产品做对比，再对产品投放的市场内存在的正面以及负面差异性进行横向的比对，精确理解这些差异性后，通过总结，翔实地列出适合销售产品的营销组合以及决定因素。对于正负因素，不可盲目死板地非黑即白，因为有时候，表面上看来是负面效果的差异性，在时间、营销等条件下，也许会变成正面效果。

产品定位这一过程其实从某种意义上看也是一个先细分市场，然后选择出合适的子市场的过程。细分的市场是指通过第一步选择确定后的目标市场。从中选择一个或几个目标子市场的过程，是再一次"定位"。值得我们注意的是，对目标市场需求的最终确定，不是仅仅根据产品的特征类别来确定的，也不仅凭目标消费者所认知的表面特性来进行确定，而是从业者根据顾客需求的"价值"来确定。在顾客购买某一类产品的时候，是去为了获取他们所需这种产品的某种价值。所以就算是同一种产品，不同的顾客仍然可能会有着截然不同的价值诉求和价值判断。产品价值组合是由产品功能组合来实现的，出于这种情况，就要求供给方提供给消费者与诉求点相匹配的产品。所以在这一环节，能否准确对产品需求进行定位是最重要的，关乎到企业效率。

案例 **某品牌巧克力棒——产品需求定位，准确合理**

某品牌巧克力棒，没有选择定位怕长胖的一般人群，而是选择了在运动或者其他时刻极度饥饿，需要补充能量的那一人群，该巧克力棒的广告，一直尝试着塑造"能量棒"的产品定位，即一种能切实消除饥饿感的能量棒。当饥饿来袭的时候，人们通常无法忍受，会"失去自我"，在这种情况下，正常人是不会去计较吃了这款巧克力棒是否会发胖。而当人们的饥饿感与这种产品相结合时，人们自然而然就会想到这款产品，自然不愁没人买。某品牌巧克力就是准确地抓住了饥饿的人们对食物的需求，通过广告词的宣传，将两者结合到一起，思考方式独特但又十分合理，强化在饥饿状态下的品牌联想，使产品获得大卖，获得成功。图2-4为某品牌巧克力棒。

图 2-4　某品牌巧克力棒

课堂讨论： 现有一份关于市面上香皂的市场调查（如图 2-5 所示），请你根据调查的结果推测出消费者的需求，并设计一款或者两款类型的香皂，满足消费者。

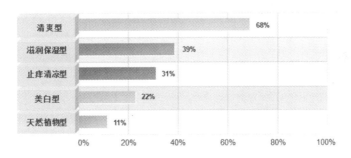

图 2-5　香皂的市场调查图

2.3　第三步：产品测试定位

产品测试定位指的是对产品的创意或产品自身进行测试。是为了确定企业所提供的特定产品是否满足需求（IF），该环节主要是进行企业自身产品的设计或改进。通过使用象征性符号或者象征实体的形式来展现开发或即将开发产品的特殊用途、属性，调查消费者对产品的偏好、认知理解程度以及接纳程度。在这一步，从业人员的测试研究需要深入地从消费者的心理层面和行为层面来探究。只有做到这样，才能更加精准地了解、获得消费者对待某一产品概念的整体接受程度。

内容提示：
- 考察自身产品概念的可解释性与传播性；
- 已经面世的同类产品的市场开发度分析；
- 产品属性定位与消费者需求的关联分析；
- 对消费者的选择购买意向分析。

2.3.1 产品测试定位一般流程

首先，我们需要进行产品的概念宣传与顾客接纳程度的分析，对待某一产品或概念（特定的），主要研究讨论产品、概念的解释程度与可传播性。很多成功的企业家并不一定是新产品的研发者，而是新概念的定义者和推广者。

其次，对同类产品的市场开发度进行分析，主要内容包括产品渗透横向和纵向的深度、其他主要竞争品牌的市场表现、消费者的忠实度、市场竞争是否仍然存在空隙、机会，这些内容都可以用作衡量产品概念的推广可行性。有时，整个行业都会面临消费者的信任危机，此时推出新品就面临着产品概念不被信任与不被认可的危机。

最后，分析产品价格和功能这些产品属性的定位与消费者的需求在实际生活上的关联。一般来说，无论消费者对产品的概念理解程度有多高，如果对产品没有需求，再好的产品，也无人问津。推出的产品功能不能满足消费者某些方面的需求，或者消费者的这种需求已经有很多的产品给予了很好的满足，这一产品在市场上仍然寸步难行。

2.3.2 市场调查的基本内容

2.3.1 节介绍了产品测试定位的一般流程，其中最重要的是进行准确的市场调查，因为只有了解了现在市场上的基本情况，才能对症下药，达到产品畅销的目的。接下来简单地介绍市场调查的定义以及基本内容和数据收集方法。

1. 定义

市场调查指运用统计学及其他的科学的方法，有目的地、系统地去搜集、记载、归纳有关市场营销的信息和资料，通过这些信息和资料去分析目前的市场，了解市场的现状、推测其发展的趋势，为市场预测和营销决策提供客观的、准确的资料，为产品测试定位保驾护航。

2. 市场调查数据归纳法

1）观察法

观察法又分为直接观察和实际痕迹测量两种方法。

所谓直接观察法，指的是去调查的人在调查现场有目的、有计划、系统地对调查对象的行为、言语、表情进行观察记录，以取得第一手资料，它有个最大的优点是在自然条件下进行，所得数据材料真实生动，但值得注意的是也许会因为所观察的对象的特殊性，存在较大的误差，而使观察结果过于片面。

实际痕迹测量是通过观察某一事件或者某人留下的痕迹来开展调查，一般用于使用量调查和广告的效果等的调查。例如，企业在几种报纸、杂志上做广告时，在广告下面附有一张表格或条子，请读者阅后剪下，分别寄回企业有关部门，企业从回收的表格中可以了解在哪种报纸杂志上刊登广告最为有效，为今后选择广告媒介和测定广告效果提供可靠资料。

2）询问法

询问法以面对面的形式，书面或电话，向被调查者提出问题，获取所需的信息。这是在市场研究中最常见的一种方法，可以分为面谈、电话调查、邮寄调查、问卷调查表的方式调查。它们有自己的优点和缺点，面谈可以直接互相倾听，但相较于其他的调查法成本较高，而且易受调查者的技术水平影响，结果参差不齐，容易产生误差。邮寄调查速度快，成本低，但回收率低。电话调查速度快，成本最低，但仅限于参与调查的用户，整体性不高。问卷调查表可以弥补上述不足，由调查人员当面向被调查人员进行问卷调查，说明方法，由调查人员填写，然后由调查人员定期收回。图 2-6 所示为消费者调查问卷。

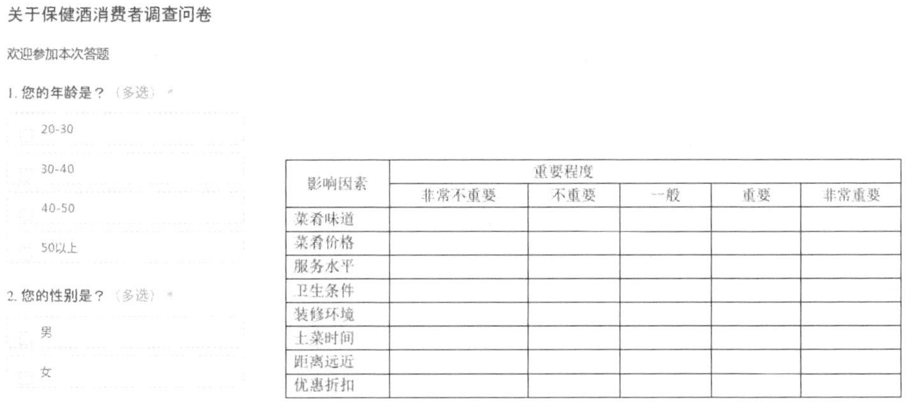

关于保健酒消费者调查问卷

欢迎参加本次答题

1. 您的年龄是？（多选）*

20-30

30-40

40-50

50以上

2. 您的性别是？（多选）*

男

女

影响因素	重要程度				
	非常不重要	不重要	一般	重要	非常重要
菜肴味道					
菜肴价格					
服务水平					
卫生条件					
装修环境					
上菜时间					
距离远近					
优惠折扣					

图 2-6　消费者调查问卷

3）实验法

实验法通常是为了研究某一因素对市场销售的影响情况。这种方法是在特定条件下进行小规模的实验，然后通过对实际结果进行分析，看是否值得推广。它的优点是应用范围广，商品在品种、质量、外观包装、价格定位、广告宣传、展示方式等方面的变化，都可以用这种方法来调查用户的反应。表 2-1 所示为市场调查数据归纳法总结。

表 2-1　市场调查数据归纳法总结

名　称	途　径	优　点	缺　点
观察法	现场调查 查阅刊物	在自然条件下进行，所得结果生动	可能因为实验对象的特殊性使观察结果过于片面
询问法	当面 书面 电话询问	面谈：能直接听取对方意见，富有灵活性 邮寄：速度快，成本低 电话：速度快，成本最低 调查表：可以弥补上述问题	面谈：成本较高且结果易受调查人员技术水平影响 邮寄：回收率低 电话：局限在参与调查的用户，整体性不高
实验法	小规模实验	应用范围广	得出结论较慢，费用较高

案例　夭折的“冰茶”计划——失败的市场调查

一间单边镜访谈室里，在一张宽大的桌子上摆满了没有标签的小杯，排队进房间的客人们逐一品尝着不知名的饮料，有的撇着嘴觉得没劲，有的好像喝的是玉露琼浆。他们品尝完后把口感和感受通过卡片递交到了某公司的调研总监手上。

这个场景发生在上个世纪末的一个冬天，当时 A 饮业的调研总监刘某组织了 5 场这样的"双盲口味测试"，这样做的目的是因为自己的公司试图推出一款前所未有的新口味饮料——冰茶，测试这款饮料能不能被消费者所认同。

调查结果很快出来了：超过 60% 的被访问者认为不能接受"凉茶"，因为他们觉得中国人自古以来忌讳喝隔夜茶，所以冰茶更是不能被接受的。

图 2-7　冰茶

所以调查小组认为，经过实际的口味测试，测试的消费者对冰茶十分抗拒，一致否定了装有冰茶的测试样品。测试得出结论：该款新产品——冰茶，是不能推出生产并且投入市场的。

可是在 21 世纪的第一年，另一款冰茶在国内市场横空出世，在全国畅销，获得了大家的一致好评，到这时，A 公司再想迎头赶上，已经没有可能，他们也因此错过了这项明星产品。

究其原因，主要有以下两点：

（1）口味测试的时间是在冬天，大批参与调查的人员，从寒冷的室外进入房间，身体四肢都还没有取暖，便仓促进入测试。寒冷的天气加上匆忙的进程都影响了当时人们对味觉的反应，他们更倾向于口感温热、味道浓烈的热茶。

（2）调查小组过分地依赖调查数据。他们没有结合产品本身以及具体市场的实际情况而做出统筹安排，对即将问世的这款饮料产品过于保守、缺乏信心，从而使得产品失去了进入市场的先机。

课堂讨论：如果你是市场调查小组的领导，你会如何推进这场"冰茶市场调查"呢？和你的同伴讨论讨论，设计一个可行的方案。

2.4　第四步：差异化价值定位

指出主要目标市场的特征是差异化价值定位的前提条件。简单扼要地写出目标市场的欲望、需求等特征。接着就是把产品的特征和目标市场的需求与欲望结合在一起。有时候营销人员必须在产品和目标市场特征之间画上许多条线，才能发现消费者有哪些最重要的需求与欲望未被公司产品或竞争者的产品所满足。

进行营销属性的定位，找出产品的差异化，一般采用创意理论（Unique Selling Proposition，如图2-8所示），包括从产品独特价值特色定位、从产品解决问题特色定位、从产品使用场合时机定位、从消费者类型定位、从竞争品牌对比定位、从产品类别的游离定位、综合定位等。

图2-8　创意理论（Unique Selling Proposition）

在此基础上，需要进行相应的差异化品牌形象定位与推广。

差异化价值点定位（Which）是用来提出自己产品独特的售卖点，用以形成与其他产品的差异，在竞争中占有一定的优势。在本章前几步调查的基础上，结合消费者的喜好程度与竞争者的产品研究，进行营销属性的定位。一般来说USP法包括了从产品的独特价值特色定位、产品满足需求特色定位、产品使用的场合时机定位、消费者的类型定位、竞争品牌的对比定位、产品的游离类别定位、综合定位等。在此基础上，还需要进行相应的差异化品牌形象定位与质量高的推广手段。

如何做出产品的差异化价值，其关键在于前期的工作是否准备充足。

（1）做好市场调研，分析推出该类产品的受众人群的喜好厌恶，如他们的兴趣、痛点在什么地方。这里的手段可以通过问卷调研，或者真正走进用户当中与他们聊天，跟他们互动，从中分析获得的主观看法更能帮我们找出差异。

（2）分析同类产品的优缺点，了解竞争对手。通过各方面的了解，分析他们的产品定位，产品特点，产品优劣势等等，做好这方面的工作是非常重要的。

（3）对产品自身进行分析。更好地认清自己的优劣势。明白市场上可能会有的机会和来自外部的威胁。

（4）综合这三项工作，分析有什么是竞争对手没做到的，自己又可以做的，而且是目标用户需要的，这就是属于你的差异化。比如，差异化可以从产品的质量、来源、品牌等做起，甚至文化、概念等，都可以是差异化的点。

（5）在分析完这些之后，应该迅速地建立起竞争壁垒。因为我们的产品与别人有了差异，我们需要阻止别人能够轻易地模仿，只有这样才能保证差异化的持续性。否则，推出产品投入市场后，竞争对手通过市场调研发现差异后，同样可以对他们的产品进行改良，我们的新商品也就显得平庸了。

案例　**航空公司另辟蹊径——差异化价值**

有一家民航运输公司，与其他的大型航空公司不同，他们的服务对象是自费外出旅游者和小公司的商务旅游者。这些人与其他乘客不一样的地方在于这一人群的需求是：轻松活泼的旅行生活和低费用的旅行费用。

他们的营销措施如下：

（1）飞机：全部选用"波音XXX客机"，如图2-9所示。

图2-9　波音XXX客机

（2）订票：电话订票，不通过旅行社（这样的好处是可以省去中间商的差价）。
（3）登机：报出姓名——交付不同颜色的卡片——依照颜色依次登机——自选座位。
（4）机上：没有头等舱、不提供行李转机服务、不提供餐饮服务。

- 这样做的效果很明显：
- 办理登机的时间比别的航空公司快2/3。
- 该航空公司的飞机在机场一个起落过程只需25min（其他要40min）。
- 去掉头等舱（3×3=9个座位），增加4×6=24个座位。
- 取消餐饮服务，这样一来服务人员从标准配置的4个减少到2个，员工工资这一成本费也降低了1/5到1/4。同时也取消了机上的餐饮设备，可加6个座位。不提供餐饮服务，原着陆后15min的清洁时间自然也省出来了。

这样进行差异化价值定位之后，原本毫无竞争力的小型航空公司，也在行业内占有了不小的份额。这就是差异化价值定位的用处。

课堂讨论：通过上面的案例，你对差异化价值定位是否有了更深刻的了解？你还知道哪些案例属于差异化价值定位？请回忆总结并进行交流。

2.5 第五步：营销组合定位

在确定满足了目标顾客的需求与企业提供的产品的情形下，我们需要设计一个营销组合方案并实施，使产品的定位最终顺利进行。

这不仅仅是指品牌推广的过程，也是一个产品价格与渠道和沟通策略的有机组合的过程。正如菲利普·科特勒所言："解决了定位问题，能够帮助企业解决营销组合问题。"

营销组合——产品、价格、渠道、促销——是定位战略战术运用的结果。

在有些情况下，营销过程也是一个再定位的过程。因为在产品差异化很难实现时，必须通过营销差异化来定位。

因此，仅仅只有产品定位远远不够，我们必须从产品定位这一出发点，扩展至整个营销的定位。

营销组合定位即如何满足需要（How），营销组合是企业的一种综合营销计划，即企业根据目标市场的需要，对自身可以控制的各种营销因素（产品质量、造型外观、价格、广告等）进行优化和综合运用，使之相互协调、相互配合，这样才能扬长避短，充分发挥自身优势，从而更好地实现产品的营销目标，使公司在选定的目标市场上获得预期的收益。因为由于调研总是存在一定的局限性，产品差异化有时难以实现，这时，必须通过营销差异化来定位。

2.6 五步法辅助技巧

在进行案例分析和实践之前,我们再来回顾一下一般产品定位方法——五步法的步骤,如图 2-10 所示。

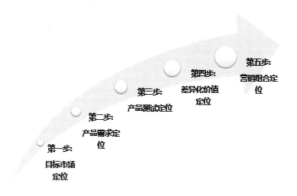

图 2-10 五步法的步骤

2.6.1 技巧一:把抽象产品生成新的具象产品

只下定义不足以做出产品,大家的想法都是美好的,但美好的理想不落实到细节就无法执行,定义了抽象化的框架,细节的补充就变得尤为重要,这里的具象化细节要满足三个条件:

(1)优先定位目标用户:必须明确谁是目标用户,目标用户的年龄层、收入、职业、生活习惯等标准要素,这是目标用户为什么用这个产品的原因。

(2)不能脱离原始形态:做什么的产品就要有什么产品的样子,让用户一下子就能抓住产品的精髓,如果用的人都不知道这产品是干什么的,无法进行默认归类,那产品生命要延续就难了。

(3)不能追求大而全或小而偏:产品刚定义的时候决不能追求大而全,大而全的产品不仅会给开发造成强大的压力,还容易在最初的设定阶段引发功能逻辑混乱;相对若小而偏就又会造成无法快速培养第一批用户。一般情况下采取小而美,易用好用的角度作为切入点。

2.6.2 技巧二:需注意的问题

(1)不能前后逻辑矛盾:针对年轻人的产品不能因循守旧,服务于大众产品不能太过小资,给老年人的产品不能罗列太多功能等。

(2)切忌漫无目标:尽可能不要出现"史上最强""现阶段最好""最符合用户习惯""全球最佳""世上独一无二"等大而虚的词语。

(3)定位目标不能过窄:不要架设"只提供 XXX 服务"/"仅限 XXX 使用"等限制。

（4）什么都要就什么都没有：主体功能一定围绕最基础的功能，如照片发布、海淘购物、新闻阅读、陌生交友、视频录制等，并不是各个功能的累加，更不能过度渲染细节功能。

（5）适当幻想杜绝天马行空：阐述用户使用场景应是真实存在的常规场景，而不是幻想出来的用户行为或用户心血来潮的偶发行为，例如：等待期间做某些事情，朋友见面时会做某些事情，一个人的时候寻找什么事情做。

2.7 案例分析与实践

2.7.1 案例一：某品牌红酒——重新定位市场

20世纪20年代的美国，被称为"迷惘的时代"。经过战争的冲击，许多的美国青年都自认为受到了战争的创伤，而且他们认为只有通过拼命享乐，才能将这种创伤冲淡。而妇女们在"苦闷"的日子里也会喝上一些，但是她们会抱怨有的红酒度数太高，口感不那么轻柔。出于这种情况，"某品牌红酒"横空出世了。

"某品牌红酒"的英文其实是"Man Always Remember Lovely Because of Romantic Only"的缩写，这句话的含义为"男人不会忘记女人的爱"。其广告口号是"像五月的天气一样温和"，用意是为了在女性酒民心中树立起"红颜知己"的角色。图2-11所示为某品牌红酒的广告图。可是，想法是美好的，现实却于愿望背道而驰，"某品牌红酒"起初把市场定位在女性酒民，使得其从1924年问世至20世纪50年代有所销售，但是热潮却始终未出现。

图2-11 某品牌红酒的广告图

※**案例解析**

广告口号"像五月的天气一样温和"显得过于文雅，这句口号使得广大男性酒民对其兴趣不大。这句广告虽然突出了自己品牌定位的个性，提出了对妇女这类消费人群的偏爱，但这样的定位却为该红酒品牌的未来发展埋下了隐患，仅仅突出自己的特点，偏向一小部分人群，导致它的消费者范围难以扩大，因为一款红酒必须要形成忠实的消费群，其他条件不变的情况下，当消费的次数越多，消费群给商家带来的销售收入就会更大。而女性中的一小部分酒民在数量上占劣势，喝酒相较于男性酒民也要节制得多，这个消费群的差异导致红酒未能大卖。

言至于此，某品牌红酒如果想冲破这个窘境，就得重新定位市场，对市场上的受众人群重新分析，抓住主要的消费人群，针对他们做产品定位。

某品牌红酒做了如下两个改变：

1. 改变红酒外观

产品的品质不变，度数略微提高，也创新了包装，采用前所未有的活塞瓶盖，并将名称的标准字某品牌红酒的字体尖角化，这样一来，看上去更加富有男性的刚强。

2. 改变广告创意

在广告中强调"某品牌红酒"的男子气概,以吸引所有爱好追求这种气质的顾客。这个理想中的男子汉最后还是集中到美国牛仔这个形象上。这种洗尽女人脂粉味的广告 1954 年问世,它给"某品牌红酒"带来巨大的财富。

某品牌红酒采用的目标市场定位方式是根据使用者定位(具体说是性别)。它能将产品通过这种定位引向特定使用者,以在使用者心中树立产品形象和地位。并且采用集中性的策略,定位目标市场,使"某品牌红酒"成长为当今世界第一品牌。从"某品牌红酒"两种风格的广告戏剧性的效果转变中,我们可以看到广告的魔力。正是广告塑造产品形象,增添了产品的价值。有效的目标市场定位有助于塑造产品的鲜明个性和独特形象,满足目标顾客的需求偏好。

2.7.2 案例二:抓住机遇的设计师

某国著名的时装设计师安娜,是一个很能善于洞察、发现经营目标的有心人。

有一次她的好朋友要出席一场皇家宴会,没有合适的晚装,向她求助。这件事引起了她的兴趣,她感觉到,女士们遇到这一困境是很有普遍性的,这是当时的一种很常见的社会现象。因为他们的国家是个很注重表面礼仪的社会,经常会举办各种社交活动,如果想在众人中脱颖而出,在参加社交活动时,就要穿着十分讲究的礼服,如图 2-12 所示。但问题在于当时的大多数家庭的收入并不太多,所以买不起十分华贵的服装,如果能付较少的价钱在宴会上穿上华贵的时装出席高贵的活动,是十分光彩又省钱的好事情,但是当时华贵的时装是耗费了很大的人力物力设计制造出来的,是十分昂贵的。这种花小钱就能获得大面子的事情成为许多人的共同心愿。

图 2-12　女士晚礼服

安娜洞察到了社会上有了这一普遍想法后,没有立刻开始行动,而是做了大量的问卷调查和面谈交流,也找了不少数量的妇女征询她们的想法,在证实了上述分析和预测是准确的之后,她便确定开展晚装租赁业务的经营目标。她筹集了一笔资金,买回了名师设计的各种款式的晚礼服,再以每套由十几到数十美元的价格租赁出去。

果然不出她所料，她的租赁生意刚一开张，就十分火爆，其中不少客人是由朋友介绍来的。也就是说，那些女士毫不介意告诉别人，说自己的晚装是租回来的。这说明人们并不认为这是不光彩的事情，反而觉得这是一件合算且明智的事情呢！

安娜的这项业务越做越大，在自己的家乡开了两间店之后，还越洋到其他国家去开分店。后来的她除了经营晚装，还扩展到租赁包括配饰、手袋、首饰。除此之外，她还扩宽了租赁晚礼服的种类，为老人以及肥胖者、孕妇提供适合的晚装，后来乃至男士用的服装等她都有涉及，如图2-13所示为男士晚礼服和儿童晚礼服。这些礼服一应俱全，生意也越做越大。她也由一名设计师成为了一名富豪。

图2-13　男士晚礼服和儿童晚礼服

※ **案例解析**

当时的欧美社会，人们经常举行大大小小的舞会、宴会、庆祝会和生日会。宾客讲究仪表雍容，女士们穿的晚礼服更是款式时髦，艳丽高贵。但是，不管多么华丽名贵，若是连续在这类场合出现三次及以上，人们就会窃窃私语，穿者自然会感到失体丢脸。因此，无论多好的晚服，也只能穿着一两次。安娜正是抓住了这样的用户心理，推行了礼服租赁行业。这样一来，人们只花很少量的钱，就可以穿着很华丽的衣服，不但使普通收入的人们忧愁缓解，连有钱的人们也乐于接受这样的方式。这些市场消费现象被安娜看准了，她"见微知著"确定了一个经营目标，在经过市场调研后，准确无误地实现了她的决策目标，并且在后期的经营中，她没有墨守成规，而是积极发现问题，努力扩宽自己的产业，延长自己的产业寿命，这是一个很成功的案例。

2.7.3　案例三：由眼影切入——橘朵彩妆

单色眼影切入，布局线下+IP联名强化品牌，打造色彩实验室实现升级。

橘朵品牌发展经历了几个阶段：①品牌建设：品牌成立初期，以平价单色眼影切入市场，吸引种子用户、积累品牌口碑；②品牌扩张：经过两年多品牌沉淀，2019年初开始大力发展线下布局，同时推出各大IP联名款；③品牌升级：2019年末，正式推出副线品牌"橘朵色彩实验室",旨在引领和提高消费者对于更高层次的品牌精神需求。图2-14所示为橘朵品牌发展时间轴图。

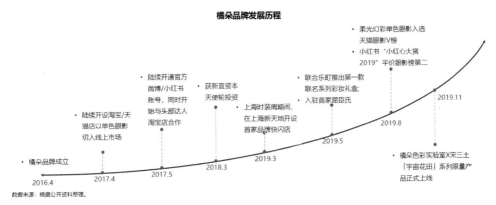

图 2-14　橘朵品牌发展时间轴图

1. 品牌理念

秉持为用户提供更多、更丰富潮流色彩的品牌理念,成立"橘朵色彩实验室",联合艺术家、花店、甜品店、美术馆等品牌进行色彩创作,推出限定合作款,塑造橘朵对色彩的极致追求与探索的品牌形象,引领和提高消费者对于更高层次的品牌精神需求。图2-15所示为橘朵产品广告图。

图 2-15　橘朵产品广告图

2. 细分市场——单色眼影

橘朵以单色眼影作为品牌的品类制高点,集中打造多色彩、多质地的平价单色眼影,加上极快的上新速度,快速吸引用户,引爆品牌声量,形成品牌差异化竞争优势。

3. 定价策略——平价+高性价比

橘朵产品定价走平价策略,单色眼影的价格在30元左右,全系列产品价格在50元以下,占比达62%,主打高性价,并持续与知名IP推出联名款,提升产品调性和品牌知名度。

4. 上新节奏

根据药监局产品备案信息显示,橘朵平均3～5天推出一款新品,超快的上新节奏能大大提高用户的购买率和复购率。

5. 重点——营销推广

橘朵在小红书和微博平台的推广力度稳步加大，截至 2020 年 3 月，小红书和微博的单月关联内容数量达到 4500 以上，其中小红书平台的单月关联博主账号也达到 4300 以上。短视频平台中，B 站的投放力度增长较明显，关联视频和博主账号均有所增长，12 月开始在快手平台展开推广，目前单月关联博主账号也达到 300+。现在以 B 站数据为例，帮助我们理解案例。B 站平台推广账号以美妆类为主，占比超过 78%，其次是泛生活类的分区。图 2-16 所示为 B 站平台账号类型分布图。

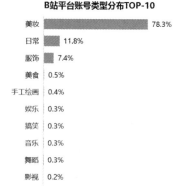

图 2-16　B 站平台账号类型分布图

KOL 粉丝量 TOP-10 中，有 7 位达到 100 万以上，最高的为"机智的党妹"，粉丝量达 500W+，如图 2-17 所示；KOL 重复多次发布商品推广视频现象较明显，如图 2-18 所示。

账号呢称	账号类型	粉丝总数	关联视频数
机智的党妹	美妆	5,445,308	1
宝剑嫂	美妆	2,787,677	4
nya酱的一生	美妆	1,495,730	1
Vivekatt	美妆	1,440,586	1
文不叮	美妆	1,357,652	2
大佬甜er	美妆	1,035,919	6
帅你一脸毛蛋	美妆	1,029,667	11
小猪姐姐zzreal	美妆	989,534	4
Pony_朴惠敏	美妆	927,676	1
易烫YCC	美妆	925,411	1

账号呢称	账号类型	粉丝总数	关联视频数
粥安宙安	美妆	102,147	30
雀斑一针	美妆	209,792	24
只因我是V5	美妆	78,273	23
爱黏人的圈子哔__	美妆	284,364	21
胖鱼鱼Sairy	美妆	148,370	18
carolyn-GGG	美妆	79,356	18
SophiaXy	美妆	101,397	17
Little硕子	美妆	49,062	16
ROUWAN_肉丸	美妆	64,920	16
三三三三两	美妆	150,880	16

图 2-17　B 站美妆分区 UP 主粉丝排行榜　图 2-18　B 站美妆分区 UP 主推广视频数排行榜

另外，在各类 App 上获得大量的用户之后，他们选择了加码今日头条＋微信朋友圈＋抖音信息流广告，扩大范围定向获取用户。2019 年开始尝试今日头条图片信息流广告投放，同时有少量凤凰网 App、搜狐新闻 App 信息流露出，较大可能是通过 DSP（Demand-Side Platform，需求方平台）投放剩余流量。在 2020 年开始尝试朋友圈信息流广告投放，抖音开屏及视频信息流硬广告。电商平台合作方面，橘朵与天猫、京东进行"超级品类/品牌日"合作，展开资源置换、联合推广。图 2-19 所示为橘朵微信朋友圈广告。

橘朵定位的核心用户群以 95 后、00 后为主，博主在进行产品推荐时，主打国货、大牌平替（平价替代品），通过博主试色、产品介绍、妆容教程等内容，呈现出产品效果不输大牌，并且价格便宜，从而吸引化妆初学者用户，让用户产生"花小钱获得大牌妆效"的心理，从而激发用户的购买欲望。这是五步定位法中的产品需求定位和价值差异化定位。

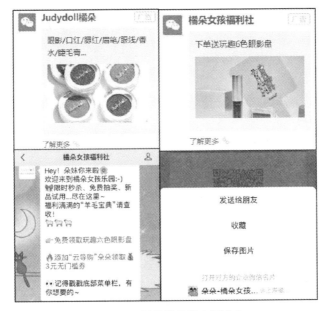

图 2-19　橘朵微信朋友圈广告

除此之外，橘朵希望通过用户之间的传播，制造话题来达到更好的"免费广告效果"。他们启动橘朵 KOC（Key Opinion Consumer，关键意见消费者）计划，完善品牌淘内评价内容，提高社媒口碑传播声量。图 2-20 为橘朵推出的活动——寻找"橘朵"女孩计划。并且在各大平台直播并且发起抽奖，引起更大的关注量。图 2-21 所示橘朵推出的直播和抽奖活动预告。

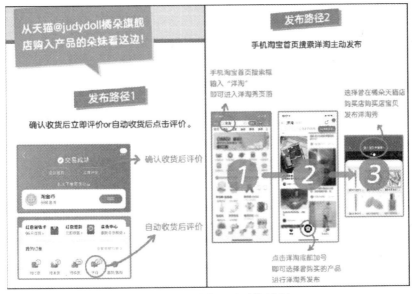

图 2-20　"寻找橘朵女孩"计划

图 2-21　直播和抽奖活动预告

2.8　本章小结

　　产品定位五步法：目标市场定位（Who），产品需求定位（What），产品测试定位（PP），差异化价值定位（Which），营销组合定位（How）。

　　目标市场的准确定位有利于企业策略的实施和运行，可以少走弯路；产品需求定位可以帮助我们认知客户真正需要什么；产品测试定位可以针对一定的消费群体，还能够避免大海撒渔网式的销售；差异化价值定位和营销组合定位在提升产品竞争力的同时还可以锁定顾客群，有效留住顾客。

第3章 产品生命周期

在工作生涯中，不管是作为老板还是产品经理，又或者是普通员工，大家或多或少都会关注产品的生命周期，经常会有这样的问题："为什么产品会从高峰走入低谷？""我们是不是可以做到越来越好，使它一直处在爆发期呢？"可惜的是，就像大家无法违背自然规律而衰老一样，产品也有它的生命周期，谁也无法避免一款产品从新兴到爆发再到最终的衰落。

本章我们就来探索产品生命周期到底是什么。

3.1 产品生命周期的定义

万事万物都有生老病死的生命周期，即使是宇宙中的恒星、星系，也有诞生与死亡的生命过程。所以产品也是有生命周期的。

产品的生命周期描述的就是产品的生老病死，即一个产品从诞生到衰退称为其生命周期。关注产品的生命周期有利于更好地调整发展策略，促进产品发展。

3.1.1 产品生命周期的概念

产品生命周期（product life cycle），简称 PLC，是指一种产品从设计完成到开始进入市场，再由市场这一无形的手淘汰的整个过程。产品生命周期是衡量产品市场寿命的一个概念。

3.1.2 产品生命周期阶段

典型的产品生命周期一般可以分成四个阶段：介绍期（或引入期）、成长期、成熟期和衰退期。

第一阶段：介绍期

这一阶段指产品在从设计投产直到投入市场进入测试阶段。新产品一旦投入了市场，就开始进入介绍期。在此时的产品品种、数量少，消费者对产品还不大了解，除了少数为追求新奇而购买的顾客外，几乎没有人真正因为解决某种需求而购买该产品。生产者在此时为了扩大销路，便不得不开始投入大量的促销费用，来对产品进行宣传推广。该阶段由于生产技术方面有限制，产品的生产批量小，制造的成本高，广告的费用大，产品的销售价格偏高但是销售量是极为有限的，这时的企业通常不能获利。

第二阶段：成长期

当产品进入引入期并且销售取得一段时间的成功之后，便进入了成长期。成长期是指产品因为在市场的销售效果良好，消费者逐渐接受了该产品，所以产品在市场上站住脚并且打开了销售的闸门。这是需求增长的阶段，需求量和销售额迅速上升。生产成本大幅度下降，利润迅速增长。同时，竞争者们发现有利可图，于是便纷纷进入市场，参与竞争，这一行为使得同类的产品供给量增加，并且价格随之下降，企业利润增长速度逐步减慢，最后达到生命周期利润的最高点。

第三阶段：成熟期

这一阶段，产品进入大批量生产阶段，且稳定地进入市场开始销售，经过了成长期，随着购买这类产品的人数增多，市场上消费者的需求趋于饱和。产品普及率趋于标准化，成本较低而产量变大。销售增长速度变慢，直至转而下降，此时竞争的加剧导致了同类产品生产企业之间不得不在产品质量、花色、规格、包装服务等方面加大投入，以取得竞争优势。这在一定程度上增加了成本。

第四阶段：衰退期

衰退期是指产品进入了淘汰阶段。随着时代的发展以及消费者的消费习惯发生改变等内因，产品的销售量和利润呈下降趋势，产品在市场上已经出现老化，不再能适应市场需求，市场上已经有其他性能更好的、价格更低的新型产品，足以满足消费者的需求。此时成本较高的企业就会因企业亏损而陆续停止生产，退出市场。该产品的生命周期也就陆续结束，直到最后完全退出竞争市场。

表 3-1 为产品生命周期各阶段消费者接受度、用户量和利润的情况。

表 3-1　产品生命周期各阶段消费者接受度、用户量和利润的情况

生命周期各阶段	消费者接受程度	用户量	利润
第一阶段：介绍期	不了解	增长缓慢	多为亏损
第二阶段：成长期	逐渐接受	快速增长	盈利但增幅降低
第三阶段：成熟期	已熟悉	增长但幅度下降	由盈利渐变亏损
第四阶段：衰退期	过时，不接受	迅速下降	亏损

案例　MiKi冰淇淋

MiKi 的包装极富个性，映入眼帘的是一个充满神秘感的黑色小盒子，盒子上印着 0～9 的数字，一个数字代表着一种口味。当消费者不知道具体的口味而仅仅通过自身对数字的偏好选取冰淇淋时，就产生了一种"盲盒效应"，消费者用盲盒满足探索未知的欲望，品牌方利用消费者的欲望刺激新的购买。MiKi 冰淇淋品牌巧用"盲盒效应"使自己的产品度过了介绍期，让自己的用户量较一般产品增长较快。使消费不再是基本的需要，而是变成了一种渴望。图 3-1 为 MiKi 冰淇淋广告图。

图 3-1　MiKi 冰淇淋广告图

课堂讨论： 在产品生命周期的四个阶段里，你觉得哪一部分是最值得我们花费大量精力去运营的？为什么？说说你的看法。

3.2 产品生命周期曲线

产品生命周期曲线的特点是：
- 在介绍期，活跃用户很少；
- 随着销售量缓慢增加，活跃用户增加，此时通常利润偏低或为负数；
- 在成长期随着销售快速增长，用户人数快速增长，利润也显著增加；
- 在成熟期活跃用户人数会逐渐饱和，而利润在达到顶点后会逐渐走下坡路；
- 最后在衰退期间产品销售量显著衰退，用户也因产品竞争力不足而选择其他同类产品，这时的利润也会大幅度滑落。

图 3-2 所示为产品整体表现与市场变化趋势。

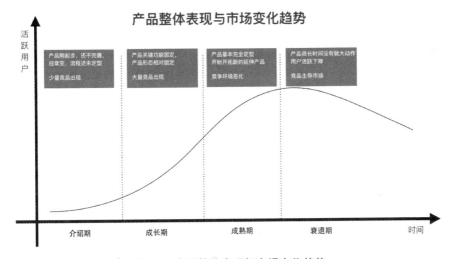

图 3-2 产品整体表现与市场变化趋势

该曲线适用于一般产品的生命周期的描述，不适用于特殊产品，如风格型、时尚型、热潮型和扇贝型产品的生命周期的描述。

课堂讨论： 上面的产品整体表现与市场变化趋势图表示的是时间与活跃用户的关系图。请根据所学内容，尝试绘制时间与利润、时间与销量的关系图。

3.3 产品生命周期不同阶段的营销策略

下面将从介绍期、成长期、成熟期和衰退期四个产品生命周期阶段，结合其不同的特征表现对营销策略内容进行汇总。

表 3-2 所示为产品阶段特征与营销策略汇总。

表 3-2　产品阶段特征与营销策略汇总

	阶　　段	介 绍 期	成 长 期	成 熟 期	衰 退 期
特征	销售额	低	快速增长	缓慢增长	减少
	利润	易变动	顶峰	下降	低或无
	现金流量	负数	适度	高	低
	顾客	创新使用者	大多数人	多数人	滞后者
	竞争者	稀少	渐多	最多	渐少
策略	策略重心	扩张市场	渗透市场	保持市场占有率	提高生产利率
	营销支出	高	高（但百分比下降）	下降	低
	营销重点	产品知晓	品牌偏好	品牌忠诚度	选择性
	营销目的	提高产品知名度及产品试用	追求最大市场占有率	追求最大利润及保持市场占有率	减少支出及增加利润回收
	分销方式	选择性的分销	密集式	更加密集式	排除不合适、效率差的渠道
	价格	成本加成法策略	渗透性价格策略	竞争性价格策略	削价策略
	产品	基本型为主	改进产品，增加产品种类及服务保障	差异化、多样化的产品及品牌	维持品牌忠诚度
	广告	争取早期使用者，建立产品知名度	大量营销	建立品牌差异及利益	维持品牌忠诚度
	销售追踪	大量促销及产品使用	利用消费者需求增长	鼓励改编采用公司品牌	将支出降至最低

3.3.1　介绍期的营销战略

在商品的介绍期，消费者对商品十分陌生，企业必须通过各种促销手段，把自己的商品引入市场，同时提高商品的知名度；另一方面，介绍期的生产成本和销售的成本相对较高，所以企业在给新产品定价时必须考虑这个因素。故企业营销的重点主要集中在促销和价格战略方面。一般有四种可供选择的市场战略。

（1）高价快速策略。

这种策略的形式是：采取高价格的同时配合大量宣传活动，其目的在于先声夺人，抢先占领市场，从而获得利润。适合采用这种策略的市场环境为：

①必须有很大的潜在市场需求量；

②企业面临着潜在的竞争对手，想快速建立良好的品牌形象。

（2）选择渗透策略。

这种策略的特点是：在采用了高价格的同时，只用很少的促销努力。这种策略的主要适用情况：

①商品的市场比较固定明确；

②大部分潜在的消费者已经熟悉该产品，他们愿意出高价购买。

（3）低价快速策略。

这种策略的特点是可以使商品迅速进入市场，还能有效限制竞争对手的出现，为企业带来较大的市场占有率。该策略的适应性很广泛，例如：

①商品有很大的市场容量；

②消费者对这种产品不太了解，对价格又十分敏感；

③潜在的竞争比较激烈。

（4）缓慢渗透策略。

这种策略的特点是：在新产品进入市场时采取低价格，不做大促销的努力。一般来说，低价格有助于市场快速地接受商品；低促销使企业开支费用相对较小，降低了成本，以弥补低价格造成的低利润或者亏损。适合这种策略的市场环境是：

①商品的市场容量大；

②消费者对商品有所了解，同时对价格又十分敏感；

③当前存在某种程度的竞争。

> **案例** 某食品品牌利用电影明星将其月饼产品成功打入市场

某食品品牌非常注重自身品牌文化的建设，特别是在产品投入时期很注重广告的宣传，以其旗下的月饼为例：电影皇后胡蝶刚刚为力士香皂做过广告后不久，就被该品牌邀请到旗下月饼展销会进行剪彩，并且请她与特大月饼合影。随后这张照片做成巨幅广告，大面积进行宣传，该品牌月饼很快便被消费者所熟知。

3.3.2 成长期的营销策略

进入成长期，越来越多的消费者开始接受商品并且使用，销量上升的同时利润也开始增加；与此同时，竞争对手也逐渐进入市场，一旦发现成长的速度由递增变为递减时，必须适时调整策略。这一阶段可以适用的具体策略有以下几种：

（1）积极集中必要的人力物力，进行基础建设或者产品技术的改造，这样利于迅速扩大生产的批量。

（2）改进商品的质量，增加商品特点，在包装、款式、规格和定价方面做出一定的改进。

（3）进一步开展市场细分，积极开拓新的市场，创造新的用户，以利于扩大销售。

（4）努力疏通并增加新的流通渠道，扩大产品的销售面。

（5）改变企业的促销重点。例如，广告宣传树立良好的企业形象利于进一步提高企业产品在社会上的声誉。

（6）充分利用价格手段。可以适当降低销售的价格，这样从长期看，利润是有望大大增加的。

> **案例** 某食品集团的成长期营销策略

某食品集团立足食品产品，在集团成长期中，善于寻找新的细分市场，更大份额占据市场。从初期生产糖果、蜂蜜、鲜蜂王浆、蜂王浆粉和固体饮料等五大类产品，到由于市场的竞争和消费者的需要又增加了酒类、面制品、味精、冷冻食品、保健食品、生物医药、休闲食品等近20个系列上千个品种。

3.3.3 成熟期的营销策略

商品的成熟期是指商品进入大批量生产，开始稳定盈利的过程。这时，对于有的弱势产品，我们就应该理性放弃，以节省费用而开发新产品；同时我们也要注意到原来的产品可能仍然有其发展的潜力，这些产品就是可以通过开发新用途或者新的功能，可以重新进入新的生命周期。因此，企业不应该忽略或者仅仅是消极的防卫产品的衰退。企业应该系统地考虑市场之后的产品及营销组合，并进行策略上的修正。

1）市场修正策略

即通过努力开发新的市场，来保持和扩大自己的商品市场份额。

（1）努力寻找市场中未被开发的部分，将产品的非使用者转化为产品的使用者。

（2）通过宣传推广，促使顾客更频繁地使用或每一次使用更多的量，以增加现有顾客的购买量。

（3）通过市场细分化，努力打入新的市场，例如对地理、人口、用途的细分可以使得差异性更好展现。

（4）赢得竞争者的顾客。

2）产品改良策略

企业可以通过产品特征的改良，来提高销售量。例如：

（1）品质改良，即增加产品的功能性效果，如耐用性、可靠性、速度及口味等。

（2）特性改良，即增加产品的新的特性，如规格大小、重量、材料质量、添加物以及附属品等。

（3）样式改良，即增加产品美感上的需求。

3）营销组合调整策略

企业通过调整营销组合中的某一因素或者多个因素，以刺激销售。

（1）通过降低售价来加强竞争力；

（2）改变广告方式以引起消费者的兴趣；

（3）采用多种促销方式，如大型展销、附赠礼品等；

（4）扩展销售渠道，改进服务方式或者货款结算方式等。

> **案例** 国内某景区通过市场调整策略稳固产品的成熟期
>
> 国内某景区经过介绍期和成长期，已经被大多数潜在购买者所接受，基本进入了产品成熟期，市场需求量趋于饱和，销售量基本稳定，但是竞争激烈，利润下降。
>
> 该景区采用市场调整策略，将成熟期的经营重点放在保护原有市场和开拓新市场上，用产品和价格的差异来吸引消费者。从产品上，集中提升服务水平，并根据市场需求设计能够满足消费者需求的新景点。在价格方面实行优惠策略，运用多种定价技巧以保持原有市场和吸引新的细分市场。

3.3.4 衰退期的营销战略

衰退期是指商品逐渐老化，转入商品更新换代的时期，有以下三种战略：
（1）维持策略。
企业在目标市场、价格、促销等方面维持原状。这一阶段会有很多的企业因为抵御不住亏损而退出市场。对一些有条件的企业，可使用延长产品寿命的策略，主要有以下几种方法：
①通过价值分析，降低产品成本，以利于进一步降低产品价格。
②通过科学研究，增加产品功能，开辟新的用途。
③加强市场调查研究，开拓新的市场，创造新的内容。
（2）缩减策略。
企业仍然留在原来的目标上继续经营，但是根据市场变动的情况和行业退出障碍水平在规模上做出适当的收缩。如果把所有的营销力量集中到一个或者少数几个细分市场上，以加强这几个细分市场的营销力量，也可以大幅度降低市场营销的费用，以增加当前的利润。
（3）撤退策略。
企业决定放弃经营某种商品以撤出目标市场。在撤出目标市场时，企业应该主动考虑以下3个问题：
①将进入哪一个新区划，经营哪一种新产品，可以利用以前的哪些资源。
②品牌及生产设备等残余资源如何转让或者出卖。
③保留多少零件存货和服务以便在今后为过去的顾客服务。

课堂讨论：请与你的同伴一起讨论，如果在衰退期仍然采用成熟期的营销策略，会产生什么样的后果？如果在成长期仍然采用引入期的营销策略呢？如何去避免这些错误认知？

3.4 产品生命周期分析的优点与缺点

产品生命周期理论的优点是：
产品生命周期提供了一套适用的营销规划观点，营销人员可通过对各个阶段不同的特点从而采取不同的营销组合策略。此外，产品生命周期只考虑销售和时间两个变数，是十分简单易懂、便捷明了的。
但是其也有一些缺点：
（1）产品生命周期各阶段的起止点划分标准不易确认。
（2）并非所有的产品生命周期曲线都是标准的 S 型，还有很多特殊的产品存在它们各自不同的生命周期曲线。
（3）无法确定产品的生命周期曲线到底是适合单一产品项目还是一个产品的集合。

课堂讨论： 现在有一款老式手机，毫无疑问已经处于产品衰退期，如果你是公司的决策者，那么你会如何选择？是一直选择缩减策略直至产品完全淘汰还是选择其他的做法？和你的同伴讨论一下吧。

3.5 特殊产品的生命周期

特殊产品的生命周期包括风格型产品生命周期、时尚型产品生命周期、热潮型产品生命周期、扇贝型产品生命周期四种特殊的类型，它们的产品生命周期曲线并非通常的 S 型。

风格型产品生命周期：这是一种在人们日常生活中出现，特点突出的产品生命周期。风格一旦产生，可能会持续数代，根据人们对这些产品的兴趣而呈现出一种循环的模式，可能一阵子流行而后一段时候便不流行。

时尚型产品生命周期：这是指在某一领域里，目前为大家所接受且欢迎的风格。时尚型的产品生命周期特点是，刚上市时很少有人接纳，但接纳人数随着时间慢慢增长，终于被广泛接受，最后缓慢衰退，消费者们开始将注意力转向另一种更有吸引力的产品。比如：时装、鞋帽、珠宝首饰、家居时尚用品等。

热潮型产品生命周期：这是一种来势汹汹引起大众注意的产品。热潮型产品的生命周期往往快速成长又快速衰退，主要是因为这类产品只是满足人们一时的好奇心，只能吸引少数寻求刺激或者标新立异的人，无法进一步满足更强烈的需求。比如很多"网红"产品曾经风靡一时，但是又快速消失在人们的视野。

扇贝型产品生命周期：主要指产品生命周期不断地延伸再延伸，这往往是因为产品创新或不时发现新的用途，比如苹果品牌旗下的系列产品 iPhone，每半年到一年时间推出新的产品，用新的功能来刺激消费者，来延长该项产品的受欢迎度以及市场存活率。

上述四种特殊产品的生命周期曲线如图 3-3 所示。

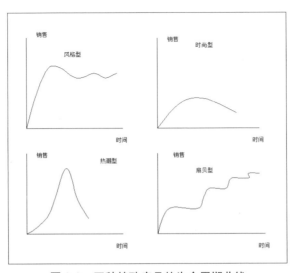

图 3-3　四种特殊产品的生命周期曲线

案例　旺旺推出56个民族版旺仔

旺仔牛奶是一款几乎家喻户晓的乳饮料。首发56个民族版旺仔牛奶，以"惊喜旺盒"的盲盒形式在天猫上预售，售价为76元每盒，产品包含4罐随机民族款旺仔牛奶+3款随机周边+随机零食组合，产品均为随机发货不接受指定，顾客只通过盲选发货。如图3-4所示为56个民族版旺仔牛奶。

图3-4　56个民族版旺仔牛奶

发售当年的3月，霸占热搜的旺仔民族版预热，微博话题#56个民族版旺仔#，阅读量达到了1.2亿，讨论量达到了5万，利用话题着实炒热一波。同年5月，56个民族版旺仔牛奶正式上线，再度引爆话题，邀请探店种草达人进行盲盒测评、线下快闪打卡，将气氛推向高潮，引发了四种特殊周期中的热潮型生命周期。

课堂讨论：你知道什么是盲盒吗？你在平常生活中购买过盲盒吗？请你结合自身经历，谈谈对盲盒的看法和认识。如果你需要推出一款盲盒，你会选择什么类型的产品？与你的同伴讨论讨论。

3.6　产品生命周期案例分析与实践

3.6.1　案例一：国潮品牌王小卤是怎么成为鸡肉零食No.1的

近期，王小卤的一支TVC引爆媒体社交平台，5分钟的广告片包含五部分，以纪录片、动画、英译腔美剧、国风水墨等创意方式展现了王小卤虎皮凤爪大、骨头都酥、好吃到上天、谁也戒不掉的特点，引导用户"拍"下虎皮凤爪。这支广告片完美地诠释了王小卤作为国潮品牌的"潮"，有创意、有脑洞、有趣、有共鸣，激发王小卤微博官方账号1/4的用户转发。图3-5所示为王小卤微博广告。

王小卤是一个年轻的国货零食代表品牌：2016年王小卤猪蹄面市；2017年获得作家安意如投资；2018年王小卤虎皮凤爪、椒盐鸭脖、孜然肉脯研发成功；2019年投入社群测试；2019年4月入驻天猫平台。

2020年"6·18"王小卤虎皮凤爪销售额突破1000万元，双十一销售额达到2000万元，从进驻电商，到年销过亿，王小卤仅用了1年零6个月。图3-6所示为王小卤"6·18"海报。

王小卤是如何迅速成为鸡爪零食类的独角兽的呢？让我们从市场环境、赛道选择、产品定位、用户群体和营销渠道五个方面浅析王小卤的发展之路。

1. 新消费时代到来，国货品牌的春天

当下卤味零食品牌，老品牌居多，但同时偏年轻化的新消费群体对于市场的要求却有明显提升。

图 3-5 王小卤微博广告　　　　图 3-6 王小卤"6·18"海报

市场方面，更年轻的消费者对品质的追求显著提升，他们需要更新颖、更具创意、品质更好的产品，价格反而不是阻止他们消费的因素，这给新品牌带来了机会。

产品上游层面，中国供应链已臻成熟，优异、扎实的品控体系可以制造出世界一流的产品。

同时，在 2020 年全球疫情影响下，民族自信心空前高涨，国人文化自信坚定回归，让国货乘风破浪正当潮。国民囤货也成为一种新风尚。

2. 绝境重生，抢占鸡肉零食赛道

2016 年，小卤猪蹄历经 4 个多月的研发面市，销售渠道选择了微商模式的朋友圈，上线第一天卖出 3 万多元。2017 年，小卤猪蹄获得作家安意如的投资，红遍媒体圈，但是这短暂的风光并没有使猪蹄产品走得更远。

2018 年，王小卤吸取了同样是国货新品但十分成功的小仙炖、拉面说等品牌的经验，重新研究品类，最终瞄准鸡爪零食市场，将虎皮凤爪作为主打产品，将天猫作为品牌发展重心，重新出发。鸡肉零食成为王小卤专注的赛道，虎皮凤爪以其炸卤结合，入味易脱骨迅速俘获用户味蕾。图 3-7 所示为 2018 王小卤小零食广告图，看上去就让人欲罢不能。

图 3-7　2018 王小卤小零食广告图

3. 寻找用户，沟通角色很重要

90 后作为当今市场消费主力军，敢于尝鲜，喜欢分享，有经济能力不会被价格限制消费欲望，成为王小卤的目标用户群体。怎么和目标用户建立共同语言呢？

国潮成为近几年自创服装品牌常用的概念，深受年轻群体追捧，王小卤利用这一概念设计了视觉形象，从产品包装到新媒体平台人设，从 TVC 宣传片到海报等一系列宣传物料，王小卤都把国潮鸡肉零食品牌这一形象贯彻到底，与用户沟通，激发共鸣，博得用户好感。

4. 产品为王，用心的才是用户想要的

传统的包装肉类零食存在诸多缺陷，比如它们中的大部分因为高温杀菌工艺而口感较差。王小卤进行了多项技术改进，采用"先炸后卤"的制作工序，保证凤爪弹性依旧，接近现做口感。选取更大的鸡爪，并且专门聘请了工人每天给鸡爪剪指甲，这也成就了王小卤 40% 的高复购率——几乎是行业均值的两倍。

从小卤猪蹄到虎皮凤爪，王小卤的产品不仅经过精心研发，同时也经历了产品内测、红人社群测试等多轮评分，最近上新的火锅凤爪，在测试期有 80% 的用户都打了 90 分以上。

做好产品，并且将好产品反复测试，最终使王小卤成为有能力代表行业的出色鸡肉零食品牌。

5. 红人投放，稳吃直播带货红利

王小卤最先接触的主播是陈洁 kiki，首次红人私域社群测评也是从陈洁开始，这也是王小卤第一次尝试与红人合作的方式。

2019 年，王小卤虎皮凤爪作为主力产品上线之后，王小卤与美食头部红人密子君、时尚达人 Uni 颖儿、带货一哥李佳琦均有合作，销售额增长至 500 万元。

在投放上，王小卤选择收割李佳琦、密子君、回忆专用小马甲等头部网红流量，促进销售转化，同时兼顾各平台腰尾部红人的种草、传播口碑作用。

2020 年，王小卤在淘宝直播超过 200 次，王小卤旗舰店站外直播，单日直播数最高可达 107 场，单日销售额高达 193 万。

王小卤在朋友圈、抖音等平台也均有广告投放，甚至与金星也有合作，微博、微信、小红书、B 站等平台也多有王小卤的身影，有评论或弹幕提到王小卤时，就总有用户自发为其维护口碑，称赞王小卤的产品确实不错。

从收割红人流量，广泛传播品牌力，促成购买与复购，到引发用户自传播，王小卤的红人营销十分成功。

※ 案例解析

总结王小卤的发展之路，可以看出品牌对于产品在不同的生命周期有着清晰的营销定位，赛道正确，方针明确，产品质量过硬。

1. 导入期

- 国货品牌，新消费市场的后起之秀

2020 年全球疫情影响下，囤货不知不觉成为国民生活常态，快消零食成为更多人居家打发时间的新选择。同时，民族自信心空前高涨，国人文化自信坚定回归，也催生了一大批国货品牌。

王小卤将传统卤味与当下消费者更喜欢的方式、口味结合，成功在鸡肉零食品牌脱颖而出，是顺市场形势而生，应市场需求而为。

- 占据赛道，找准品类是关键

经历过卤猪蹄的短暂辉煌，王小卤总结出猪蹄产品保质期太短，运输成本过高，食用场景太少，复购率不高，并不适合长线发展。在不断地研发、试错、测评、用户反馈中王小卤最终将产品重心聚焦在凤爪上，凤爪这一细分品类竞争对手少，且偏传统化,王小卤是十分有机会率先抢占赛道的。市场和消费者反馈也证明聚焦凤爪是正确的选择。

2. 成长期

● 产品为王,永远的真理

能让市场、用户记住的方式有很多,但是在市场中披荆斩棘,成为行业代表,长期在同品类中占领高地,产品无疑是利器。选取优质的食材,提供更好的品尝体验,打造产品差异,获取用户好评,王小卤印证着"品质才是硬道理"。

● 找准用户,找到沟通语言

产品过关是品牌打开市场的敲门砖,那么品牌定位、用户群体就是助力启航的东风。用户群体潜在的需求是怎样的,怎样将产品与用户建立起联系却是一个品牌应该好好研习的课题。王小卤将自己定位为国潮零食品牌,与目标用户精准匹配,沟通语言上选择更具创意、更新奇有趣的方式,从品牌TVC广告到节日、新品、品牌联合海报都展现出作为国潮品牌的"潮"点。

3. 成熟期

● 红人营销

红人营销在线上推广中的地位越来越重要,用户在新媒体平台的创作欲望、表达个性的欲望更强,观看的时间也有所增加,粉丝经济仍然是不可或缺的重要力量,同时粉丝反馈直观、迅速,能为品牌提供有效的改进方向,这是传统电商和线下渠道不可比拟的。王小卤线上渠道侧重为天猫旗舰店,红人流量导流集中于天猫,避免了流量分散。

王小卤在红人投放上,选择以优质KOC、尾部红人为日常种草、口碑宣传媒介,以头部红人、明星为带货渠道,全部引流到天猫平台,将各圈层红人影响力结合最终实现转化。

3.6.2 案例二:"一拆入魂"的"盲盒"到底有啥魔力?

什么是盲盒?图3-8所示为盲盒门店及柜台照片。这个新生词汇可能不常听到,但小时候流行的干脆面里的"水浒英雄"卡你一定不陌生。一包干脆面里会随机附赠一张印着水浒英雄的卡片,要想得到喜欢的英雄就得不停地买面,拆卡,多少男孩的零花钱就被这小小的108张英雄卡不声不响地吞食掉。

图 3-8　盲盒门店及柜台照片

盲盒也是如此，盒子里装着不同样式的玩偶手办，在拆封之前永远不知道里面是什么，也许一次就可以抽到想要的玩偶，但更有可能连续氪金也无法抽到数量稀少的"隐藏款"，何时能集齐全套全凭运气。

小时候"水浒英雄"卡带给人们的印象有多深，现在年轻人对"盲盒"的追捧就有多狂热。据 8 月天猫发布的《95 后玩家剁手力榜单》，如图 3-9 所示，手办是 95 后中最"烧钱"也是最有热度的爱好，2018 年中在天猫上的同比增长达到近 190%，国内头部潮玩集团 POP MART（泡泡玛特），仅 2018 年 Molly 系列产品一年内卖了 400 万个，在中国的销售额超过 2 亿元，2021 年预计最少销量翻番，卖到 800 万个。

"为爱发电，为爱买单"是当今年轻人独特的消费观念，没"入坑"的你一定想不到，现代年轻人可以为了某个特殊款式的"手办"，持续小半年节衣缩食。"饭可以不吃，衣服可以不买，但 Molly 隐藏款必须安排"。

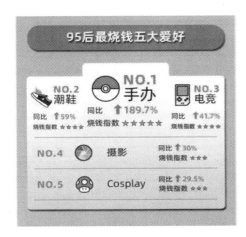

图 3-9 《95 后玩家剁手力榜单（部分）》

※ 案例解析

根据泡泡玛特的财报显示，2017 年至 2019 年期间，泡泡玛特收入分别为 1.58 亿元、5.15 亿元和 16.83 亿元，连续两年同比增长了 225% 以上；净利润方面，2017 年至 2019 年分别为 156 万元、9952 万元、4.51 亿元。毛利率则从 2017 年的 47.6% 增至 2019 年的 64.8%。短短几年时间，泡泡玛特创造了一个成功的商业景观。

小小的盲盒到底有什么魅力，能让下至初高中的千禧一代，上至 80 年代的社会中坚都沉迷其中，无法自拔？究其原因，正是泡泡玛特品牌对于其"盲盒"产品生命周期的精准把控。

- 导入期：单价亲民，入坑门槛低

国内盲盒的单价并不高，一般在 30～80 元，乍一看盲盒的价格还算比较亲民，无论是对于新人的"入坑"还是"坑底"复购来说都很友好。但是商家的精明之处在于，用低廉的价格引诱消费者体验，再用层出不穷的新品和"中彩票"式的玩法提升消费者忠诚度。一旦当消费者买了两三个盲盒后，对某一款式成套念念不忘，亦或是执着于隐藏款，就会开始源源不断地投入金钱。图 3-10 所示为盲盒爱好者的收藏。

- 导入期与成长期：玩偶设计可爱精巧，符合当下年轻人审美情趣

近十几年来，我国审美教育走上体系，

图 3-10 盲盒爱好者的收藏

国内外的二次元文化也不断冲击并影响着当今的消费主力军,而接受过完整审美教育与二次元文化熏陶的消费群体,正是赶上中国经济增长带来的消费能力提升。

盲盒或"萌"或"酷"的可爱形象正击中年轻人的兴趣点,快速上新迭代的设计甚至与各大 IP 的合作也是消费者疯狂的理由。拿国内盲盒巨头泡泡玛特为例,不仅持续签约多名知名设计师,分不同系列持续上新,而且还不断寻找跨界破圈的更多可能性,推出合作联名款,譬如 Molly 系列与故宫共同推出的联名款。图 3-11 所示为泡泡玛特旗舰店在售系列。

图 3-11　泡泡玛特旗舰店在售系列

- 成长期:反馈机制及时,买盲盒易"成瘾"

除了单价便宜,盲盒即买即开的特质也是消费者迷恋于此的"罪恶之源"。就像路边的抓娃娃机与"抽卡"游戏,频繁的错过和差一点总能激起消费者的好胜心与冲动消费。

"人生就像一盒巧克力,你永远也不知道下一个吃到的是什么味道",你在没有打开盒子之前,怎么就能知道里面藏的不是自己心心念念的"隐藏限量款"?而这种带有"轻赌博"性质的"不确定性"加强了人们对结果的预期心理以及可能会获得的惊喜感。玩的对立面不是工作,而是抑郁与无聊。在一次一次打开盲盒的过程中获得在压抑的现实生活中难以满足的快感,正是人们无法拒绝的多巴胺。图 3-12 所示为"坐坐公主"系列盲盒的隐藏款爱丽儿。

- 成长期与成熟期:购买不是结束,而是刚刚开始

为了让消费者们心甘情愿地不停奉上钱包,盲盒厂家除了上新速度快之外,推出各式各样的盲盒手办,更会在营销策略上"玩心机"。一套玩偶并不只有基础款,通常还包括隐藏款甚至特别款,显而易见,隐藏款与特别款抽中概率自然更小。抽了一两个普通

款自然想收集成套，终于成套了却又对隐藏款念念不忘，盲盒就这样吊足了消费者的胃口，一入盲盒深似海，从此钱包是路人。

图 3-12　"坐坐公主"系列盲盒的隐藏款爱丽儿

- 成长期与成熟期：KOL 赋能，加速产品引爆

在产品模式创新的基础上，盲盒也不遗余力利用 KOL、红人的力量，疯狂带货，实现引爆。例如泡泡玛特就集中选取抖音、微博、小红书等目标消费者较集中的平台，利用种草达人、盲盒资深玩家、拆盒博主直播拆盒过程、评测盲盒新品。一方面用色彩绚丽、造型可爱的盲盒玩偶吸引关注扩大品牌曝光，同时着重宣传"抽取盲盒的乐趣""惊喜""收藏"等关键词诱导尝试，拉取新用户入坑；另一方面，在圈层内部用"云拆盒""新品试拆""端盒"等方式不断渗透影响力，促使老用户复购，运用传播的力量"拉新促活"，再度加深产品引爆。图 3-13 为网络红人的推广视频截图。

- 成熟期与衰退期：收藏价值水涨船高，社交属性显现

不要说你可以管住自己的手量力而行，"收集"是扎根于人类基因中的原始本能，本质是达成目标后的成就感与优越感。正如古玩一样，玩家对某个系列收藏上的追求、与其他玩家的互通有无、在二级市场上的交换买卖、对不容易抽中的"隐藏款"以较高的价格出售，当这种小玩具的收藏价值一旦开始被小部分人所接受，逐渐形成圈层，那么伴随而来的就是社交属性的凸显。图 3-14 所示的几款盲盒，它们的价格涨幅很大，有的甚至翻了近 40 倍。

图 3-13　网络红人的推广视频　　　图 3-14　涨幅很大的盲盒

过去一年，在二手商品交易 App 闲鱼上有 30 万盲盒玩家进行交易，每月发布闲置盲盒数量较一年前增长 320%，最受追捧的盲盒价格狂涨 39 倍。玩家在网络上交流、炫耀、买卖，盲盒已然成为"影响力时代"下的一种新型社交货币。

盲盒的风靡一定程度上代表了当下年轻人的消费趋势与兴趣走向。"春江水暖鸭先知"，品牌们自然掌握着流行前沿的风向标，伴随着这股盲盒热纷纷开始入水，利用盲盒效应做品牌营销，致力从消费者口袋里掏出更多的钱。

3.7 本章小结

典型的产品生命周期分成四个阶段：介绍期、成长期、成熟期和衰退期。在各个时期会呈现出不同的用户量、利润和时间的关系，需要准确敏锐地掌握产品与民众接受程度，根据每个时期的特点加以利用。

特殊产品的生命周期包括风格型产品生命周期、时尚型产品生命周期、热潮型产品生命周期、扇贝型产品生命周期四种特殊的类型。这几种特殊的生命周期与典型的生命周期存在着巨大的差异，近年来流行的盲盒就属于热潮型产品生命周期。

第4章 产品营销

什么是营销？有人觉得营销是广告。日常生活中我们随处可见各式各样的广告，广告在产品营销中扮演着不可或缺的角色。有人觉得营销是举办活动，比如在商场消费后会送你一点小礼品、纪念品等。有人认为营销是打折促销，打折促销在商店里经常有，店家会定期不定期地举办各种各样打折的活动来吸引顾客。有人觉得营销是销售，比如在国内常见的房地产营销中心，就是为了更好地销售房产而专门设立的。

本章我们就来一起了解什么是产品营销。

4.1 产品营销的定义

根据杰罗姆·麦卡锡在《基础营销学》中的叙述：营销是指某一组织为满足顾客而从事的一系列活动。包括市场细分、目标市场选择、定位、需要、欲求、需求、市场供给品、品牌、价值和满足、交换、交易、关系和网络、营销渠道、供应链、竞争、营销环境和营销策划/方案。

营销是关于企业如何挖掘、创造和价值成型以满足一定目标市场和受众人群的需求，并且获取利润的行为。营销对应的学科——营销学，是用来在广袤的需求市场中识别消费者未被满足的需求，并且度量目标市场的规模和发展潜力，最终找到最适合企业进入的细分市场和适合该细分市场的产品以供给销售。

产品营销是指通过调查，弄清客户需求和市场未来的发展趋势，来指导产品部门研发改良出与市场契合度更高的产品，并指导销售途中的设计与执行产品发布方案，使公司能够最有效获取客户、增加价值并增加公司的核心竞争力。

营销经常由企业中专门组织的一个部门负责，这样做有利有弊。其利在便于受过营销训练的工作者协同营销；其弊在营销不应该仅限于企业的一个部门内，而应该在企业的所有营销活动中体现。

课堂讨论：营销的范畴是什么？对于营销来说，有没有这样一种可能，抓住其中一个要害就抓住了工作的全部？请和你的伙伴讨论。

4.2 产品定位与产品营销

4.2.1 产品定位与产品营销的区别

产品定位与产品营销是两个截然不同的概念，下面将从实践性质、产品策略和产品路线图三个方面进行阐述。

（1）从实践性质上看。

产品定位是组织、策略和路线图向导的"大师"。通常涵盖市场营销、预测盈亏，其主要职责包括：设定产品路线图、确定客户的承受范围、竞争对象及产品的分析、产品功能的定义、确保产品上线等。

而产品营销则像是客户的"脉搏"，为了保持在市场中的驱动力并将产品推向目标市场。产品营销从业者需要倾听客户的声音，做消息的传递者和销售的推动者。其主要职责包括：新产品以及其功能的定位、用户消息反馈、深入了解市场和竞争对手并且对竞争对手进行分析、对销售团队的销售方向进行规划、面向客户推广、概述产品功能的好处等。

（2）从产品策略上看。

产品定位是设置产品的愿景并加以定义，这有助于实现该愿景的计划和目标。需要研究市场和创建用户画像来获得对用户需求的深刻理解。一个清晰的策略是至关重要的，因为它有助于帮助产品团队做出一个合理的决策，而且每个新功能都应该与企业实际目标相关联。

产品营销则是使用产品策略（以及已建立的整体营销策略）来创建进入市场的策略。该策略列出了发表新内容所需要做的工作：上线新产品或者介绍产品的一个新功能，又或者是推广的产品进入一个新市场。因为营销的目标是接触到正确的受众人群，产品营销专注于创造与目标客户产生共鸣。

（3）从产品路线图来看。

产品定位是指企业用什么样的产品来满足目标消费者或目标消费市场的需求。产品定位主要是创建产品开发的路线图——一个关于产品战略的方向和计划的可视化图。

产品定位要注意三要素：

- 竞争区隔；
- 自身经历；
- 客户价值。

产品营销是在产品定位之后开始的。产品营销是制定产品进入市场的路线图，其目的是协调并确定好发布新产品时，涉及的所有跨部门团队的时间安排。

4.2.2 内容营销与产品营销的关系

内容营销自身也可以是一种独立的产品，你可以收获别人的点赞、打赏。同时又推广了你想要推广的产品。产品营销就只是卖产品了，假如你想把你卖产品的方法、手段作为产品卖出去，则又回到内容营销了。

所以，内容营销是产品营销的方法手段，而产品营销是内容营销的最终目的。但在自媒体异军突起的今天，内容营销变得更加灵活。

产品营销要宣传产品就需要策划营销方案。产品营销的策划书包括：使用什么方式营销，营销的策略，营销的效果内容等。

内容有很多种类，形式多样。视频是内容，活动是内容，知识也是内容。内容有免费的、有收费的。比如微信公众号上的软文、微博上的新闻、各大直播平台的视频直播等都是内容。最近自媒体、内容创作和知识付费异军突起，尤其是知识付费非常火爆，这些都是为潜在用户提供相关资讯。

深入一点来说，内容其实是一种思维模式、策略和手段，甚至是一种工具。可能是当前你能看得见摸得到的。也或许仅仅只是一种引导，一种能影响消费者思维的引导。比如前面提到的各种内容类型，只要其中有一部分内容是能够让你真正参与到其中的，它就会令你主动去传播这些内容。

现在市面上的各种文章、音频和视频的一些思维模式和想法能令读者产生共鸣，使读者不由自主地参与其中，主动点赞、主动转发。

虽然，这些内容本身都自带营销属性，但却又感觉不到在进行营销，悄无声息地达到了营销的目的。

内容的表现形式、表现手法：

（1）软文是最常见的一种，也是广告类营销中常见的一种形式。

（2）知识分享类，包括产品知识。比如卖化妆品，商家或推广者会分享各种逆天的化妆技巧。其实就是把产品说明书做成吸引人眼球的知识内容。

（3）各种五花八门的影音视频。动辄转发 10 万＋的传播量。在我们的生活中，几乎各处都有短视频的身影。另外还有图文＋视频的形式。

（4）其他

内容营销的目的是什么？不管是产品营销还是内容营销。最终目的其实都是一样的。那就是把自己的产品卖出去。这样才能有效地把产品变为资金，扩大公司产品的影响力，达到名利双收。

不过最直接的目的并不是金钱。直接目的是获得用户关注，抢占用户的时间。因为只有获得了关注，占领了用户的选择时间才能有最终的销售。

那么怎么获得用户关注，抢占用户时间呢？具体来说是如何解决用户关心的事，或者不一定需要解决。确切地说应该是解答问题并消除用户的疑虑。举个例子。比如家用不粘锅的受众人群是哪些？他们最关心的是什么？首先定位用户人群，再根据用户人群选择相关主题以及这些人群关心的事情来做内容。即可成功获取用户关注并最终达到销售目的。

案例　治疗感冒，黑白分明，创新十足

某牌感冒药上市仅 180 天销售额就突破 1.6 亿元，登上了行业第二品牌的地位，在早就拥挤的国内感冒药市场上迅速占领 15% 的份额，这在国内营销传播史上堪称奇迹，被称为"某品牌感冒药"震撼，在营销界产生了巨大的冲击，对后来的人们起到了启发作用。

一般而言，在同质化严重的市场中，不采取其他措施，很难发掘出"独特的销售主张"（USP）。感冒药市场同类药品层出不穷，市场几乎已经饱和，而且无论是中成药或者是西药，做出实质性的突破都是很难的。感冒药"大腕"们凭借着强大的营销攻势，早已各自占领了一块地盘，在竞争如此激烈的市场中，某品牌感冒药仍然能披荆斩棘，脱颖而出，足以说明某品牌感冒药是个了不起的创意。

它看似简单，只是把感冒药分成白色的药片和黑色的药片，并把感冒药中的镇静剂放在了黑片中，其他什么也没做。但是这一简简单单的创新点，使其不仅在品牌外观上与竞争品牌一下子拉开差距，更重要的是它与消费者所需的生活状态相符合，看到药片的外观，一下子便引发了消费者的联想，增强了传播的效果。

在广告公司的协助下，某品牌感冒药还确定了干脆简练的广告口号："治疗感冒，黑白分明"，产品名称和广告信息都在清晰地传达产品概念。图4-1为该牌感冒药产品图。

图4-1　某品牌感冒药产品图

课堂讨论：现在你能在实际情况中分清什么是产品营销，什么是产品定位吗？理论上的产品营销和实际上的产品营销究竟有什么区别？请和你的同伴讨论讨论。

4.3　产品营销的特点和现状

4.3.1　产品营销的特点

由于现在的市场多样化、多元化，产品的更迭换代日新月异，所以对不同的产品进行产品营销，方法和侧重点都不一样。这里挑选出最具有普适性的互联网营销介绍其特点和现状。

（1）产品营销的形式大多易于数字信息化。

通过互联网几乎可以营销任何形式的产品，但最适合网上营销的产品是那些易于数字化、信息化的产品，如音乐、电子图书、信息软件、信息服务还有线上教育等。经营这类的商品，投资小并且购买方便，消费者只需按几下鼠标就可以完成全部购物过程，还可以通过网络实现商品的配送，方便快捷。图4-2所示为互联网平台（PC端和移动端）。

图4-2　互联网平台（PC端和移动端）

（2）产品性质一般属于质量差异不大的同质产品或非选购品。

按消费者购买习惯，可以把消费品分为选购品和非选购品两种类型。选购品是指消费者会仔细比较其适用性、质量、价格、式样、色彩、特色、品牌，购买频率较低的消费品，如二手车和大型家用电器；而与之对应的则是非选购品。适合在网上销售的产品一般属于质量差异不大的同质产品或非选购品，根据从网上获得的信息就能确定和评价产品质量，如书籍、计算机和手机等。

（3）名牌产品和知名网站经销的产品属于质量差异比较大的异质产品，但这些企业和产品已经被众多消费者的购物实践证明是货真价实、质量可靠的产品。因此，消费者在购物过程中只需要认准品牌进行购物，不会再花费太多的精力和时间去比较选择。

（4）产品的顾客群一般是容量大、覆盖范围广、产品配送便捷的群体，这样更适合在网上销售或发挥网络营销优势。

（5）产品价格一般要有优势。互联网的发展初期就是采用共享和免费的策略，所以用户普遍认同网上产品价格低廉这一特质。

（6）产品最好具有不可替代性。网上营销的企业一般会选择那些替代性不大的产品经营，或者选择那些不太容易在线下设店经营的特殊产品。若是经营那些消费者随处可得或极易替代的产品，则很难形成网络营销优势。

4.3.2 发展方向现状

（1）从营销主体看，以前产品营销的主体是传统营销。但现在传统营销不再是产品营销的唯一主体，各种组织和个人也可以是市场营销的主体。

（2）从营销对象的角度看，企业营销的对象不再是单一的产品和服务，而是任何能够有效利用的各种有价值的东西。

（3）从营销运作的角度看，营销不再是简单的传统营销方式，而是多种营销方式的混合，如流行的网络营销、电话营销（如智能电话营销解决方案）、OAO（线下实体店和线上网店有机融合的一体化"双店"经营模式）、会员营销等方式，在灵活结合传统营销手段的同时选择最适合企业的营销手段。

（4）就营销发展而言，因为事物的发展是未知的且总是在变化的，所以没人可以预测未来会发生什么，即使是营销专家也没有答案。但我们可以肯定的是，营销的竞争会更加激烈，方式也会更加多样。

（5）从市场营销发展的角度看，人们在实践的过程中不断地遇到困难，再不断解决困难，不断地总结解决方法和各种实践技巧，从而不断升华和发展各种市场营销理论。同时，随着理论的不断进步，再运用改良后的理论来指导营销实践。

案例 巧用营销后来居上，雄踞香皂市场

20世纪才进入国内市场的某香皂产品，在短短几年时间里，硬生生地把早在上个世纪80年代就进入国内市场的另一款香皂从香皂霸主的宝座上拉了下来。根据三年后的数据，其市场占有率达41.95%，比位居第二的香皂高出了14个百分点。

这款香皂的成功自然有很多因素，但关键的一点在于它找到了一个新颖而准确的"除菌"概念：把手真正洗干净看得见的污渍洗掉了，看不见的细菌你洗掉了吗？

在它的营销传播中，找准了国内市场之前的空白，突出了"除菌"这一概念，倡导"有效除菌护全家"，并在广告中通过了运动过后、挤公交车、扛包裹等场景告诉大家生活中会感染很多细菌，然后用放大镜下的细菌"吓你一跳"。最后，再通过突出自身香皂产品内含抗菌成分，以理性诉求和实验来证明该香皂真的可以让你把手洗"干净"，另外，还通过"中华医学会验证"增强了品牌信任度，最终获得了成功。图4-3所示为某香皂产品包装图。

图4-3　某香皂产品包装图

📌 **课堂讨论**：你觉得应该如何考核营销的成果？我们用什么指标来考核营销决策的正确性？为什么？说说你的看法。

4.4　产品营销在市场中的价值

产品营销是指通过洞察客户需求以及市场趋势，指导产品部门开发与市场契合度更高的产品，并指导销售等部门设计并执行产品发布方案，帮助公司最有效地获取客户、增加客户价值并增加公司的核心竞争力。图4-4所示为核心附加价值之间的关系。

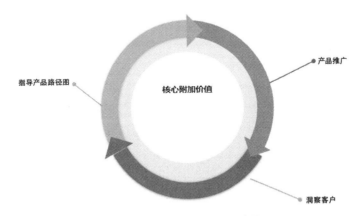

图4-4　核心附加价值关系图

从该定义中，我们可以看出产品营销对企业的核心价值就是洞察客户需求、提高公司产品的市场契合度，那么产品营销是通过做哪些事情来体现自身价值呢？接下来我们就来详细分析。

4.4.1 指导产品路径图

指导产品路径图是指产品路线需要按照产品营销的规划来进行开发,产品营销需对产品的最终效果负责,在指导产品路径图时,主要需要做以下四件事情:
- 竞品分析;
- 市场走势分析;
- 确定重点推广渠道;
- 产品和市场契合度分析。

这四件事情覆盖了产品上线前、中、后的整个流程,如表4-1所示。

表4-1 产品发布的不同时间段的工作内容

时 间 段	工 作 内 容
产品发布之前	做好竞品分析,了解对手的优劣势,我方的优劣势,知己知彼才能百战不殆
产品发布中	随时了解市场走势,了解我们的用户群体,掌握数据的实时动态,在何时、何地、何类用户接受度高,最后确定推广渠道,重点攻略该部分用户群体
产品发布之后	进行产品市场契合度分析,得到结论后,再确定下一步的营销推广计划

指导产品路径图是PM(产品经理)最重要的工作职责,需要向公司传递用户和产品的信息,PM需要确定产品在一段时间内的愿景、方向和进展。

4.4.2 产品推广

产品推广意味着我们的产品终于到了走向市场的时候,也意味着我们的产品能否覆盖到足够多的人群,能否获得更多人的认可。那么,为了能保证产品顺利上线,需要做哪些准备工作?图4-5所示为产品推广的途径。

1. 产品Beta(测试)阶段

(1)在收集参与测试用户的反馈,在产品发布前,完善产品功能以及改善产品体验。

图4-5 产品推广途径

(2)制定产品核心文档,可以帮助营销人员或者客户了解产品。

(3)使用者和购买者画像分析,事先定位使用人群,有助于推广机构和营销人员在可能的使用场景中进行精准推广。

(4)销售培训材料准备。

(5)产品推广GTM(Go-To-Market)团队培训,和上一事项有相关性,都是为了帮助营销人员和机构快速熟悉产品,掌握GTM营销策略。

2. 产品推广阶段

一定要了解产品。在了解产品主要用于何种场景,什么样的用户需要使用这种产品,用户画像是怎么样的,用户痛点是什么等信息后,再制定市场推广计划,帮助公司快速打开渠道,获取用户,最终为公司增加收入。

4.4.3 洞察客户

任何产品的上线,想要获得成功,必须满足一个条件:精准满足某类人群的需求。遍览很多产品,特别是IT行业的产品,无一例外。

那么在产品营销的过程中,如何才能洞察客户呢?需要通过确定哪些事情、哪些方案来确定客户需求?

1. 获取客户代言以及客户案例

获取客户代言是指我们的产品在上线后,让客户成为我们的"口碑代言人",这是我们核心用户的获得方式,也是产品口碑的发酵,继而迅速壮大的基础。获取客户案例也有助于我们在对外营销推广时,有更多的案例支撑和数据支撑。

2. 设计产品成功测量模版

当我们的产品在上市后获得了一定的成功,就需要复制这种成功的模式了,在其他地区或者市场进行大范围的推广,能获得更多的新的消费者和追随者,所以产品的成功测量模板是需要让其他销售/营销推广人员了解并掌握的资料之一。

3. 产品发布以后的客户研究

在产品发布时,很多产品负责人会忐忑不安:什么样的人会喜欢我们的产品,有多少人会喜欢我们的产品,如果产品失败了怎么办,如果产品成功了怎么办……了解客户,也就意味着你找到了销量和流量的关键钥匙。在大数据时代,研究客户,是成功的关键。图4-6所示为洞察客户(用户画像)内容。

图 4-6 洞察客户(用户画像)内容

整合使用者和购买者客户画像。要学会区分使用者和购买者,就像现在很多教育类产品,购买者往往是父母,而使用者是儿女。

4.5 产品营销对于企业的意义

营销已经是一个大家耳熟能详的词汇了,或者说任何一个稍具规模的企业都会有这样一个部门或者专门的队伍。那么营销到底是什么呢？营销对于一个企业的意义究竟在哪里？我们又应该如何看待营销在整个企业发展战略中的位置呢？

市场营销，一方面极受企业重视，几乎被所有老板列为企业最核心的部门；另一方面，该领域里的所谓专业人才们却茫然找不到自己的位置，被社会和各种各样的正式与非正式组织边缘化。套用营销里面最为热门的术语，就是营销人员们，包括营销本身，都存在"定位"不清晰的问题。

1. 营销绝不只是销售

最早的市场营销观念认为当前的营销已经从"以生产为导向"转向"以销售为导向""以市场为导向"最终到达"以顾客为导向"的阶段。在很多行业里是这样，然而对于房地产行业，不少人仍然认为价格控制是其核心环节。

2. 营销也不仅仅是选择市场

很多人习惯于将销售环节称之为营销，然而营销实际上是一个非常宽泛的概念，"市场需要什么我们就生产什么"这个说法绝对正确但不完全。市场不是一个固化而孤立的东西，需求也存在着无限可能性。立足于市场的确会减少一些盲目性，但仅仅有了市场还远远不够。

3. 营销一定会涉及产品生产和成本控制环节

在消费品行业，产品技术研发和生产组织已经完全成熟，营销人员和生产环节之间的关系相对简单，基本上可以简化为一种内部订单关系。在大多数消费品行业中，生产周期较短，生产可以根据市场需求灵活调整，成本低甚至为零。

一方面，市场营销者需要准确预测消费者需求，将变化性降到最低；另一方面，需要在关键节点之前了解生产环节，并根据市场信息及时调整定位和策略。我们要在市场上的同类产品中尽量追求较高的销售价格，又要充分了解重大支出的成本结构和市场价格，充分考虑选择不同产品方向所造成的成本变化。除此之外，还有一些难以避免的问题，比如一旦模具成型，如何对产品进行相对便宜的更改。因此，所有行业的营销环节和生产环节是分不开的。

4. 一定程度上与企业管理有重叠

把"一切以顾客和市场为导向"这个观念挂在嘴上并不难，难的是大多数技术部门并不知道顾客和市场的真正需求是什么。如何将市场信息及时翻译成各个部门能够理解和执行的具体指令，保证实施不走偏不打折扣？这一点是企业的内部管理问题，在很大程度上决定了营销的执行力。

很多企业受其发展历史的影响，内部的企业文化自成一体。营销人员往往是在市场中成长起来，因为项目的需要聚集在一起，与前期、工程、采购等部门有着一条无形的鸿沟。加上营销部门大多因为人才行情的需要而采取了独立的薪资体系，就更加难以与其他部门融合。所以经常会出现铁打的营盘流水的兵，营销队伍往往因为不适应企业文化而产生流动，这种流动则越发导致营销与其他部门的隔阂。

5. 最高级的营销是整合

不知什么时候开始，"整合"一词已经风靡了各行各业。霍华德·舒尔茨（Howard Schultz，星巴克创始人）提出了"整合营销传播"理论，整合一词尤以营销界为甚。然而"整合"这个词汇是个动词，表达的是一种思考问题的方法，但到底整合到什么层级，却与整合者的功力和身份大有关系。

整合营销传播强调的是一种思维方式，将原有被拆分成具体事务的产品、价格、渠道、推广（也就是所谓的4P）综合运用得出神入化，考虑营销问题和评判营销水平高低的标准就变成了4C——customer（顾客）、cost（成本）、communicate（沟通）、convinent（便利性）。

任何层级上的营销人员都应该有整合的能力，即使是最普通的推广人员或者只是基层的销售员，是否有整合多方面信息和资源的能力，都会影响到他的工作能量。当然最有资格，或者说最有必要的整合者，是营销的最高负责人。因为他所涉及的环节以及所能掌控的资源范围最为广泛，整合的范围越大，营销的层级越高。但只有领导者的整合也是远远不够的，营销是一个创造性的工作。

6. 营销是企业最高领导人最核心工作之一

这一观点可能存在偏见，如果把这个观点应用到广泛的行业之中，这个结论应该是合理的。以房地产行业为例，其本质上是服务型企业，发展过程是一个整合土地、资本、智力等资源的过程。越来越透明的土地供应导致在房地产开发资源中，资本和智力逐渐占据较大的比例，和发展过程中日益趋同的营销过程比，开发企业更重要的责任是创建一个品牌的社会价值，符合发展趋势的产品开发和生产流程，并对外委托给更专业、更大规模的施工企业来执行。综上所述，不难看出市场营销是企业高层领导的核心工作。要想获得一定的市场份额，就必须通过营销来提高产品的知名度。

7. 营销使命：整合企业资源，实现利润的最大化

市场营销就是销售，获得利润是老板的工作。

这种想法不仅存在于大多数营销人员的脑海中，也存在于许多老板的脑海中，因为他们认为：利润和成本是密切相关的，营销人员不需要了解那么多的企业核心信息，营销部门承担不起这种责任。所有这些都是事实，但心态的改变可能会进一步提高企业的整体业绩。

没有资格掌握企业核心信息的人，就没有资格承担营销的重任。这种营销就是销售。

如果营销人员在销售工作中，仅仅只根据市场需求和相关政策，盈利则是一件非常困难的事情，只有站在整个企业的高度，才能更清楚地理解一些营销战略决策方向的重要性。

因此，营销的使命就是整合企业资源，实现利润最大化。相反，很多大企业无论口头上多么重视，营销都是缺失的，因为营销部门不负责利润。当然，不进行营销也不会轻易对企业有致命影响，毕竟有这种情况的企业太多了。但在日益激烈的市场竞争中，我们始终要相信：先发者才有机会。

课堂讨论：营销队伍应该如何组建？配备哪些方面的特长人才？为什么？说说你的看法。

4.6 产品营销案例分析与实践

4.6.1 案例一：五粮窖龄20年——产品手册打动消费者

五粮窖龄20年借助第五代HTML（超文本标记语言，Hyper Text Markup Language）产品手册在微信朋友圈中的传播，在极短的时间内营造出了现象级的口碑效应，创造了一百天内阅读过百万的业界奇迹。同时也极大地促进了五粮窖龄20年的销售，堪称当年微信互动营销的典型案例。

※ 案例解析

1. 营销目标

在深度把握移动互联时代特征的前提下，以私人微信为切入口，利用精心打造的H5产品手册，对核心用户进行精准传播，借此形成扩大化的社会口碑效应。从而达到节省、高效利用传播费用，迅速树立品牌，促进销售的目的。

2. 营销结果

自2015年2月8日上市以来，五粮窖龄20年凭借H5产品手册在微信朋友圈中的传播，百天阅读过百万，帮助产品在30天的试销期内热卖了20万瓶，而在随后的6个月里，销量则突破了10万件。

3. 营销动作

（1）找准核心传播者：五粮窖龄20年在微信互动营销上遵循了马尔科姆·格拉德威尔提出的引爆流行理论，即"流行往往源于少数关键人物"，把激活核心传播者作为营销的首要任务。五粮窖龄20年利用其品牌创始人及产品开发师的身份，以其私人微信为平台，迅速找准了微信传播的"关键人物群"。

（2）创造"小圈"口碑：在找准微信传播关键人物群后，五粮窖龄20年采用了产品沟通的方式来对其进行激活，即用精心制作的H5产品手册来启动核心消费群体的核心需求。该阶段的运作中，五粮窖龄20年非常重视H5产品手册的打造，以环环相扣的七要点（标题即广告、口号即概念、价格即使命、卖点即理由、用事实说话、放大地位、符号即产品）成功地把握住了用户的需求。

（3）以"小圈"口碑引发滚动传播：在"小圈"口碑形成后，其品牌创始人及产品开发师开始引导微信用户把焦点转移到随时间而增长的产品手册阅读量上，并在朋友圈中不间断地刷新，加强用户的参与感和量化感。除此之外，其品牌创始人及产品开发师还在关键节点处循序渐进地设置了大量的奖励刺激，例如突破五万阅读量送名贵酒品、突破十万阅读量送价值4000元的毛氏雪茄等。而在传播热潮告一段落后，其品牌创始人及产品开发师又通过产品"迭代升级"信息的透露等方式，达成了传播的延续。图4-7为五粮窖龄20年产品广告图。

图 4-7　五粮窖龄 20 年广告图

4.6.2　案例二：国产彩妆品牌社媒营销案例

在国内市场上，彩妆品牌层出不穷，但是真正的销量、知名度、忠实用户主流数量不多，现在挑选美康粉黛、ZEESEA 滋色、花西子和橘朵进行分析对比。

在信息量爆炸的今天，只有抓取社媒流量风口，从图文到短视频，抓住潜在用户的碎片时间，才能获取比较好的效果。图 4-8 为各品牌官方账号数量在各个平台随时间增长的关系图。可以看到随着时间增加，各品牌的账号数量几乎呈爆发式增长。

图 4-8　各平台下国产品牌官方账号数量关系图

1. 美康粉黛：淘品牌出身，个人 IP ＋自制内容，加强用户互动，突破增长瓶颈

阶段一：品牌出"淘"。

微博到微信，打造"美姐"IP，突破瓶颈。在微博上护肤知识＋节日促销内容为主，以"美姐"口吻与粉丝进行交流；微信上打造"美姐"IP，建立数百个人微信号进行粉丝运营，提升粉丝互动，突破增长瓶颈。图 4-9 所示为美康粉黛微博【护肤小知识】截图。

图 4-9 美康粉黛微博【护肤小知识】截图

阶段二：品牌发力，跨界联名＋明星直播间，提高用户认知。

联名古装电影、电视剧推出定制彩妆，与试色达人合作，发布试色内容种草；自建内容团队，在小红书、抖音等平台分发妆容教程、试色等内容，吸引用户。图 4-10 所示为美康粉黛与古装电视剧《知否知否应是绿肥红瘦》的定制眼影盘试色及微博互动。

图 4-10 美康粉黛与古装电视剧《知否知否应是绿肥红瘦》的定制眼影盘试色及微博互动

阶段三：品牌升级，跨界联名+线下店展，引领国潮。

与美妆博主、珠宝文创、园林景观、动画推出跨界联名彩妆产品。南京国风体验店开业，参与豫园七夕展、巴黎展等天猫新文创线下活动，打造国潮品牌形象。

跨界合作：联名定制，借力古风影视漫，美康粉黛打造东方快时尚彩妆形象。

图4-11所示为美康粉黛与IP联名的彩妆产品。

图4-11　美康粉黛与IP联名的彩妆产品

2. ZEESEA滋色：错过双微红利，抓住短视频、直播风口，提高品牌认知

阶段一：品牌试水，短视频内容互动，拉近用户距离。

微博征集短视频产品使用内容，互动抽奖；在秒拍、抖音等短视频平台试水拍摄剧情内容，并与红人广东夫妇（言真、郑建鹏）进行合作，创作优质内容发布于抖音，吸引用户关注。

图4-12所示为平台短视频推广。

图4-12　短视频推广

阶段二：品牌发力，跨界联名+明星直播间，提高用户认知。

联合英国国家美术馆、大英博物馆发布定制产品，提高用户认知；尝试在淘宝明星直播间推荐产品，提高用户购买意愿。

图4-13所示为ZEESEA天猫定制礼盒和明星直播活动海报。

图4-13　ZEESEA天猫定制礼盒和明星直播活动海报

阶段三：品牌塑造，明星代言+趣味贴纸，破圈吸粉，如图4-14所示。

小鬼王琳凯成为唇妆代言人，并推出同款新品小星钻口红；与手机拍照软件激萌合作趣味妆容贴纸，破圈吸粉。

跨界合作："艺术"联名，高颜值吸睛，强化ZEESEA原创艺术彩妆形象。

图4-14　明星代言海报

3. 花西子：用户共创+全渠道种草，匠心打磨产品，口碑圈粉，占领用户心智

阶段一：品牌初创，体验官招募+线下体验会，用户共创。

微博+微信，公开招募体验官，免费试用彩妆新品并发文反馈，后续进行改进或研发；在杭州、上海、北京、南京等地举办线下体验会，近距离与用户互动，进行产品共创。

图4-15所示为花西子体验官招募海报。

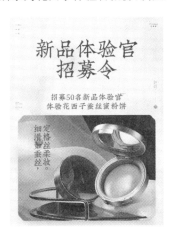 

图4-15　花西子体验官招募海报

阶段二：品牌扩张，图文＋短视频＋直播，全渠道种草。

明星＋美妆大 V＋素人晒图推荐，在微博、小红书、抖音进行短视频、图文种草；口红、眼影等新品在李佳琦淘宝直播间首发开售，快速种草。

阶段三：品牌塑造，明星推荐＋跨界联名，传递东方美学。

鞠婧祎为首位代言人，邀请演员、国际超模体验产品，传播品牌理念；跨界古老名酒、原创汉服、旅游景观等推出联名彩妆，传递东方美学。

跨界合作：花西子采用汉服、西湖、京剧等元素，塑造国风彩妆品牌形象。

图 4-16 所示为品牌代言人图片。

4. 橘朵：微博、小红书种草+短视频分发+快闪店互动，快速圈粉，强势突围

阶段一：品牌蓄势，微博、小红书，博主图文试色种草。

批量合作中小 KOL、KOC，在微博、小红书大量生产分发内容，吸引用户上新预告，产品以单色、四色眼影为主，低单价俘获化妆小白、学生党等群体；产品上新率高，上新周期一般是 5～10 天。图 4-17 所示为微博、小红书种草截图。

图 4-16　品牌代言人图片

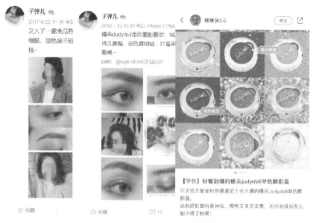

图 4-17　微博种草截图

阶段二：品牌成长，联名＋快闪店，趣味玩法吸引关注。

跨界博主、动画、电影、服饰、手机推出限定联名款，上海、杭州、长沙、武汉等地打造主题快闪店，邀请博主打卡造势，增加热度；在抖音、B站等平台分发妆容教程、产品试色等内容，吸引用户。图4-18所示为联名＋快闪宣传海报。

阶段三：品牌塑造，联合创作，塑造"大胆玩色"形象。

联合艺术家、花店、甜品店、美术馆等对品牌进行色彩创作，推出限定合作款；通过联合创作，塑造橘朵对色彩的极致追求与探索的品牌形象。

跨界合作：玩转色彩，突破边界，橘朵打造活力四射、创意十足的彩妆形象。图4-19所示为"大胆玩色"宣传海报。

上述美康粉黛、ZEESEA滋色、花西子和橘朵四个国产美妆品牌，从用户运营角度出发，利用体验测评、晒单抽奖、趣味互动等，助力品牌拉近与用户距离。这样可以制造话题，增加用户的黏性。各品牌营销内容对比如图4-20所示。

图4-18　联名＋快闪宣传海报

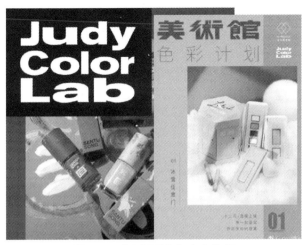

图4-19　"大胆玩色"宣传海报

品牌	美康粉黛	ZEESEA滋色	花西子	橘朵
用户连接	通过微博、微信等渠道，选择互动活跃的种子用户，围绕用户需求进行产品研发	通过微博、小红书等平台，发起用户晒单等抽奖活动，实力宠粉	微信小程序"花西子体验官"，邀请已购产品用户参与产品体验	通过微博、小红书等渠道宣传，线下新品发布会、快闪店等吸引用户打卡
用户共创	微信、微博、淘宝等渠道筛选忠诚度高的用户 → 用户测评 → 收集用户反馈 → 产品生产、上架	无	小程序筛选 → 免费寄送样品 → 跟进使用反馈 → 完成新品开发/产品迭代	无
产品上新	产品上新需要**15天左右**，共有9大系列，105款产品	产品上新速度**较慢**，共有8个系列，71款产品	产品上新速度**较慢**，共有7大系列，45款产品	产品上新**速度快**，共有8大系列，97款产品

图 4-20　各品牌营销内容对比图

从社媒合作角度出发，运用明星代言+KOL合作是四个品牌常规的营销手法，但是销售渠道布局差异化显著，除花西子外，其他均有实体门店。

图4-21所示为品牌与社媒合作对比图。

品牌	美康粉黛	ZEESEA滋色	花西子	橘朵
明星代言	张新成	小鬼王琳凯	鞠婧祎	无
KOL合作	头部KOL跨界联名，大量中腰部KOL试色、测评、种草，较早尝试淘宝直播推广 合作KOL/明星： 认真少女颜九 李佳琦	与短视频红人合作创意内容，淘宝头部主播+批量底部主播合作常规化 合作KOL/明星： 广东夫妇（言真&郑建鹏）、李佳琦、崢正大王、饭小慢、Big鳗鳗、马锐	明星推荐、头部KOL测评推荐，深度绑定淘宝头部直播主播 合作KOL/明星： 李佳琦、骆王宇、吉克隽逸、大脸妹张张、林允、张嘉倪、郑合惠子	与美妆达人合作拍摄品牌大片，推出联名款，与大量腰尾部KOL合作 合作KOL： 球球你了-、Eevan、刘人语
电商渠道	深度绑定天猫平台，多次参与平台策划的线下活动，新品以天猫首发为主	多平台入驻，参与京东、天猫、唯品会等平台节日促销活动，淘宝直播合作常规化	天猫淘宝、小红书渠道为主，深度绑定李佳琦淘宝直播间	以小红书渠道为主，新品发售、节日促销活动多
线下渠道	南京体验门店	入驻美妆集合店：THE COLORIST调色师	无门店	杭州、武汉线下限时快闪店，入驻全国19个城市商场屈臣氏门店

图 4-21　各品牌与社媒合作对比图

4.6.3　案例三：小熊电器的营销策略

萌系的外观设计，主打平价+高性价比，小而美、多品类策略。多品类策略顺应行业发展，抢占细分品类市场，高性价比产品定价以及萌系外观设计迎合年轻群体消费需求。图4-22所示为小熊电器发展历程详图。

小熊电器品牌理念及定位

萌家电的创造者，也是萌生活的践行者，致力于为用户提供轻松、愉悦、可分享的品质生活。萌的品牌基因，小熊不仅带给人轻松、愉悦的使用体验，更让人、家电、生活有机融合，实现萌生活。

第一阶段 2006-2008 "分享健康未来"	第二阶段 2009-2010 "快乐生活，家有小熊"	第三阶段 2011-2017 "Inspired Life 妙想生活"	第四阶段 2018- "萌家电"
产品定位：定位健康小家电，规范品牌商标，产品以酸奶机、煮蛋器、电蒸锅、电炖盅为主。**销售渠道**：产品在线上和线下同时开展销售，其中线上发展势头较线下强劲，开始**重点通过互联网推广产品线上销售**。	**产品定位**：产品涉足加湿器、蒸脸器及母婴系列。**分销渠道**：提出"网络授权分销"线上电商销售模式，对公司指定的经销商实行"线上授权"。**推广渠道**：**加大电商广告投入**，提升知名度的同时依靠电商广告精准匹配引流，促进转化。	**分销渠道**：2013年，开始实施线上经销代发货模式，使线上消费者订单由经销商发货改为公司直接发货给最终消费者。**推广渠道**：开始**尝试影视综艺植入，绑定明星代言人**，依靠爆款IP+头部明星策略，吸引粉丝达成对品牌的认知。	**品牌定位**：以消费者为中心，提出"**萌家电**"战略定位，不仅在产品的外观与功能上萌化设计，更希望萌家电超越简单的产品层次，与用户达到精神、情感层面的共鸣。**推广渠道**：加码**新媒体、直播推广**，侧重淘宝直播和微博平台，依靠官方账号和平台达人的双重推广引导转化。

图 4-22 小熊电器自入市以来的发展历程

1. 细分品类——多元化布局

采取小而美的多品类战略，在长尾品类上覆盖相对较全，产品迭代较快。由于小品类市场空间有限，生命周期相对较短，在养生壶、电炖锅增速放缓的同时，小熊紧抓网红新品潮流方向，顺势推出电动打蛋器、绞肉机等产品。其中电动打蛋器产品在本次疫情期间增长迅速。公司每年推出 100 个左右的新产品，贡献当年 20% 的业绩指标。

2. 定价策略——平价+高性价比

与九阳、苏泊尔等大牌小家电相比，小熊电器的产品更凸显性价比、走亲民路线。小熊电器披露的招股书显示，大部分品类出厂价在百元左右。产品定价走平价策略，销量最集中的价格区间为 100 元以下，占整体 46%，200 元以内产品的总销量占比 92%。

3. 产品设计——差异化外观设计

配色以饱和度低的粉色、绿色、黄色为主；具有圆润的线条以及较小的体积。造型精致，配色清新，萌系外观设计迎合"精致的猪猪女孩"审美，满足年轻消费群体的个性化需求，同时也让用户在使用产品的同时，自发产生在小红书等线上新媒体平台分享的欲望。

※ 案例解析

营销策略一：塑造萌系小熊形象，组织线上线下应援，激活粉丝互动，助力品牌渗透。

围绕代言人张艺兴制定多场品牌发声活动，#熊抱张艺兴#、#张艺兴暖心饭局#等话题在微博阅读量上亿；在影视剧植入方面，配合《我是证人》《醉玲珑》的宣发节奏，在不同结点发起剧组探班、首映应援、上映期间针对剧情发展发起相关话题，获得品牌曝光。在与《我是证人》电影合作期间，小熊电器借势明星、电影，借助与粉丝"接地气"的互动，大范围、大幅度提高了品牌声量，为小熊电器的"双十一"奠定坚实基础。同年"双十一"，小熊电器全网交易额达到 4580 万元，较上一年同期增长达 72%。图 4-23 所示为张艺兴的暖心饭局、《醉玲珑》海报。

营销策略二：美食分享 + 福利抽奖 + 优惠促销，吸引用户参与互动，促进转化。

小熊电器社媒平台官方账号内容以分享 DIY 美食、发布福利抽奖环节，来吸引用户参与内容互动,提高粉丝的忠诚度和品牌黏性。同时不定期发布优惠促销活动,引导用户前往天猫、京东等电商平台,促进下单转化。图 4-24 所示为小熊电器福利抽奖内容。

图 4-23　张艺兴的暖心饭局、《醉玲珑》海报

图 4-24　小熊电器福利抽奖内容

营销策略三:700 万官方店铺粉丝 +600 家经销商助力线上渠道,完善线下渠道建设。

从渠道来看,小熊电器坚持以线上为主,线下为辅全渠道运营的销售模式,产品主要入驻天猫商城、京东商城等主流电商平台;同时也积极布局拼多多等新兴电商渠道。此外小熊电器目前线下渠道建设日趋完善,与苏宁、国美等连锁终端建立稳定的合作关系,在稳步推进一二级市场开发的同时,积极参与三四级市场扩展。线上销售模式方面,主要通过线上经销、电商平台入仓和线上直销方式在各大主流和新兴电商平台进行产品销售,营收额约占整体90%。电商平台入仓模式中,京东营收占比在 25% 以上;线上经销商约 600 家,单一供应商对公司营收影响较小;线上直销模式中天猫占比为 66%,京东商城 27%;此外,小熊电器电商平台官方店铺总粉丝量达 700 万。图 4-25 所示为小熊电器天猫旗舰店。

图 4-25　小熊电器天猫旗舰店

4.6.4　案例四：自然堂炫彩唇膏"三八节"神广告

项目背景：自然堂承接去年主题，再接再厉推出"她要说"，支持女性坚守自我。这一系列鼓励并肯定女性价值的视频，不断提醒女性"你本来就很美"。

传播策略：聚焦系列视频，精准洞察女性的现状，展开圈层对话，运用社交平台，形成社会话题扩散，建立消费者对自然堂"你本来就很美"的女性态度认知，以及种草产品。围绕#她要说#对三八神广告系列视频进行传播，以不同媒介配合，实现线上多渠道、多媒体曝光；打造全方位视听视角，扩大产品信息传播，进行口碑种草，使消费者产生购买欲。

自然堂品牌的传播平台及传播策略内容如表 4-2 所示。

表 4-2　自然堂品牌的传播平台及传播策略内容

传播平台	传播策略
微信	选种草裁测评、营销总结类别 KOL 资源围绕传播主题和产品种草，加深消费者认知度
微博	生活、段子手、时尚美妆等类别 KOL 资源。围绕#她要说#品牌传播活动主题，对系列视频进行扩大传播
抖音	围绕产品特点，时尚美妆博主种草设计和拍摄视频，传播扩散，扩大知名度
小红书	运用时尚美妆类 KOL 建立口碑，进行种草，推动购买

自然堂在上述几个平台的营销工作完成得非常出色。在项目结束后，自然堂官微粉丝为：2489865，新增粉丝 30000+。而#她要说#话题总讨论量：20.9 万，阅读量：2.2 亿；#她要说#系列视频播放量达 6089.8 万，其中身材篇播放量为 1655.4 万，年龄篇 1628.3 万，合集篇 2806.1 万；远超 KPI（Key Performance Indicator，关键绩效考核）6000 万，KPI 完成率 101.5%。数据如图 4-26 所示。

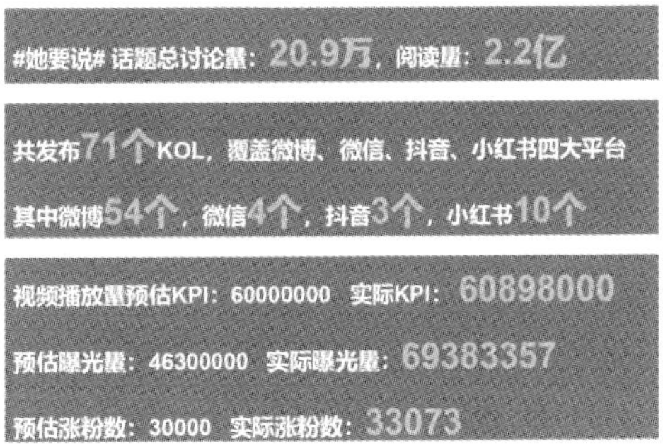

1. 抖音端

通过小宇小宇小 Yola、软软大测评、川大发三位达人进行原创种草，传播效果均超 KPI，如图 4-27 所示。

图 4-26　传播效果数据总览

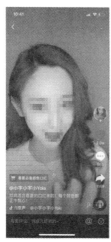

图 4-27　抖音种草视频

视频原创角度：从成分分析、功效口碑、试色测评等角度结合达人的生活场景进行创意视频拍摄，来对自然堂炫彩唇膏，进行种草评测，分析使用感受，促使粉丝产生购买欲望。

2. 微信端

时尚类妖精边儿、刘小葵进行种草评测，阅读量均达 10W+，营销总结类 KOL 品牌头版、创意广告进行案例包装。图 4-28 所示为微信端传播数据统计图。

微信	计划发布条数	实际发布条数	完成率	预估阅读量	实际阅读量	完成率
妖精边儿	1	1	100.00%	80,000	100,000	100.00%
刘小葵	1	1	100.00%	100,000	100,000	100.00%
创意广告	1	1	100.00%	40000	46,864	117.16%
品牌头版	1	1	100.00%	50000	54,000	108.00%
Total	4	4	100.00%	270,000	300,864	111.43%

图 4-28　微信端传播数据统计图

1）种草文章原创角度

当代女性的地位得到提升，但依然有些固有偏见挥之不去。从这一社会现象引出自然堂系列视频，对视频进行分析，解析女性心理，传递自信、美丽、无惧的理念，并对自然堂炫彩唇膏进行种草评测，鼓励消费者用唇色展现生活多彩的一面。

2）营销总结原创角度：

分析总结自然堂 # 她要说 # 这一传播主题，解析自然堂的品牌理念，结合互动数据和传播效果，来加深消费者印象，进行总结拔高。

3. 小红书端

芥末色的喵、常靖悦 Anny、Millypang 等 10 位达人进行原创种草，传播效果均超 KPI。图 4-29 所示为小红书种草文。

小红书达人针对自然堂炫彩唇膏的相关卖点进行种草评测，从试用场景、时尚搭配等角度进行安利和原创图片拍摄。

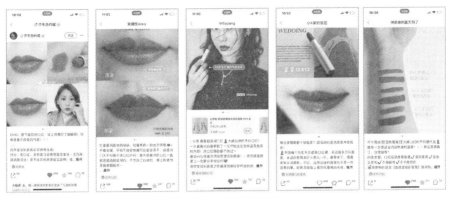

图 4-29 小红书种草文

4. 微博端

城南邮局、休闲璐、fefe 喆妈对视频进行预热传播,如图 4-30 所示,传播效果均超 KPI。

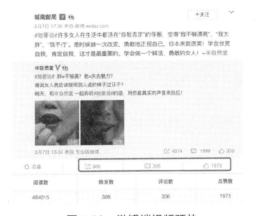

图 4-30 微博端视频预热

徐苗 Xm、然后下面就没了、一起神回复对年龄篇视频进行转发传播,如图 4-31 所示。通过这一视频,扩大了受众人群的年龄,不再仅限于年轻女性。

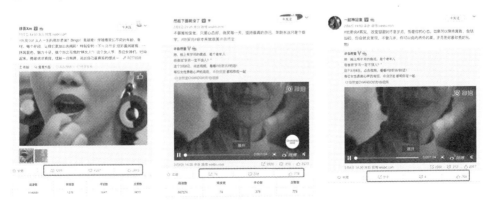

图 4-31 微博端年龄篇视频

五行属二、我的厕所读物、奔波儿灞与灞波儿奔对身材篇视频进行转发传播，传播效果极佳；这一视频扩大了受众人群，不再仅限于苗条的女性，如图 4-32 所示。

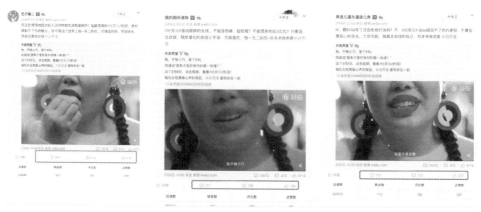

图 4-32　微博端身材篇

※**案例解析**

1. 亮点

（1）点面传播，多维度结合，微信 + 微博 + 抖音 + 小红书，覆盖多角度 KOL 对自然堂 38 节系列视频和产品进行传播；

（2）资源类型覆盖多样化，时尚、视频、生活、段子手、情感、营销等多角度对此次项目进行传播，覆盖人群广。

2. 机会提升点

继续推进不同平台之间的合作，产生更多优质内容，以消费者习惯的模式进行品牌互动；资源上可以适当提高微信和抖音占比，以及原创占比，更好地和粉丝进行互动，扩大传播。

4.7　本章小结

产品营销的核心价值是通过洞察客户需求，来帮助公司增加产品和市场的契合度。有了产品市场契合度，就意味着我们的产品击中了用户的痛点，也意味着我们的产品有成功的可能。

产品营销在国外最为常见，在国内有时会被称作产品市场，但是核心价值不变。

第5章 产品与产品品牌

产品是指作为商品提供给市场并被人们所消费和使用,且能满足人们某种需求的任何东西。产品包括有形的物品、无形的服务、组织、观念或它们的组合。

产品是一组将输入转化为输出的互相关联或者相互作用的活动的结果,即"过程"的结果。在经济领域中,产品通常也可以理解为组织制造的任何制品或制品的组合。在《现代汉语词典》中产品的解释是"生产出来的物品"。简单来说,产品就是指"为了满足市场需要而创建的用于运营的功能及服务"。

品牌是指公司的名称、产品或服务的商标,和其他可以区别于竞争对手的标示、广告等构成公司独特市场形象的无形资产。

5.1 产品及产品品牌的概念

产品以及产品品牌的概念都随着当今经济社会的飞速发展而不断发生着变化,在本章的第一小节里,我们将学习产品与产品品牌的相关概念。

5.1.1 产品的概念

1. 传统的产品概念

在营销发展历史上,人们最初将产品理解为具有某种物质形状,并且能提供某种用途的物质实体,它仅仅是指产品的实际效用。而在这种观念的指导下,往往很多企业只将注意力放在产品品质的改进上,从而忽略了消费者在其他方面的需求。

例如"卖方市场"的概念,这种产品概念往往会指导企业的生产经营实践。譬如在20世纪初,福特公司创造了世界上第一条汽车流水线,使汽车的生产效率大幅度提升,成本迅速下降。但奇怪的是福特公司只制造黑色的汽车,当公司工作人员建议生产其他颜色的汽车时,福特公司并没有采纳这一建议。福特公司决策层认为顾客关注的只是汽车的实际效用,而并非它的外表颜色,因此不论顾客喜欢什么颜色或者想要其他颜色的汽车,福特公司都只会生产黑色的汽车,这就是卖方市场。

2. 现代的产品概念

在20世纪60年代末期之后,由于第三次工业革命如火如荼地进行,不断地推动全球科学技术水平的提升,使得企业生产日益科学化、自动化、连续化、高速化和效率化,随之带来的是全球市场上产品种类的急剧增加和产品品种的日新月异,此时市场俨然已经从不科学、不合理的卖方市场转变为高效的买方市场。由于市场竞争日益激烈,很多企业也逐渐认识到：一方面，由于人类科学技术的日新月异以及各个企业的生产管理水平也普遍越来越高，各个不同企业之间所提供的相同产品在品质上也愈发接近；另一方面，伴随着经济水平的不断发展和人民收入水平的普遍提高，消费者也越来越重视产品的非功能性利益，很多时候对非功能性利益的需求甚至超过了对功能性利益的关注。

于是，众多企业开始逐渐摆脱传统产品概念对企业生产的束缚，迅速调整思路，企业家们开始不仅通过产品本身来创造竞争优势，而且还会通过自身产品在款式、品牌、包装、售后服务等各个方面来打造特有的竞争优势。这标志着产品整体概念的诞生。例如美国 IBM（国际商用机器公司）在全球的雇员约为 40 万人，其产品在世界计算机市场上占有 80% 的份额，但是 IBM 并不是技术上的领跑者，其取得成功的关键因素是依靠最佳的服务来占领市场。

近些年来，西方一些学者关于产品进行了理论上的总结，他们认为传统意义上的产品概念是不准确、不完整的，并提出了产品整体概念。他们认为，产品不仅包括有形的物质实体，还应该包括无形的服务。

产品一般可以分为五个层次，即核心产品、形式产品、期望产品、附加产品、潜在产品，如表 5-1 所示。

表 5-1 产品的五个层次

产品层次	含义
核心产品	整体产品提供给购买者的直接利益和效用
形式产品	形式产品是核心产品借以实现的形式。由五个特征构成，即品质、样式、特征、商标及包装。即使是纯粹的服务，也具有相类似的形式上的特点
期望产品	顾客在购买产品时，一般会期望得到的一组特性或条件
附加产品	超过顾客期望的产品
潜在产品	产品或开发物在未来可能产生的改进和变革

5.1.2 产品品牌的概念

品牌是指公司的名称、产品或服务的商标以及其他一切可以有别于竞争对手的标示、广告等构成公司独特市场形象的无形资产。它不仅仅是作为一种识别标志、一种精神象征、一种价值理念，更是一种产品品质优异的核心体现。创造和培育品牌的过程也是一个不断创新的过程，只有自身有了创新的力量，才能在日益激烈的竞争中立于不败之地，继而巩固原有品牌资产，全方位、多层次、多领域地参与竞争，在竞争中占得先机。

产品品牌是一种识别标志，是企业及企业所属产品的核心价值体现。

产品品牌对产品本身而言，包含两个层次的含义：一是指产品的名称、术语、标记、符号、设计等方面的组合体；二是代表有关产品的一系列附加值，包含功能和心理两方面的利益点，如产品所能代表的效用、功能、品味、形式、价格、便利、服务等。

品牌是产品战略中的一个重要课题，开发一个具有良好品牌的产品需要大量以及长期的投资，特别是用在广告、促销和包装上的投资。制造商最终会认识到拥有自己品牌的威力。

品牌的概念包括品牌名称、品牌标志、商标、品牌化。

5.1.3　产品品牌的表达内容

一个品牌所表达的意思有6层：属性、利益、价值、文化、个性、使用者。

（1）属性（attributes）：品牌首先给人们带来的是某些特定的属性。例如梅赛德斯奔驰汽车给人以昂贵、制造精良、耐用的声誉等。

（2）利益（benefit）：品牌可以反映消费者的利益。消费者购买的是产品所带来的利益，往往需要把属性转化为功能型或情感型利益。

（3）价值（Value）：品牌也反映了该制造商的某些价值观。例如梅赛德斯奔驰汽车包含的价值有高绩效、安全和名声。

（4）文化（culture）：品牌可能代表了一定的文化内涵。例如梅赛德斯奔驰汽车包含德国文化——组织性、高效率和高质量。

（5）个性（personality）：品牌也可能具有一定的个性。例如把品牌联想为一个特定的个人、一个物体或者一只动物。

（6）使用者（user）：品牌建议购买或使用该产品的消费者类型，它反映出品牌的用户形象，例如使用梅赛德斯奔驰汽车的消费者应该是成功的人士。

案例　靠品牌得天下——某饮料品牌的经营理念

拥有100多年历史的某饮料公司现在已经是世界上最大的软饮料生产企业之一，在世界饮料市场的前五名品牌中该饮料就占据了四位。该饮料公司拥有全世界最大的饮料销售市场，目前全世界有近200个国家和地区的消费者每日饮用该饮料公司的产品10亿杯。该饮料得以畅销有如下几个因素：

（1）产品特色：它是全世界人民都喜欢喝的饮料

该饮料研制的初衷是一种药物，现如今它依然保留着某种药物的味道。虽然药的治病功效没能使该饮料畅销，但是当其改变为饮料功能后却大获成功。该饮料具有很强的适应能力，到哪儿都能成为畅销品。在某国，它会产生"自由、解放和某国梦"的品牌联想，在另一国家，它则体现出"生活愉快、爱情幸福"的品牌个性，而在中国它从来不渲染"某国血统"，而是将口味微调至符合中国大众的口味，甚至在我国南方、北方都存在口味差异。

（2）货真价实：它让人人都买得起

该饮料公司一贯推行低价策略，从1886年到20世纪50年代，每瓶饮料的价格仅仅是5美分。今天它与同类商品相比也存在竞争的价格优势。因此，经济发展落后的国家的人们也买得起。就算是在困难时期，该饮料仍畅销不衰，消费者依然络绎不绝。20世纪30年代经济大萧条和最近的不景气时期，该饮料的制造商们仍然财源滚滚。

(3) 频繁露面：它时时提醒人们"别忘了我"

该饮料公司通过各种商业广告，让饮料标识频繁露面，以此提醒人们来消费该饮料。正如该饮料公司前任总经理唐纳先生所言"所有的红白相间的广告标识、红色卡车和自动售货机、喷泉式饮料机和零售商招牌、菜单和冷柜、红太阳帽和T恤衫、该饮料爱好者随处堆放的红色易拉罐和红色标签瓶子，所有这些都保证了该饮料永远不会被消费者们所遗忘。"

(4) 随处可买：它为人们的随时购买提供了便利

该饮料随处可见，几乎每一个便利店都会有它的身影，而且价格便宜。其实要做到该饮料就在身边、就在眼前并非易事。而该饮料公司却是通过以下两点形成了自己得天独厚的竞争优势。

第一，让该饮料便于运输。该饮料在早期是散装，后来改为桶装，但两种包装方式都不利于消费者携带和分销运输。经过不断改进，终于在1894年有了瓶装，今天又有了PT瓶和易拉罐，这种包装方式对顾客和中间商来讲极其便利，让该饮料成了最便于携带的饮料。

第二，让某饮料特许繁衍。个体的力量是有限的，一个人或一个企业都是不可能将该饮料分销至全世界的。于是，该饮料用授予特许罐装权的方法在全球发展成品罐装厂，而这些厂必须用该饮料公司提供的原浆进行配制与罐装，再分销至当地的市场。

第三，让该饮料走上顺畅的分销通路。该饮料的分销通路体系是全世界最为复杂的。一共有2万名员工和相关的100万名工作人员参与其中，他们主要负责完成营销的后勤保障工作并将该饮料分销至世界的各个角落。饮料的畅销也离不开国际网络，它是该品牌真正的动力资源，正是由于它的支持，才使得该饮料在激烈的市场竞争中一直处于领导地位。世界各地的该饮料罐装厂保证了近200个不同国家消费者的需求。无论你是在舞厅跳舞、在办公室工作、在理发店理发、在饭馆吃饭，还是在火车上、飞机上，该饮料都会出现在你身旁。该饮料在全世界各地商店中的上架率、可见度以及购买的便利性是任何其他品牌的饮料都无法比拟的。

可见，该饮料名列前茅的品牌价值来自其巨大的品牌力量。在全球最有价值的品牌调查中，该饮料已连续多年高居榜首，虽然经历了100多年的风风雨雨，却依旧青春不老，可谓是名副其实的品牌巨人。

课堂讨论：根据课堂随学的知识并结合自己的经历，谈谈你对产品品牌含义的理解。

5.2 产品品牌与企业品牌

5.2.1 企业品牌的概念

企业品牌是指以企业名称为品牌名称的品牌。企业品牌传达的是企业的经营理念、企业文化、企业价值观念及对消费者的态度等，能有效打破地域之间的壁垒，进行跨地区的经营活动，并且使不同的产品之间形成关联，整合了产品品牌的各类资源。

企业品牌的内涵应至少包含商品品牌和服务品牌，并在两者基础上衍生出企业品牌。只有通过与企业的商品品牌相匹配的超值服务，也就是企业建立区别于竞争对手且富有企业文化内涵的独特的服务品牌，才能不断提升商品品牌的价值和企业的知名度，否则企业品牌的内涵就要大打折扣。正是因为有形的商品品牌和无形的服务品牌相互结合，这才成就了提升企业核心竞争力的企业品牌，一个优秀的品牌可以成就一个优势的企业。企业品牌的确认是企业成立的初期就应该进行设定的，通常企业品牌都同它所提供的特定产品与服务相关联，并且在经营过程中，不会轻易进行调整。企业品牌应当确定其在相关领域的位置，便于客户形成清晰的认知。

5.2.2 产品品牌与企业品牌的关系

企业品牌与产品品牌之间在价值上的根本差异在于两者在企业运营中的战略位置、战略功能的不同。具体表现在品牌塑造的目的不同、涵盖范围不同、目标对象不同、出发导向不同等。

强大的企业品牌将会为不同企业的产业发展与选择、人才聚集、金融投资活动的执行等提供良好的内外部环境，企业品牌塑造的最终目的是将企业价值观和个性化内容传递给利益相关者，而产品品牌的塑造则是通过建立一个有足够吸引力的品牌形象来推动具体产品的营销。企业品牌涵盖的范围必须有足够的前瞻性和包容性，进而支撑企业战略目标的实现。产品品牌是企业经营战略得以实现的重要载体，其以个别产品为核心，只需要考虑该产品本身的发展及产品所在行业的发展趋势。而企业品牌的受众却更为广泛，同时它也是实现消费者与企业连接的载体。

产品品牌与企业品牌的关联性在于，企业品牌需要承载实现"母合"优势的战略功能，而企业品牌是"母"，产品品牌是"子"，以企业品牌作为统领去助力产品品牌的发展与建设，将企业资源、企业品牌资产传递给每一个产品品牌，为产品品牌的发展和提升提供保障。同时，产品品牌在企业经营战略之下，它是企业经营战略实现的重要载体，同时也是实现消费者与企业相互连接的重要载体。当然，也承载着向企业品牌输送品牌资产的责任和义务，有利于反哺"母"品牌，形成"母""子"品牌之间的良性互动与循环，最终实现企业无形资产的积累，从而推动企业的持续、快速发展。

产品品牌的塑造是通过建立一个有吸引力的品牌形象或诉求来推动具体产品的销售，产品品牌是以个别产品为核心，只需考虑该产品本身的发展以及其产品所在行业的发展趋势。而企业品牌涵盖的范围必须有足够的前瞻性和包容性，企业品牌的受众更为广泛，包括政府及政府官员、媒体、投资者、商业伙伴、意见领袖、下属子品牌消费者、用户、内部员工及社会团体等，而产品品牌的核心受众则聚焦在消费者及渠道成员的沟通，同时也是产品走向消费者的桥梁。

企业品牌的发展与塑造以企业自身信念及经营理念、业务发展方向与竞争优势为导向，而产品品牌以消费者为导向，满足消费者需求是产品品牌建设的根本。

课堂讨论： 综合所学知识，你认为产品品牌与企业品牌还有怎样的关系？谈谈你对产品品牌与企业品牌关系的理解，并尝试列举实例加以说明。

5.3 产品品牌的建立流程

品牌是通过各种手段的联合运用建立起来的，包括广告、公共关系、赞助、重要事件、社会目标、俱乐部、代言人等。关于产品品牌的建立，每个行业都有很多的切入点，而切入点关系到品牌塑造问题。也就是说，切入点所针对的人群就决定了用户。而用户的确定就牵扯到品牌的定位，所以就自然而然知道应该定位低端、中端还是高端。

在品牌定位之后就要考虑产品给用户带来怎样的体验，但体验往往又与产品本身和产品外在包装息息相关。就产品本身而言，例如谭木匠，它的产品之所以价格高，是因为材质、设计、工艺这三个方面。就外在包装而言，谭木匠专卖店的定位包括装修风格、店面环境等，都可以给消费者带来不同体验。

建立一个强势的品牌可以获得诸多好处，包括售价较高，获利较高；高获利容许更大的产品发展；更大弹性对抗竞争者的活动，如功能的改善、低价、战术促销、通路私有品牌；消费者比较宽大为怀；占有率比较稳定；通路的杠杆效应；产品线延伸。

那么，如何建立一个产品品牌呢，产品品牌的建立流程又是怎样的呢？

（1）形成企业长远发展目标以及可操作的价值观，确认长期的基本策略，包括确认核心意识、核心价值、核心使命。

（2）了解产业环境，确认产品的强弱点将决定核心生意：明确产业竞争的五大作用力——客户、供应商、潜在新进者、现有公司的竞争和替代品；根据自己的强项发展竞争者不易赶上的差异，即相对的优点、竞争性的优点和竞争优势。

（3）完整的企业识别形成维护管理系统："企业识别系统"（Corporate Identity System，CIS）是以产生出良好的企业形象为目的，将企业统一的形态显现于社会大众面前。它包括企业名称、标志、标准字体、色彩、象征图案、标语、吉祥物等。企业可将上述的设计内容融入其办公系统、生产系统、管理系统，以及经营、包装、广告等系统，形成规范化设计和规范化管理，由此来调动企业每个职员的积极性和参与企业的发展战略。

（4）确认品牌与消费者的关系：需要企业去思考自己的品牌的联想是什么？品牌提供的价值是什么？情感的关系是什么？是否有品牌资产？组织内部是否有形成共识？

（5）品牌策略或品牌识别：产品品牌是多品牌或是单品牌策略？是母体品牌或是副品牌？是企业品牌或是产品品牌？品牌识别系统是否完整？是否有品牌识别规范手册来维护？

（6）品牌责任归属组织运作：企业创出品牌后，出于生存与发展的需要，还需要对品牌进行行之有效的管理，确定品牌归属于哪一个部门负责，以及日常的运作流程与标准。品牌管理应遵循一贯性、差别性、全面性等基本原则。

（7）全方位整合行销传播计划及执行：确保企业的品牌与消费者的每个接触点都传达一致且有效的信息，包括产品的使用、店头阵列、广告、传单、经销商、会议、赞助活动、记者采访、展览会场的解说员和员工的家属等。

（8）直接接触消费者，持续记录，建立日常客户资料库，不断养成品牌忠诚度。

（9）建立评估系统，追踪品牌资产：需要企业了解调查方法，知晓何时评估，了解品牌资产的变化，检视行销传播计划的根据。

（10）投资品牌，持续一致，不轻易改变：持续投资在品牌的建立上，在财务或经营不景气的时候避免更换领导或者更换品牌策略、广告公司、广告影片等，坚持做到持续一致，不轻易改变。

案例　BarkBox——因为盒子而成功的公司

BarkBox 是一款专门为宠物狗设计的付费玩具礼盒，它的目标是为不同年龄层的宠物主人解决一个养狗的主要问题：当你为狗狗买东西时，存在过多的选择。而直接面向消费者的初创公司 BarkBox 则看到了另一个机会。这家初创公司并没有试图成为所有宠物主人的万能工具，而是设想只服务于一个单一群体——铁杆爱狗人士，同时也只有一个核心产品，即 BarkBox。

为什么要做这样的一盒狗粮呢？这是因为千禧一代不会在孩子身上浪费精力和金钱，反而会把自己的注意力消耗在宠物身上。虽然 20 多岁的年轻人生育率创历史新低，结婚率也正在走下坡路，但就宠物而言，千禧一代现在却是最大的消费群体。

千禧一代越来越渴望找到把可支配的收入花在宠物身上的方式，消费者洞察咨询公司 Gale 的数据显示，44% 的千禧一代将宠物视为"学龄前儿童"。

BarkBox 创始人 Matt Meeker 从为狗狗购物的经历中找到了一个契机。在普通的大型宠物商店里，消费者会被琳琅满目的产品所困扰，区分它们并不容易。图 5-1 所示为大型宠物商店琳琅满目的商品。

图 5-1　大型宠物商店琳琅满目的商品

Matt Meeker 认为他可以通过让毛茸茸的家庭成员变得更有趣的方式来改善消费者的购物体验。BarkBox 并非从各种各样的零食和玩具中挑选狗可能喜欢的东西，而是每月提供不同种类的商品和样品。图 5-2 所示为毛茸茸的宠物狗。

他认为打开一个BarkBox的过程，

对于狗和狗主人来说都是一种极其愉快的体验，这就是收到礼物时的惊喜和兴奋。正是这个想法引起了千禧一代宠物主人的共鸣。在线零售商Zulily的一项研究表明，大约92%的千禧一代宠物主人都会给宠物买礼物，其中一些支出显然已经转移到了BarkBox。

图5-2　宠物狗

零售业专家Phil Chang在接受记者Industry Dive的采访时表示："他们已经进入了一个宠物等同于孩子的消费者市场。"

化繁为简、复杂问题简单化是BarkBox成功的关键。正如BarkBox联合创始人Henrik Werdelin所说，"大多数客户认为他们想选择，但实际上他们需要的是正确的选择。"尽管现在有很多其他公司的宠物订阅服务，但是Bark（BarkBox的母公司）仍然保持着遥遥领先的地位。该公司目前没有公布详细的财务数据，但在2018年初，该公司宣布收入同比增长70%，2017年第一季度实现盈利。

BarkBox的知名度和受欢迎的程度持续增长，拥有了超过60万的客户和95%的消费者留存率。据报道，自公司2011年成立以来，BarkBox已达成发运1000万个盒子和7000万件玩具的成就。

通过努力创造让购买行为更有趣、更吸引人，BarkBox通过这一点培育了一个有利可图的市场，并将其不断扩大。通过挖掘潜在的、尚未实现的市场需求，它创造了一个全新的类别。

5.4　产品品牌的作用

在物质社会不断发展的今天，许多人愿意多花钱去买品牌产品，这是为什么呢？因为欲望。而品牌就是一个可以满足欲望和心灵的产品。

从经营的角度来说，企业的最终目标就是要获取更多的利润，而企业利润由两部分组成：一个是产品或服务利润；另一个就是品牌利润。相比于产品利润，品牌利润更高。塑造品牌的目的就是要获取这个远远高于产品利润的品牌利润，从而实现产品溢价以及利润的最大化。那么，回到我们的问题上来，品牌有什么作用？

5.4.1　品牌对于企业的作用

（1）存储功能。品牌可以帮助企业提升商誉、形象。"品牌就是一个创造—存储—再创造—再存储的经营过程。"

（2）维权功能。通过注册专利和商标，品牌能够受到法律的保护，防止他人损害品牌的声誉或非法盗用品牌。

（3）增值功能。品牌是企业的一种无形资产，它所包含的个性和品质等特征都能给产品带来极其重要的价值。即使是同样的产品，贴上不同的品牌标识，也会产生悬殊的价格差异。

（4）形象塑造功能。品牌是企业塑造形象、提升知名度和美誉度的基石，在产品同质化的今天，品牌为企业和产品赋予了个性、文化等诸多特殊的意义。

（5）降低成本功能。平均而言，赢得一个新客户所花的成本是保持一个既有客户成本的 6 倍，而品牌则可以通过让顾客形成品牌偏好，有效降低企业宣传和新产品开发的成本。

5.4.2　品牌对于消费者的作用

（1）识别功能。品牌可以让消费者辨认出品牌的制造商、产地等基本要素，从而区别于同类产品。

（2）导购功能。品牌能够帮助消费者迅速找到所需要的产品，从而减少消费者在搜寻过程中花费的时间和精力。

（3）降低购买风险功能。消费者都希望买到自己称心如意的产品，同时还希望能得到周围人的认同。选择信誉好的品牌则可以帮助降低精神风险和金钱风险。

（4）契约功能。品牌是为消费者提供稳定优质产品和服务的保障，消费者则用长期忠诚的购买回报制造商，双方最终通过品牌形成一种相互信任的契约关系。

（5）个性展现功能。品牌经过多年的发展，能积累丰富的个性及内涵，而消费者可以通过购买与自己个性气质相吻合的品牌来展现自我。

课堂讨论： 尝试从多角度展开思考：产品品牌还有哪些作用？

5.5　品牌战略基本形式

5.5.1　产品线扩展

公司在同样的品牌名称下、在相同的产品种类中增加一个新的产品品种或品目，该新产品品种常常具有新的特性，如新的口味、形状、颜色、成分、包装尺寸等。比如雀巢旗下的速溶咖啡的产品种类就包括黑咖啡速溶、卡布奇诺速溶、1+2 原味醇香速溶等。

产品线扩展需要注意以下几点：
- 强势品牌的产品线的拓展要比弱势品牌的更成功。
- 有标志性的品牌比无标志性的品牌更成功。
- 投入广告及促销多的品牌比少的更成功。
- 早进入市场的品牌进行产品线扩展往往要比迟进入市场的占据更多优势，仅限于强势品牌。

- 较早的产品线拓展可帮助其母品牌在市场上的扩张。
- 产品线的拓展所带来的销售增加能弥补由于内部竞争而引起的原有品种销售的下降。

5.5.2 品牌延伸

公司利用现有品牌名称来推出一个新的产品品目。比如有着"咖啡大佬"之称的雀巢品牌在2020年,推出功能型饮料,进军气泡水市场。

品牌延伸的优点与风险如下:

(1) 优点。

- 一个知名品牌的名称能给予消费者对新产品的即刻认知并且更容易被消费者所接受,它使企业更容易进入一个新的产品领域。
- 节约了大量广告费,而在正常情况下使消费者熟悉一个新品牌名称花费较大。

(2) 风险。

- 新产品可能使买者失望,从而损害买者对公司其他产品的信任。
- 原有品牌名称可能不适用于新产品。
- 过度延伸会使品牌失去在消费者中的特定定位,出现品牌稀释现象。消费者不再把品牌与一个特定的产品或类似的产品相联系。

5.5.3 多品牌决策

对公司经营的相同产品种类使用两个或以上的品牌,例如宝洁公司旗下的洗发水品牌有飘柔、潘婷、海飞丝、沙宣、润妍等。图5-3所示为飘柔和潘婷的标志。

图 5-3 飘柔和潘婷的标志

1. 动机和优势
- 制造商可以取得更多的货架面积。
- 满足消费者适度品牌忠诚引起的品牌转换。
- 新品牌的进入为企业组织带来刺激和效率。

- 通过建立侧翼品牌来保护它的主要品牌。
- 多品牌战略定位于不同的消费利益和要求/诉求，以吸引不同喜好的消费者。
- 因为收购竞争公司的品牌，从而继承不同的品牌名称。

2. 风险
- 每个品牌可能仅仅只占领了很小的市场份额，也可能毫无利润或利润下降。
- 资源分散，不能集中于高绩效的品牌。
- 可能是自相残杀而不是蚕食竞争者。

5.5.4　新品牌决策

当公司在推出新产品种类时采用一个全新的品牌。

原因：在推出一个新产品种类时，发现现有的品牌名称不适合于新产品，或现有的品牌形象不能帮助新产品时，最好创建新的品牌。

新品牌决策需要考虑的问题如下：
- 引入新品牌的风险有多大？
- 产品将持续多久？
- 避免使用现有品牌是最好的选择吗？
- 新产品所带来的收益能补偿建立新品牌的费用吗？

5.5.5　合作品牌或双重品牌

1. 合作品牌或双重品牌

两个或多个有名的品牌结合在一起在同一个提供物或产品中出现。

2. 形式
- 零部件合作品牌。
- 同一公司合作品牌。
- 合资企业品牌。
- 多发起人合作品牌。

3. 动机

每一个品牌责任人期望通过建立与其他品牌的联系来吸引新的顾客，或加强消费者对品牌的偏好或购买意愿。

5.6　产品品牌案例分析

5.6.1　哔哩哔哩视频网站打造品牌新概念

哔哩哔哩视频网站通过推出"浪潮三部曲"——《后浪》《入海》《喜相逢》三部宣传推广视频，打造了品牌新概念。

1. 首部宣传推广视频《后浪》借助舆论激起千层浪

2020年4月,哔哩哔哩视频网站发布了第一部宣传推广作品《后浪》,视频使用演讲形式,以某知名男演员为独白主角阐述观点,引起了观众的广泛讨论,进而在网上形成超乎寻常的声量,达到激起千层浪的目的。

与此同时,在传播媒介上,央视、朋友圈以及自媒体阵对《后浪》的转发,更是让哔哩哔哩视频网站进入大众视野,让更多人看到了它,实现激起千层浪的目的。

图5-4所示为视频《后浪》的截图。

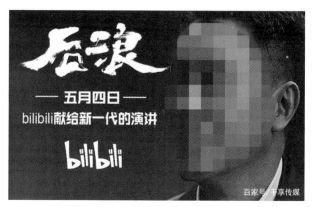

图5-4 视频《后浪》的截图

2. 第二部宣传推广视频《入海》强调网站(产品)本身更懂年轻人

2020年5月20日,在毕业季来临之时,哔哩哔哩动画视频网站推出了第二部作品《入海》。该视频以MV的形式发布,主要面向毕业生以及大学生群体,通过讲述毕业后不同人的人生际遇来引发年轻人的情感共鸣。

视频《入海》以带有共鸣的MV故事,慰问了哔哩哔哩视频网站现有的用户,向大众传递着"我们更懂年轻人"的观念。

图5-5所示为视频《入海》的截图。

图5-5 视频《入海》的截图

3. 第三部宣传推广视频《喜相逢》落笔输出哔哩哔哩视频网站的品牌价值

2020年6月26日,在《后浪》《入海》之后,哔哩哔哩视频网站推出了"浪潮三部曲"

的最终章《喜相逢》。《喜相逢》中有大量 UP 主的出镜表演，这也向外界表明哔哩哔哩视频网站的核心资产和灵魂是什么，哔哩哔哩视频网站现在是一个什么样的网站。与前两部联系在一起来看，《喜相逢》更重要的是承载着哔哩哔哩视频网站品牌态度和品牌价值的输出。

《喜相逢》的创意点来自坊间流传的一句话——"众所周知，哔哩哔哩视频网站是一个学习的网站。"UP 主们的出镜表演让"哔哩哔哩视频网站是一个学习的网站"这句话扎根于用户心底，刷新大众对哔哩哔哩视频网站的认知。让用户知道，哔哩哔哩视频网站是一个内容多元化的网站，无论什么圈层、无论男女老幼，都能在这里找到自己感兴趣的视频。

图 5-6 所示为视频《喜相逢》的截图。

图 5-6　视频《喜相逢》的截图

将哔哩哔哩视频网站的"浪潮三部曲"联系起来看，可以用一句话进行概括：《后浪》为年轻的一代发声，吸引更多人的注意；《入海》为年轻人解答困惑，给予年轻人生活上的鼓舞；再到《喜相逢》的相遇，让新旧用户人群在哔哩哔哩视频网站完成融合。这一系列动作是环环相扣，层层递进的，该过程撕掉了哔哩哔哩视频网站"小众化"的标签，将其拉入到主流中，使消费者留下"哔哩哔哩视频网站是一个多元化的社区"这一核心品牌印象。

整体来看，哔哩哔哩视频网站用三部推广宣传片的组合推动着大众从认识、认知到认同，推动哔哩哔哩视频网站成功出圈，真正面向所有喜欢年轻品质的人。

通过哔哩哔哩视频网站的品牌营销活动，我们可以发现，虽然在移动互联网主导消费者的日常生活后，品牌传播开始走向碎片化、分散化，具有短平快的特点，但这种"浪潮三部曲"以其环环相扣、逐步递进的传播过程，将品牌基于一个核心创意，去进行有节奏的系统化打法是非常有效的。对于产品来说，在做品牌宣传时，这种基于一个核心创意的系统化打法，也有很大的参考价值，以系统化、全局性的角度出发，在数字化浪潮中高效前行。

5.6.2　红牛饮料：强调功能成分，打造品牌概念

"红牛"饮料创造了一个新的行业，并且在短时间内从一无所有到成为饮料行业的佼

佼者，这种成长都归功于品牌建设。"红牛"饮料的创始人迪特里希·马特希茨曾经说过这样一句话："如果我们不创造市场，市场就不存在。"因此，红牛对于其品牌的建设可谓煞费苦心。

红牛饮料包含多种功能营养成分，有促进新陈代谢，补充体力，提高注意力及反应速度，提神等功能。因此，红牛品牌在全球定位为"红牛给你能量和活力"，而它在美国、加拿大、英国和澳大利亚翻译成更容易熟记和让人振奋的广告语——"红牛给你力量"。"提供能量"是产品的宣传，同时也是对消费者的承诺。

红牛通过品牌特性和市场定位与消费者进行交流，独特的品牌价值与品牌个性达成一致。红牛做出明智的决定，使品牌价值成为整体系统并且开发适合的、可持续的整合传播平台，例如，赞助有亲和力的体育项目，拥有高强度的媒体覆盖率，这实际上使得消费者更接近品牌。红牛一直秉承赞助具有亲和力的体育项目这一策略来增加追随者的数量。

红牛一直坚持赞助极限运动和世界级极限运动员。此外，红牛还集中支持各类极限和耐力体育项目，例如 X-Games 赛车运动。这些运动或赛事与红牛的品牌价值十分吻合，帮助消费者强化对红牛这一品牌的认知。

除赞助体育项目以外，红牛的赞助还渗透到能引起热烈评论的活动，例如跨越全世界的年度盛事红牛音乐奖等。

另外，红牛品牌传播形象动力是以喧闹营销的方式建立品牌，以口碑传播的方式强化意识。

5.6.3　王饱饱麦片：产品、营销、渠道三位一体的飞轮效应

在 19 世纪，被誉为"燕麦之王"的费迪南·舒马赫开始推广燕麦早餐的概念，从此燕麦作为一种食品被搬上了人们的餐桌。燕麦也正因为其耐饥饿、降糖降脂等诸多功效在全球范围内受到消费者的青睐，尤其是在欧美等国家。相比较而言，中国的燕麦市场在近些年虽有一定的增长，但是从行业规模与人均消费量来看，较国外市场仍然存在较大的成长空间，除此之外国内燕麦产品也呈现出同质化、老化等现象。根据欧睿国际的数据，截至 2017 年我国燕麦行业总的销售额为 10.02 亿美元。

致力于成为燕麦零食第一品牌的王饱饱于 2017 年正式成立，2018 年 8 月王饱饱天猫旗舰店正式上线，次年便成为天猫麦片品类中的第一大品牌，赶超包括国内外知名麦片的品牌，例如百事桂格、卡乐比以及西麦等竞争对手。不仅如此，王饱饱主打的高颜值、大块果干的产品形态，已成为时下的行业趋势，被各大竞争对手争相模仿。有关王饱饱为何能在短期内实现跨越式增长的分析已是车载斗量。

1）复合的产品力：这不仅包括产品研发生产等基础能力，还需具备产品定义、产品视觉以及对产品上新节奏的把握能力。

在与消费者建立连接、实施互动的过程中（微博、微信公众号、线下活动），王饱饱通常强调产品能为消费者提供何种价值，而这种价值是由研发、创新所带来的，例如低温烘焙工艺带来的健康、有营养的特点。这背后的逻辑是什么呢？即企业在与消费者互动的过程中，生产者、品牌方的专业能力需要转换为更清晰、更有效的消费者语言来表达，

来向目标消费者传递出产品优势与价值的关键信息。图 5-7 所示为王饱饱产品通过低温烘焙与冻干技术来凸显产品价值点。

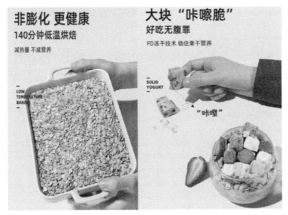

图 5-7　王饱饱产品通过低温烘焙与冻干技术来凸显产品价值点

除了具有产品研发与生产等基础能力之外，王饱饱在产品端的其他能力，也构成了王饱饱在产品端得天独厚的竞争优势。首先是产品的定义能力。要实现产品的定义能力，需要企业十分清楚自身的核心目标用户是什么样的消费群体。王饱饱以 20 至 30 岁的年轻女性作为目标消费者，依据她们的核心诉求来设置产品的卖点，然后将特有的卖点匹配至消费者，那么王饱饱具体是怎么做到的呢？

首先在大量的投放内容中，王饱饱企业构建出典型消费场景以及年轻女性的人设，然后将"代餐、零食、不怕胖、好吃、减肥、热量低、高颜值"等标签穿插在内容中，以此塑造出王饱饱产品的典型特征。

王饱饱在产品端的第二个特征是对产品传播力的迭代。传播力的一个重要体现是包装设计，因为它是给消费者留下第一印象的核心要素。王饱饱在发展初期，视觉设计的呈现上并不出众。但如今，王饱饱在产品包装以及营销内容的视觉上都有了显著的提升，而这一方面可强化产品的记忆点与传播力，另一方面还强调了王饱饱大果干的差异化卖点。图 5-8 所示为王饱饱产品在包装上的迭代。

图 5-8　王饱饱产品在包装上的迭代

王饱饱在产品上第三个较为突出的点是对上新品的节奏的把握。需要补充说明的是，王饱饱正式成立的时间为 2017 年 1 月 4 日，而众多媒体公开报道的 2018 年 5 月则是王饱饱宣传的上线时间，2018 年 8 月为王饱饱天猫旗舰店开业时间。图 5-9 所示为王饱饱推出的新产品。

图 5-9　王饱饱推出的新产品

2017 年 1 月王饱饱的首批产品果然多、坚果墙、养生堂通过微博平台开始进行线上销售，但在 2018 年 5 月之前，王饱饱整体上新速度是比较缓慢的。其中一个重要原因是王饱饱在根据市场的反馈对上述老产品进行优化，例如对产品包装的迭代。

到了 2018 年 5 月之后，王饱饱基本上保持平均每 2 到 3 个月推出一款新产品的节奏。截止到 2020 年下半年，王饱饱在天猫旗舰店上共计有纯正冲泡麦片以及非膨化烘焙麦片两个类别一共 21 个，除此之外还有多种组合装和礼物卡，宝贝数达到 76 个。这里我们以它的竞争对手欧扎克品牌为例，欧扎克的旗舰店上仅有即食麦脆、燕麦轻饮、烘焙麦片、高纤麦片、每日坚果以及礼品装六个类别，共计宝贝数 123 个，而且通过对欧扎克过往信息的回溯，很难挖掘出欧扎克对每个新品在内容、营销端的培育推广以及上新时间节奏的信息，产品更多是在旗舰店悄然上线而并没有上新通知。

综上所述，王饱饱首先在产品品质、口感等基础维度上占据了一定优势，其次通过清晰的产品定义触及核心的消费群体，接着便以良好的产品视觉以及有节奏的上新来吸引并留存消费者。

2）王饱饱在营销端的能力与经验：有节奏、有层次的运营投放。

提及王饱饱为何能取得如此迅速的增长，与王饱饱擅长营销以及投放的经验密不可分，这也是市场普遍的认知。在诸多研究分析的文章中反复提及王饱饱在全域、全平台精选 200+KOL 做了大量投放，取得了喜人的成果等信息，包括王饱饱创始人在公开场合分享成功经验时，也不避讳地分享自身的营销能力。

王饱饱的创始人在成立王饱饱之前，有着经营淘宝金冠店铺的经历，随后又担任过一段时间的美妆博主与美食博主，在此期间积累了大量内容投放的经验以及 KOL 的资源。

正是这些为王饱饱构建营销推广能力提供了重要基础，但王饱饱究竟是如何运用自身的基础与经验的呢？前面提到的 200+KOL 是如何筛选，又是如何做投放的呢？

（1）在微博、小红书、B 站、抖音的运营：以目标为导向，有顺序、有侧重地进行投放。

微博是王饱饱起家的平台，自 2017 年 1 月宣告成立的那一天起，王饱饱官方便开始在微博上运营账号。在 2018 年 8 月王饱饱天猫旗舰店正式上线之前，王饱饱微博一部分时间是以品牌官方号的形象存在的，会不断推荐王饱饱的产品、推广一些优惠活动以及科普一些燕麦片的健康小知识，而在另一半的时间里，王饱饱的微博号似乎是一个年轻女性的私人账号，她会吐槽生活中的不满，也会分享快乐的周末生活，甚至会转发明星的微博，并称其为自己的另一半。

在王饱饱天猫旗舰店上线之后，王饱饱的微博号就成为纯粹意义上的官方号。对比王饱饱在抖音、小红书等平台上的主动投放，微博更像是一个同步分享信息的平台，无论是上新、品牌联名，还是各类购物节的活动，甚至消费者的投诉与答疑都会在微博留言区得到回复和解决。其中比较值得关注的是，凭借微博平台在明星与粉丝聚集上的优势，使得品牌方在宣布和一些明星的合作、明星代言时，往往会产生一定的传播热度。

第一个关键节点，也是王饱饱最为重要的动作——在小红书邀请了明星欧阳娜娜来进行投放。这一次投放迅速拉近了两个品牌之间的差距，与此同时也不能忽视同期王饱饱在 B 站上的投放。

第二个关键节点是王饱饱正式布局抖音，开始持续在抖音大规模投放，同时开展淘宝直通车、钻展、超级推荐等站内推广。

在我们回顾完王饱饱在主流媒介投放的过程后，适当小结一下其中的重要措施与关键节点：

①产品初上线的一年多时间，通过与用户的沟通反馈，来打磨产品与品牌。除在微博上小范围运营外，不在其他主流平台进行投放与曝光；

②在产品经过一轮迭代后，选择在天猫平台上开设旗舰店。同时开启正式的运营投放，投放的基础原则，先站外后站内；

③对于站外主流平台的选择，有先后顺序，先选择平台属性与产品定位及目标人群相似的平台；

④在登录某平台之初，可集中大规模地投放；

⑤在 KOL 的选择上，需要明确目标，然后以目标为导向针对性地选择不同合作对象，而非将有限的资金盲目投入。具体可使用金字塔结构，即少数超级大 V，部分腰部量级的网红，大量底部达人；

⑥在某个平台形成一定的知名度后，再开启下一个平台的投放。但这里需要注意的是，在大平台上，无论当下的投放效果是否理想，均需要以一定的频率继续投放；

⑦在站外主流平台，完成一轮大规模投放后，可同步开启站内投放，形成叠加的势能；

⑧在双 11、春节等关键时间节点，可邀请当红的流量明星、大 V 进行短期合作，作为偶尔的爆点，旨在将流量与销售水平提升一个台阶；

⑨找到主战场（契合度、转化率最高的平台），在资源和资金分配时给予一定的倾斜；

⑩好的内容是非常重要的投放基础，理解短期爆发式增长不是运营的唯一目标，流量与用户心智的积累沉淀是需要时间和耐心的。

（2）选择契合度较高的品牌进行联名。

品牌联名是时下大小品牌较为常见的推广方式之一，其核心目的是迁移所联名品牌的消费者，但要能有效地实现该目标，联名品牌之间的消费者应该有一定的重叠度或者联名品牌之间的产品在使用场景上有一定的契合度。相对于其他新兴的品牌而言，王饱饱对联名的使用相对克制，其初次联名时间在 2019 年 7 月，与徐福记进行活动联名；之后则在 8 月、9 月接连与新兴的彩妆品牌"Hold Live"以及电影《攀登者》联名。

2020 年 1 月，王饱饱与认养一头牛联合推出喜迎春节的组合早餐礼包。同年 5 月、6 月、7 月又接连三个月，分别与大肆撸串、动漫形象罗小黑以及伊利联名。图 5-10 所示为王饱饱与罗小黑的联名产品。

图 5-10　王饱饱与罗小黑的联名产品图

总体来看，王饱饱对联名的使用并不十分频繁，但相对集中，表现在一个周期比较高频。其次是对联名品牌的选择比较多元，包括食品品牌、电影、美妆品牌、餐饮品牌四类，但目标用户有很高的相似性。

（3）使用多位差异化的明星代言人，尝试扩大覆盖人群。

王饱饱并非在企业发展之初就使用明星代言人，而是在品牌发展有一定基础后再开始使用代言人。2020 年 2 月，王饱饱官宣了与第一位明星代言人——刘涛进行合作。到了 8 月，王饱饱相继宣布了三位产品代言人，以此来传递麦片的价值特征与生活理念，其中包括歌手周深为王饱饱的健康生活家、金靖为高纤代言人以及活力代言人瞿潇闻。

对于选择刘涛作为第一位品牌代言人，是值得研究与思考的。参考刘涛之前代言的品牌，包括保时捷、兰蔻、萧邦珠宝、伊利、野兽派、VIPKID、东鹏瓷砖、名牌珠宝、好太太等品牌，要么属于具备一定品味的中高端品牌，要么是一些具有生活属性、接地气的品牌，而王饱饱的品牌与核心消费人群可能处在二者之间。虽然刘涛与现阶段王饱饱的品牌形象契合度可能没有那么高，但刘涛的粉丝数量多、粉丝年龄分布广，这对于王饱饱未来出圈势必会形成一定的帮助。

而后合作的这三位明星，其年轻、时尚的属性则更强，其粉丝与王饱饱的受众消费者的契合度也更高。可以看到的是，在王饱饱宣布与周深、瞿潇闻的合作后，与该内容有关的微博留言量与点赞数均远超宣布刘涛为代言人的微博。

推广思路总结：

不难看出，王饱饱的思路清晰，首先在新式主流媒介、明星代言以及品牌联名三种工具中，优先考虑前者，在品牌形成一定势能之后再开始考虑代言人与品牌联名，它能起到放大器的作用。在做品牌联名与明星代言时，可使用短周期内集中式的打法（即密集宣布多位代言人以及连续进行多个品牌的联名）；其次在对新式主流媒介工具的使用过程中，优先考虑站外，因为新品牌缺乏市场认知，直接做站内可能会事倍功半；在对站外工具的选择上，微博、小红书、抖音、B 站均可以作为种草与转换的平台，但各个平台的属性特征有所差异，不同品牌可以根据试水投放的效果以及产品属性决定优先级，实在难以判断的情况下优先将小红书作为首站，因为小红书上的内容、生态环境以及用户质量较高，可以适配的产品范围较广。最后，新品牌需要灵活把握在不同平台上的投放节奏与侧重点。

5.6.4 宅猫日记的产品品牌定位

1. 品牌背景

宅猫日记的品牌理念正如它的宣传语"美味特派，快乐无处不在"一样，旨在向消费者传递一种积极向上的生活方式，结合宅猫日记旗下研发的健康休闲零食，以高互动性和极具创意的方式，触达和影响更多的受众。

2. 创建初衷

向大家传达"休闲和轻松"的生活内涵，发掘和创新更多的健康休闲零食。

3. 品牌关键词

- 年轻化

通过用日记故事的形式向大家传达"休闲和轻松"的生活内涵，用美味带给人们快乐，并贴近年轻人的生活状态。

- 健康化

迎合时代潮流，打破传统零食"高热量""不健康"的印象，以轻加工、少处理、不添加任何添加剂为产品特点，打造"好吃，无负担"的健康产品。

- IP 化

首次提出以内容带动产品的创新思路以丰富产品内涵、打造品牌 IP，在各社交媒体渠道上将以文字、插画、漫画等形式体现其年轻、活泼和清新可爱的品牌形象。

4. 用户画像

用户定位：早期根据行业大数据进行用户的初步定位，聚焦在 25—35 岁关注健康的有一定消费能力的职场女性用户。

（1）男女比例。

女性—男性 =6.5—3.5。

（2）用户年龄层分布。

- 18—24 岁占比 35%。
- 25—48 岁占比 45%。
- 48 岁以上占比 20%。

（3）用户产品消费能力年龄层排序。

- 25—28 岁。
- 29—36 岁。
- 36—45 岁。
- 45 岁以上较少。

(4)用户地域分布。

北京、上海、广州、深圳、杭州、深圳为主,其他二线城市如南京、重庆等为辅。

(5)用户职业属性前三排序。

- 职场员工。
- 个体工商户。
- 教师及教职工。

结论:结合用户画像,以内容带动产品,进行 IP 孵化:通过一只憨憨的、好玩的、宅的宅猫形象,建立种子用户对于品牌及产品形象的认知及好感,如图 5-11 所示。

图 5-11　萌猫日记的萌猫形象

5. 产品+渠道+营销,三位一体的策略输出

(1)第一阶段种子用户。

关键词:女性健康、年轻化。

产品策略:针对关注健康的职场女性的特点及需求,主推功能性冲调类零食——燕麦脆、玫瑰花茶。

渠道策略:建立电商布局(天猫/京东)及传统分销渠道,快速上市、触达用户。

营销策略:以电商平台站内的基础营销为主,进行初步用户积累。

(2)第二阶段扩大圈层。

关键词:场景化、用户"破圈"。

产品策略:扩大产品线,投入新产品(饼干),扩大用户年龄阶层。

渠道策略:通过小红书的"种草",带动电商平台转化。

营销策略:以"追剧必备""治愈系小零食""宅家零食"等场景化的内容进行"种草",并引发用户自主创作及传播,如图 5-12 所示。

(3)第三阶段提升黏性。

关键词:丰富产品维度、流量整合。

产品策略:从功能性冲调食品到膨化饼干再到坚果炒货,不断丰富产品维度。

渠道策略:以"抖音/快手+微店"的模式,打通以公域引流带动私域沉淀,提升用户黏性。

营销策略:以明星+"美味特派员"的形式,触达更多受众并提高用户好感度。

图 5-12　场景化的内容

5.7　本章小结

品牌形象可不是一朝一夕就可以建立的，现在常见的品牌形象有产品的拟人化，卡通形象。文案包装加产品形状设计辨识度，使消费者在视觉、听觉、味觉、触觉、上感受品牌价值。当然品牌初期的铺设必须是全网的，通过新闻铺设，让大家在网上能搜到，然后通过自媒体号、文章、图片、短视频来树立品牌。

在当前市场中，仍然有很多的人对产品品牌和企业不加区别，理不清两者的关系，认为两者是同一个概念，不能明确产品品牌的含义。究其本质，两者还是有一定区别的，企业品牌与产品品牌之间根本的差异在于两者在企业运营中的战略位置、战略功能的不同。具体体现在品牌塑造目的不同、涵盖范围不同、目标对象不同、出发导向不同等。

建立产品品牌无论是对于消费者还是企业都有莫大的帮助，品牌可以帮助消费者辨认出品牌的制造商、产地等基本要素，从而区别于同类产品；帮助消费者迅速找到所需要的产品，从而减少消费者在搜寻过程中花费的时间和精力。对于企业而言，品牌是企业的一种无形资产，它所包含的价值、个性、品质等特征都能给产品带来重要的价值。即使是同样的产品，贴上不同的品牌标识，也会造成价格相差悬殊。

第6章 产品调研

在如今这个时代,要想做出一款畅销产品,首先要做好产品的市场调研和数据分析。假如现在你正负责一个产品项目,可能你听到最多的问题就是:你对用户的需求了解多少呢?你知道用户真正想要的是什么样的产品吗?你想知道用户将会如何看待你的产品吗?你想知道你设计的产品在用户中的口碑如何吗?

每一个产品经理都希望在产品开始立项设计前,得到用户最真实的需求,为自己的产品设计提供良好的支撑。每一个产品经理都希望自己设计的产品得到用户的认可和青睐,都希望用户能在使用产品的过程中不断反馈对于产品改进的意见和建议。那么,我们如何才能得到用户的前期意见和后期反馈呢?

这个时候我们最需要的就是数据的支撑,只有真实、有效的数据才能让一切更有说服力,只有真实、有效的数据才能让我们更清楚地了解到我们想法的可行。既然这样,那么数据从何而来呢?这自然少不了产品调研,只有通过对产品的调研才能得到更真实、更有效的数据。

产品调研,需要有核心目标,带着问题做调研,最终得出明确结论和可实施的建议,真正能够解决问题,这才是一次合格的调研。从大的角度来讲:做好产品调研,可以让我们厘清各自产品的优势与缺陷,取别人方案之精华,去自己产品之糟粕,胸怀行业竞品与大局,确立自己产品之特色优势;从小的角度着眼:产品经理虽然要求博学但不见得对每项事务每个逻辑都了如指掌。在具体做一个产品功能时,总不免去学习这方面的知识,参考对应的竞品。因此,我们既可以为一个小功能点的逻辑流程而去调研学习,也可以为产品外观设计而去调研学习。学习优秀的产品逻辑与交互设计,应用到自己的产品之上。

6.1 产品调研的定义

所谓产品调研就是从现象或问题的关键词入手,对纵向与横向的用户真实需求进行不断探索并逐渐完善自身产品的过程,且横向探索往往比纵向探索更为重要。

产品中的调研工作,贯穿产品生产、运作、发展、衰退各个阶段。包括产品的设计期、分析期、研发期、测试期、试运行期、运营期、成熟动作期、衰退期。上述几个阶段内,都需要进行详细的调研工作,并且每个阶段面向的调研用户和方法方式都是不同的。每个阶段的调研都有自己的目的,面向哪个方面进行调研,调研哪些内容,调研出的数据对产品又有什么支持作用,都是需要搞清楚的问题。从产品的诞生到衰退,每个阶段都有自己的调研方向和需求，针对不同的需求进行调研设计。图 6-1 所示为产品调研示意图。

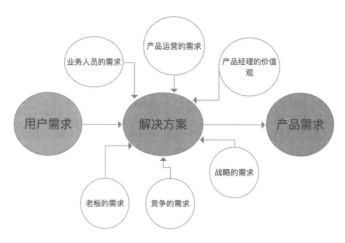

图 6-1　产品调研示意图

课堂讨论：谈谈你对产品调研的认识。在学习了产品调研的定义之后，你对产品调研有了什么新的认识？

6.2　产品调研的原理与目的

为了更好地开发公司的市场，确立产品的市场地位，拓展本品牌的市场发展空间、更好地满足消费者的消费需求，需要我们对市场进行一次较为系统的产品调研。而我们在做产品的市场调研前，必须要有自己的调研思路，即我们要调研的对象是谁、需要收集的数据有哪些、需要达到的效果是怎么样的等等。只有有了明确的目标，才能获得更加有效的数据。图 6-2 所示为数据分析图。

图 6-2　数据分析图

6.2.1　产品调研的原理

（1）竞品上新。这里所指的上新包括上市新的产品，也包括原有产品上线新的功能。这里需要注意的是，在做具体的调研前，首先我们先要确定竞品的范围。通常竞品的范围我们可以参考几个维度：产品功能的匹配度、用户群体的相似度、市场份额的占有度。因此调研内容一般需要考虑用户有哪些、用户分别是怎么使用的、在使用过程中满足了用户什么样的需求以及用户得到了什么好处。其次，还要看数据表现，即功能的使用情况。这里可以根据具体产品的业务类型选择合适的数据指标。功能的数据表现主要看覆盖率、打开率、成交量等等。一般特别精确的内部数据我们是拿不到的，我们只需要关注公开资料中的相关数据即可。最后，需要思考对于自己的产品有什么意义。调研产品是为了给设计产品做决策提供依据，所以要结合自己的产品去思考要不要借鉴，能不能借鉴，给出自己的结论。

（2）我们自己的产品准备上市或者上新功能的时候，一般会去借鉴其他产品以及产品的功能。那么针对这一类调研，我们需要关注的重点有以下几点：在调研之前，我们一定要思考自己产品的目标用户以及他们的需求是什么，还要了解自己产品目前的现状。如果是产品上线新的功能，还需要搞清楚为什么要做迭代，做迭代主要希望达成什么目的，然后最好带着目的去做具体调研。我们在选择调研产品时，要尽可能地去调研国内外优秀的产品，譬如行业领先水平的产品，或者周围用户都在使用，口碑很好的产品。在具体分析时，可以去关注对方产品功能的关键点是什么，他们的功能逻辑是什么，为什么要这样设计，背后可能满足的用户场景是什么。其中还需要注意的是，在分析调研几款产品时，通常来说相同点都是关键点，差异点都是亮点。最后，通过梳理功能逻辑，给出自己的结论。

（3）为了个人学习和积累，我们要先明确都有哪些功能点，在这些功能点中，哪个是最关键的。与之对应的用户场景需求是否都被满足了，产品的底层逻辑和流程是怎样的，其中的亮点有哪些，最后，数据表现如何，是否跟我们的分析相符。

上面的三种情况仅仅是我们在做产品调研中比较初级的功能点的调研，当产品经理有比较丰富的经验时，站在更高的维度来看产品时，我们就不能仅仅只考虑功能本身了。我们的视野要更开阔一些，来关注独立产品的设计。

6.2.2 产品调研的目的

归根结底，所谓的产品调研其实就是让我们去不断认识产品、还原产品、创造产品。

（1）认识产品。

充分理解产品，通过体验、使用产品，通过产品的数据表现、版本、款式、口味和功能等迭代，去理解它的运营模式，通过产品的官方宣传或者其他人的调研报告来深入理解产品。

（2）还原产品。

对产品的分析和归纳，我们首先要看到产品背后的功能结构和用户特点，这是必须要理解的，否则我们只是产品的一个用户而已。

产品迭代的过程，整个产品是怎么演变过来的，我们要站在对方产品经理的角度去理解产品迭代的逻辑，再然后我们梳理出运营大事件的时间轴，最后我们得出一个产品增长曲线。通过增长曲线我们就可以看出产品增长背后的理由，它是由功能带动，还是由运营带动，还是因为市场的问题？当我们从多个角度来看待产品增长的时候，眼光也会更加透彻了。

（3）创造产品。

在调研部分的创造是比较粗糙的，这里我们只需要确定别人做了什么、是否适合我们、借鉴还是不借鉴、借鉴哪个部分。最后，就要基于我们的目的，去分析产品，这样产出的报告也会非常的聚焦，可读性非常强。

对于产品调研的目的，无非两个方面：提升所谓的产品感，产品感较好，设计起产品来就会更加顺手一点；提升工作效率，有前人的经验和案例可以参考。由此，产品调研的目的可以归结为以下七点，如表6-1所示。

表6-1 产品调研目的的七个方面及内容

产品调研目的	内容
公司层面	公司战略、产品、运营、技术团队对规模及核心目标、产品线投入情况
市场	用户群体覆盖面、用户运营模式、用户体验分析、固定周期的用户量、有效转化率等
资源	团队、投资方、合作方、供应链、渠道、现金流
数据	数据、月活、UV、流水收入
运营	活动时间、活动成本、内容建设、转化率
功能	核心、非核心、两点特色功能；功能细分及对比、产品包装和页面的异同；产品稳定性和易用性；主要盈利渠道、产品线路图及传略方向
UE/UI	交互流程、视觉风格

总而言之，产品调研的目的就是摸清市场，确定产品方向，做到知己知彼，方能百战而不殆。

课堂讨论：结合本小节内容，谈谈你对产品调研的原理和目的有了哪些新的认识。

案例　《王者荣耀》中游戏人物"西施"经过市场反馈下架修改

《王者荣耀》是时下火热的游戏，广受玩家的喜爱，其制作方一直时刻关注着玩家对于产品的反馈。以其中的游戏角色"西施"来说，该英雄上线体验服以后争议不断，出场动画过于幼稚，不符合历史上四大美女的气质人设，和游戏内同属"四大美女"的角色王昭君、貂蝉以及杨玉环也无法相提并论。总结来说，无论是出场动画还是游戏中的人物模型都不让人满意。图6-3所示为王者荣耀西施出场动画图。

玩家们对于"西施"这一角色怀有极高的期待，但是实际的游戏人物效果令玩家非常不满，吐槽声不绝于耳。在玩家们的批评声中，王者荣耀制作方最终决定将该英雄

图6-3　王者荣耀西施出场动画

下架并修改，这就是基于市场反馈对产品的完善。反馈无处不在，从我们的身体反应到具体生活中的各种设计、交互，反馈都是非常具体且非常有用的存在。对于品牌来说，及时听取用户的反馈，收集归纳用户意见，对产品进行修改完善是非常有必要的。

6.3 产品调研的内容

工作中我们或多或少会遇到这样一些场景：以互联网产品举例，竞争对手上新的功能了，需要我们评估一下，是否需要跟进；要上新的功能，我们之前没有相关经验，看看人家是怎么做的，有什么是可以参考的；日常练习自己对产品的分析和判断能力。

这三个场景我们几乎都会遇到，然后也会采取一些方法去处理这些问题。而处理这些问题的方法，就是产品调研。那么我们应该怎么样去做好一个产品调研呢？一个出彩的产品调研又包括什么内容呢？图6-4所示为产品调研流程图。

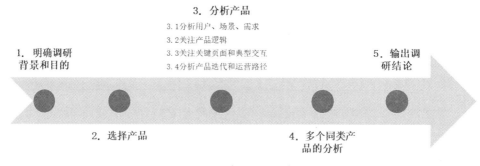

图6-4　产品调研流程图

无论是分析报告还是其他事情，开始做之前明确目的，其中包括该报告的受众是谁，侧重点在哪里。其次要明确分析原则，毕竟无论怎样的报告都只是从一个有限的角度去解构市场，获取我们需要的信息，为决策提供支持引导。明确了这些基本思路后，剩下的就是方法论的问题了。

（1）首先进行行业分析。市场规模——说明整个规模有多大，以论证该领域的分量；盈利情况——是否能盈利、盈利情况如何、怎么盈利的，重点论证盈利能力及稳定性；增长态势——论证产品成长空间和盈利空间，这一点十分重要；行业概况——行业的领导者在做什么、用什么模式、发展动向如何？行业其他传统企业怎么做？是否有创业团队在该领域做得不错？国外该领域的发展情况有哪些？衍生品如周边产品或同类产品等，行业壁垒与进入门槛。

（2）了解行业细分。行业细分的两大原则：细分市场足够大且有利可图、通过自身经营可高效触达的市场。真正的细分市场要有自身的特点，和最大行业里其他细分形成有效区隔。每个行业细分领域都要按照第一条中提到的三个步骤方法进行分析，另外还包括细分市场特点、市场和产品所处的生命周期、行业的主要竞争因素。

（3）了解典型产品。分析数据包括宏观分析指标——不同品类市场占有率分布状的饼图、该品类整年销量或销售额柱状图；微观分析指标——品类分价格段销量柱状图、分月销量柱状图；关系分析产品的核心优劣势——各产品间的关系分析精益画布。

（4）进行用户分析。了解目标用户是谁、目标用户群体的特质、用户使用场景中有哪些需求、用户的痛点是什么、针对这些痛点与问题，用户目前的解决方案以及现有解决方案有什么问题、有没有更好的方案，着重解决用户哪方面的需求与期望。

（5）自身分析。从公司层面——公司在整个行业中的位置（领导者还是追随者），是否有良好的业务基础，有哪些资源可以用，哪些资源形成行业门槛；从产品层面——产品目标是战略主打产品、边缘卡位产品、新业务线——创新产品，不同生命周期、不同的侧重点的公司及产品的结合层面（产品的商业价值），产品可以为企业创造什么样的价值，这些价值是否契合公司战略目标及业务发展趋势，开发产品的时机是否恰当。从自己职业优势层面——新领域产品中，哪些模块是自己熟悉的，工作经验能为产品带来什么，哪些方面的经验可迁移与转化。

（6）抓住或者创造新的机会。颠覆式方法将原先需求满足中的一个环节改写、借鉴国外或其他行业的经验、使用场景重构、利用线下衍生需求做突破口。譬如某科技公司的产品逻辑：用中端产品的价格对标其他高端产品的性能，同样的价格用性能碾压对手，同样的性能用价格碾压对手。

（7）了解风险。产品核心价值的实现，是否依托于一些颇有难度的工作。上下游公司及巨头是否容易切入这个领域。盈利能力是否稳健，即使暂未赚钱，是否具有盈利的想象空间。

（8）结论与解决方案。所有的分析工作与数据采集都是信息收集，目的是形成解决方案与建议。针对新领域尤其是新产品的研发，要明确行业机会在哪里，从哪点进行切入，用户群体特征怎样，用怎样的形式去满足怎样的需求，在众多竞品中怎样做到差异化，如何利用好资源发挥优势，从哪些角度入手等问题。

课堂讨论： 针对产品调研的内容里某一条或多条谈谈你对该项的理解，并说说在实际调研时应注意什么。

6.4 产品调研的市场反馈和分析

企业每研发一款新品，都希望得到市场消费者的良好反馈，从而提升自身品牌形象，为企业发展创造经济效益。产品在研发的过程中，需要不断地与市场取得联系，通过系统、客观地识别、收集、整理并分析有关的市场信息，发现和解决研发中遇到的问题，从而提高研发过程中的决策质量，即产品调研的作用。市场调研的作用则在于连接研发与市场，利用市场反馈信息减少每一步决策的不确定性，将决策风险控制在一定承受范围以内。

在产品研发过程中，产品定位、产品概念和样品测试等要点都需要通过调研、收集市场反馈，进行相关市场分析，才能帮助研发人员发现和解决研发中遇到的问题，提高决策质量。产品的市场调研的方法主要有定性调研与定量调研，产品的市场调研和产品调研的区别在于调研目的、调研领域、执行方法等方面，分别解决不同类型的调研问题。

进行市场反馈和分析可以帮助人们进一步认识和理解信息资料，可用它来检验市场营销决策的效果，以便做出更好的决策为企业创造经济效益。

6.4.1 产品调研的市场反馈

市场反馈模型，也称混同均衡模型，该理论认为市场比发行者拥有更多的信息，市场对企业未来收益有更多的预期。图 6-5 所示为市场反馈模型示意图。

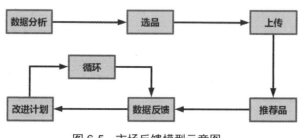

图 6-5　市场反馈模型示意图

市场反馈模型的准确预测主要取决于所使用的基本资料。正如人们常说的那样，高质量的投入才会有高质量的产出。值得庆幸的是，大部分企业和公司都有着丰富的资料，他们保留着每天所进行的交易的所有资料。但是他们还必须把这些资料进行整理，因为只有将其连成一个有机整体时使用才会有效。如果能够做到这一点，市场反馈模型和当今高度发达的信息技术就会很容易把这些资料变为战略性物资。这些资料是市场反馈模型的原始材料，同时由于这些资料是以顾客的实际购买行为为依据，故而具有很强的实际意义。据此所建立的市场反馈模型还有一个重要的作用。目前许多市场营销功能都是独立使用的，尽管越来越多的经验表明各部门间的相互协调有着极大的价值。但人们已经认识到，由科技人员、工程师、制造专家和营销主管组成的产品开发小组不仅可以改进产品的品质，降低产品的成本，还可缩短产品从研制到投放市场的时间。

在市场处于混合均衡模式的情况下，上市公司可能不是一次性完成所有筹资过程的。市场反馈假说认为当高投资价值的公司与低投资价值的公司采取相同的折扣策略时，虽然承销价并未起到信号传递的作用，但是市场能够分辨出公司品质的高低。当新股上市后，收益率偏高时，这表明市场相信发行公司品质好，股票的价值高过发行价，使得股价升高。在这种情况下发行公司可以加大发行规模，也就是说，发行公司可以依据上市后新股报酬情况再进行下一步的筹资决策。因此，新股上市后的收益率的高低实际上反映了市场对于发行公司投资价值的认可程度，发行公司可以根据这一市场反馈回来的信号继续进行下一步的筹资决策。

建立市场反馈模型的意义在于市场反馈模型是一种处理过量信息的有效方法，可以帮助人们进一步认识和理解信息资料。市场反馈模型还提供了一个制定营销战略和决策的分析结构，它代表的是以事实为依据的反馈机制，是不断改进市场营销功能的有效工具。

总之，市场反馈模型给企业的领导者提供了一个检验基础，可用它来检验市场营销决策的效果，以便做出更好的决策。用市场反馈模型做重要决策时，可以激励全体职员相互配合，促进本应合作而实际又没有合作的各个部门和小组之间进行密切的配合。

要建立完美的市场反馈模型，关键是要有好的资料，当然这种资料不一定是市场调查资料。事实上，大部分市场调查都是通过向顾客提问，让他们自己预测在不同环境中的购买行为，其中有较大的虚假成分。然而市场反馈模型是根据顾客的实际购买行为建立的，具有较大的真实性。资料的来源很多。例如，用条形码扫描器来记录顾客购买行为所获得的资料。这种资料不仅有助于管理存货和其他经营过程，同时还可提供丰富的销售资料。那些充分认识这些资料价值的销售人员发现，这些资料是非常有力的竞争武器。市场反馈模型就是试图在计算机的帮助下收集和分析这些根据实际购买行为所获得的资料，并据此对市场有进一步的认识，制定更加完美的营销决策。

以美国的银行业为例，由于资金成本的不断变化影响了利率和利润率，加之竞争激烈，使得银行开展服务更加困难，因此制定合适的营销决策显得尤为重要。银行通过使用价格、广告和储户存款行为等原始资料，建立自己的市场反馈模型来确定促使储户去存款和开立新的户头的因素，并模拟各种不同价格政策下储户的反应。模型显示出银行应采取的措施，找出了在获利和市场份额之间的最佳结合点时银行应采取的利率。模型还揭示出哪些竞争者以及他们的哪些行动最有破坏力，同时指出哪些竞争者可以不予理睬。通过建立和使用市场反馈模型，银行每年获利陡然增加了1700亿美元。

另一个例子涉及的是美国一家产品非常畅销的高技术通信服务公司。该公司把其市场营销和广告决策建立在促销和提供折扣的基础上，虽然他们的产品特征和功能比同类产品要明显好得多。公司的市场反馈模型表明吸引顾客根本不是什么大问题，公司根本没必要采取打折扣优惠的方法来销售，相反，在广告中应着重强调其产品的功能。然而该公司不愿意轻易改变其成功的营销活动，最后只好在受控性的环境中采用其市场反馈模型，以检验各种广告及开支对市场的影响。事实证明了市场反馈模型的预测是准确的。于是公司果断削减了广告预算，结果是产品销售并没受到任何影响，反而使市场营销率大幅增加。如果企业通过销售、生产管理、广告、促销、分销和市场调查等人员，从整体和集体的角度进行市场营销，也会出现上述类似现象。重要的是，用企业的重要顾客和生产的有关资料作为市场营销资料的来源，将有助于增强集体活力，促使人们相互协作，并以事实为依据制定出更好的决策。

市场反馈模型不仅仅适用于大型企业，在现在高速发展的互联网电商直播中同样适用。直播团队或者"带货"主播个人，也可以利用这个模型来进行选品的市场反馈，并根据数据效果，来优化自己的选品方案。

案例　某知名手机公司改进产品的充电孔设计，扩大行业竞争优势

某知名手机公司刚开始研发手机的时候，它们的一份市场调研中就有很多人表示，要是手机的充电孔设计不分为正反两面，充电就方便许多，尤其在黑夜里不会出现反复尝试依旧无法将充电器接入手机充电口的现象。后来，该知名手机公司结合市场调研的这一项内容，专门设计了不分正反面的手机充电孔。虽然这只是一个小小的创意，但却

广受消费者欢迎，并逐步延伸成为了该手机产品的一大竞争优势。图 6-6 所示为不分正反面的手机充电孔设计图。

6.4.2 产品调研的市场分析

市场分析是根据已获得的市场调查资料，运用统计学原理分析市场及其销售变化。从市场营销的角度来看，它是市场调

图 6-6 不分正反面的手机充电孔设计图

研的重要组成部分和必然结果，又是市场预测的前提和准备过程。

市场分析是一门综合性科学，它涉及经济学、统计学、经济计量学、运筹学、心理学、社会学、语言学等学科。市场分析已经成为现代企业管理人员必须掌握的一项分析技术。狭义的市场分析指的是市场调查研究，它是用科学方法收集消费者购买和使用商品的记录、意见、动机等有关数据资料，并予以研究分析的手段；而广义上的市场分析指的是对从生产者到消费者或用户这一自然过程中的全部商业活动的资料、情报和数据的系统地收集、记录、整理和分析，以帮助我们认识商品的现实市场和潜在市场。因此，广义的市场分析不仅只是单方面研究用户或消费者的不同心理和行为，而且还会对各种类型的市场营销活动的所有阶段加以研究和区分。

市场分析的研究对象是整个市场，这个对象可以从纵横两个角度去考察。从纵向角度看，市场分析要研究从生产者到消费者的所有商业活动，揭示生产者和消费者各自在从事市场活动中的行为和遵循的规律。无论是生产者还是消费者，在其从事市场活动中都必须既要了解自己，又要认识对方。生产与消费是一对矛盾，它们在整个市场活动中达到对立的统一。生产者和消费者只有按照其固有的规律行事，才能成为把生产和消费有机统一起来的桥梁。从横向角度看，在现代市场经济体制中，市场活动是一个全方位的活动。一方面不同的国家和地区由于受其政治、文化等方面的影响，它们的市场活动是有差异的，因此，市场分析必须揭示这些市场活动的特点和规律。另一方面，即便是同一市场活动的主体，由于不同市场的交互作用，它们活动的内容是极为广泛的，也就是说，市场的类型有多种多样，各种不同类型市场的特点和运行规律，就成了市场分析的又一重点研究对象。总之，市场分析的研究对象是极为广泛和复杂的，广泛性和复杂性是市场分析研究对象的重要特点。

市场分析的作用主要表现在以下两个方面：

（1）市场分析是企业正确制定营销战略的重要基础。企业的营销战略决策只有建立在稳固有效的市场分析的基础上，只有在充分了解和掌握影响需求的外部因素和影响企业购、产、销的内部因素之后，才能减少企业失误，提高决策的科学性和正确性，从而将经营风险降到最低限度。

（2）市场分析是实施营销战略计划的保证。企业在实施营销战略计划的过程中，可以根据市场分析取得的最新信息资料，判断企业的营销战略计划是否需要修改，如何修改以适应新出现的或企业事先未掌握的情况，从而保证营销战略计划的顺利执行和实施。

课堂讨论：学习完"产品调研的市场反馈和分析"后，你对产品调研的市场反馈和分析有了什么新的认识，试给出具体案例，并从案例中分析。

案例 某玩具品牌通过用户反馈保持自己的创新能力

某玩具品牌曾在世界最具影响力品牌的评选中高居第二，究其成功的原因源于它与用户保持紧密的互动并重视用户的反馈。该玩具品牌经常公开向粉丝们收集产品的反馈信息并征集产品创意，同时将呼声较高的创意放至公司的官方网站上，让消费者自由进行投票，结合投票的结果进行筛选，确定产品设计方向。这为该品牌的创新和发展提供了最直接有效的方式和途径，保持了自己的创新力。

6.5 产品调研报告的撰写和呈现

调研报告区别于调查报告，二者存在很大差异。调查报告是由于发生了某件事（如案件、事故、灾情）才去作调查，并写出报告。调研报告的写作者必须以研究为目的，满足社会或工作的需要，制订出切实可行的调研计划，即将被动的适应变为有计划的、积极主动的写作实践，从明确的追求出发，经常深入到社会基层，不断了解情况、新问题，有意识地探索和研究，写出一份有价值的调研报告。

6.5.1 产品调研报告的撰写

调研报告的核心是实事求是地反映和分析客观事实。调研报告主要包括以下两个部分：一是调查，二是研究。调查，即应该深入实际，精准地反映客观事实，按事物的本来面目了解事物，详细地钻研材料，而不是凭借主观臆想。研究，即在掌握客观事实的基础上，认真分析并透彻地揭示事物的本质。至于解决问题的对策，在调研报告中可以提出一些针对性看法，但这不是主要的。因为对策的制订是一个深入的、复杂的、综合的研究过程，调研报告提出的对策是否被采纳，能否上升到政策，需要经过政策预评估。

调研报告是整个调查工作的高度概括，它包括计划、实施、收集、整理等一系列过程的高度总结，是调查研究人员的劳动与智慧结晶，也是客户需要的最重要的书面结果之一。它是一种沟通、交流的重要方式，调研报告的目的是将调查结果、战略性的建议以及其他结果传送给管理人员或其他担任专门职务的人员。因此，认真负责地撰写调研报告，准确分析调研结果，给出明确的调研结论，是报告撰写者的责任。

调研报告追求实事求是，它通过调查得来的事实材料来反馈和说明问题，用事实材料阐明观点，揭示出客观性的规律，得出符合客观实际的结论。调研报告的基础是尊重客观事实，一切分析和研究都必须建立在已有的数据资料和客观事实的基础之上，客观实在性是调研报告的价值所在。因此，尊重客观事实，用事实说话，是调研报告的最大特点。写入调研报告的材料都必须保证真实无误，调研报告中涉及的所有时间、地点、事件经过、背景介绍、资料引用等等都要求准确有效。一切材料都要出之有据，不能听信道听途说。只有用事实说话，才能提供解决实际问题的经验和方法，得到的研究结论才具有说服力。如果调研报告失去了真实性，也就失去了它赖以存在的科学价值和应用价值。

产品调研报告撰写主要涉及以下内容：

1. 产品调研报告分类

做产品调研之前，首先应该了解常见的调研报告的分类。第一种是市场调研报告，为了帮助我们了解行业和市场规模而进行调研的报告；第二种是产品体验报告，为了帮助我们对比分析竞品的使用体验而进行调研的报告；第三种是竞品分析报告，为了帮助我们了解竞品的规模、特色、布局、营收、产品定位、发展趋势而进行调研的报告。

2. To B（to Business，面向组织或企业）和To C（to Customer，面向终端用户或消费者）调研的区别

首先最大的区别就是调研的目标不同。B端产品主要是面向企业用户，为了更好支撑企业业务运转，解决企业面临的问题。所以我们的调研目标主要是分析业务现状和梳理业务问题、为给出有效的设计方案提供支撑，最终是为了解决业务问题，提升工作效率。相反，C端产品是面向终端用户，所以一般调研目标是获取真实有效的用户需求、应用场景、用户体验感，以便结合用户需求、痛点设计解决方案，最终实现商业需求。

其次是调研的对象不同。B端产品的目标用户为某一特定组织或机构，我们的调研对象需要包含组织中的不同人员，从高层管理人员再到一线运维人员，业务涉及的人员都要全部覆盖。所以很多时候，B端的调研是最耗费时间和精力的。相反，C端产品的目标用户是一个个独立的个体，所以调研对象一般都是个人，主要是基于产品定位、细分领域具有代表性的用户。

最后是调研的方法不同。C端产品做竞品分析是必须的一步，需要从那些市场上已经存在的同类型产品或将来存在竞争的产品中争夺用户。C端产品做竞品分析能够清晰了解到竞品的核心业务、优缺点、自己又该从哪个角度去切入。相反B端产品的竞品分析却是选做的。不同公司的业务流程、管理机制都是不一样的，需要的功能也是不一样的，所以B端产品需要根据业务具体业务流程进行分析。B端产品的调研方法包括深度访谈、轮岗实习、问卷调查、数据分析、行业研究等。

3. 如何做好产品调研

如果调研之前没有问题，没有目标，那么花费时间调研完全属于浪费时间。调研之前必须先明确目标，明确要解决的问题，这样才能够采取合理的调研方法，得出有用的结论。《用户体验要素》中将产品的用户体验分为五层，表现层、框架层、结构层、范围层、战略层。其中最底层也最基本的即战略层，战略层提出的问题是"我们为什么要开发这个产品"，这是一个产品存在的终极意义。

首先，调研目标是什么？以某打车软件为例：做项目之前，你的领导想了解出租车行业市场规模有多大，普通用户对共享打车的需求有多大，普通市民的汽车保有量处于什么量级。基于这些问题，完全有必要做一次详细的市场调研报告。产品目标通常很明显，给企业赚钱或者给企业省钱，用户需求通常是非常复杂又是非常值得分析讨论的话题。更具体一点，在调研报告中如何将用户需求阐述清楚呢？我们需要将其拆解得到以下的场景：用户在什么场景下产生什么样的需求，他们可能更需要了解竞品的售价如何。竞品的销售流程是怎样的一个流程。竞品的推广销售团队规模有多大。竞品怎么打广告、怎么推广产品、怎么扩大影响力的。竞品的售后服务是怎么做的。一系列对于 To B 类产品业务发展非常重要的问题都需要通过调研来解答。

其次，需要我们明确此次调研的目的是什么。负责的产品逻辑又是什么。有了对应的分析以后，才能明确此次调研的目的。根据调研目的，可以详细筹划细分，明确具体的调研项。这里以企业微信为例，假设调研目的是了解竞品销售方面的情况，那么可以通过拆分，从以下角度入手：产品定价是多少？产品的付费方式是什么？产品有没有优惠，如果有的话，优惠策略怎样？产品销售团队的规模有多大？产品相对应的流程是怎么样的？我们的产品涉及哪些角色？仅仅从销售这一个角度出发就可以细分出上面的许多问题；如果从宣传推广角度，也可以整理出很多明确的问题。相反，从产品的视角出发，我们需要去搞清楚用户的流向。都有哪些用户？他们互相之间是怎么联系的？

例如新浪微博中的大 V（获得个人认证且拥有众多粉丝的用户）是怎么吸引普通用户前来关注、互动的？较少发表微博的用户是怎么被微博热点吸引上来并且偶尔评论的，也就是他们是怎么联系的？对于数据，即数据的流向，产生的数据流是如何运转的？这两个方面是密切相关的，它们会产生汇合点，那我们也要去分析用户、数据在哪个关键页面汇合。

例如饿了么 App 应用里面的红包、积分等是怎么得到，怎么运作的；它里面的用户点评数、评分，又是怎么运转的；红包与评分之间是怎么支撑起产品的整个生态链的。至于汇合点，就是上面所说的用户和数据是在哪些页面，通过什么操作来进行汇合的。再比如，当用户取消订单之后，在取消订单页面是需要商家同意的，在取消订单页之前用户是怎么操作的，之后商家是怎么操作的。图 6-7 所示为饿了么 App 应用及其领券中心。

图 6-7　饿了么 App 应用及其领券中心

最后一点是关键路径——找到不同类型用户必须要经过的，不可去掉的路径，分析这个路径是否有优化的可能性和必要。

那么，要怎样去调研呢？明确了上面的两点，接下来就是根据要调研的内容，思考调研方法。调研方法有很多，发放问卷、做访谈、上网查数据、访问竞品网站、体验竞品产品等等。有了明确的目标才可以找到适合目标的方法，然后执行。针对 To B 类的产品，一个最有效的方法就是作为客户去和竞品的客服人员、销售人员，甚至技术人员进行一对一沟通，从中可以得到很多有用的信息——小到产品定价，大到产品方案。当然，对于竞品方案的琢磨分析也需要下一番苦功夫，真正用心体验竞品的产品。明确了上面的三点，我们就可以按部就班地去执行了。

4.如何撰写产品调研报告

调研结束，得到我们想要的结果，接下来就该思考怎样写调研报告。

第一，我们写的内容务必有用。和做调研的目的一样，写调研报告时也要时刻谨记写的内容一定要有用，和调研目的相对应；如果写的内容只是单纯拼凑罗列内容或者秀 PPT 美观性，那实际的意义并没有多少。

第二，调研要有一些明确的结论。越是重要的调研报告，越会得到领导的重视，领导看到一份调研报告，最想看到的必然是调研结论；所以，一份调研报告，结论非常重要；而且，建议最好把调研结论放到最前面。

第三，调研要给出可行的建议。要根据结论，与自己的产品业务相结合，梳理出可执行的建设性的建议。如果重要的方向性的问题或者涉及一块业务做或不做的问题，就更有必要把调研结论和建议呈现给领导，让领导能够从更高的角度定夺。

第四，调研报告要有逻辑性，避免简单的罗列。我们写调研报告不是简单罗列材料，而是要具有严谨的逻辑性；将材料进行梳理整合，使报告逻辑清晰、重点突出。

第五，要学会突出重点。对于一些重要的内容都要用大号文字、特殊颜色、加粗等方式进行标注；重要的内容包括：标题、结论、建议、重要的数字（比如定价）等。

第六，要善于运用数据。通过市场调研，我们收集了不少的数据，这些数据都是用户最直接的对产品的某种需求的体现。报告的结构体系除了调研目的、调研方法、调研范围、调研结论和可行性建议外，还应该包括数据分析。而在数据分析这一环节中，应该将收集到的调研数据整理出来，对有效数据进行细致的处理和分析。

第七，关于报告的美观性。最后一点看似是最简单的，但也是最难的。把美观性放在最后，并非不重要，二是前面的要求和这里的美观性是一种"皮之不存毛将焉附"的关系。

在 To B 产品团队，建议采用商业风格、整洁严谨的 PPT 模板。当然在实际工作中，一份完整的调研报告并不只是罗列事实，最好能达到的效果是——读者只看结论部分，就能了解你整份报告都做了什么，有哪些成果。

课堂讨论：阅读关于产品调研的市场反馈报告及分析报告的文章，体会产品调研报告的撰写方法与核心。

6.5.2 产品调研报告的呈现

下面以某产品为例呈现产品调研报告：

标题：××产品市场行情研究报告

- 第一章 概述

报告撰写的依据，报告的研究目的或主旨，调研的时间、地点及所采用的调查方法和方式。

- 第二章 产品市场需求

包括产品现有用户的数量、构成、分布、特点，消费者家庭收入水平、实际购买力，潜在需求量及其购买意向，如消费者收入增加额度、需求层次变化情况，消费者对商品需求程度的变化、消费心理等。

- 第三章 产品销售情况

主要内容包括产品销售的渠道以及各种渠道销售的数量、潜力，商品流转环节、路线、仓储情况等。

- 第四章 竞品情况

主要内容包括竞争对手情况，竞争手段，竞争产品质量、性能、价格等。

- 第五章 调研结论及可行性建议

基于以上的调研内容及数据，总结本次调研的结论并给予建议。

- 第六章 备注

在写以上调研报告过程中，所检索到的文献或数据来源，尽量都在报告中以文件超链接的方式体现，方便其他人员查看。

课堂讨论：结合本小节"产品调研报告的呈现"相关内容，选择自己感兴趣的产品，查阅相关资料，尝试撰写一份产品调研报告。

6.6 产品调研案例分析与实践

在如今这个飞速发展的时代，要想做出一款畅销产品，首先要做的就是做好产品的市场调研和数据分析。这自然少不了产品调研，只有通过对产品的调研才能得到更多真实有效的数据。只有通过产品调研方能取彼之长补己之短，师夷长技以制夷，方能知己知彼，百战百胜。

6.6.1 案例一：青岛啤酒针对消费者需求的品质精酿

青岛啤酒每年都会评选"消费者最喜好的青岛啤酒"，每一款新产品的推出，都是以用户需求为核心进行设计的品质精酿产品。

青岛啤酒在新品研制前都会进行广泛且深入的产品调研。例如，针对女性口味设计的水果口味啤酒——炫奇果啤，一经上市就深受女性消费者喜爱；在足球比赛期间，推出了为球迷量身打造的足球罐，在赛事气氛的烘托下，销量极佳；抓住中国文化以及中国人心理而设计的鸿运当头特供"喜庆"包装等。上述诸多产品都成为广大消费者追捧的"爆款",而在"爆款"啤酒产品的背后,除了青岛啤酒雄厚的科研技术支持与酿造团队人才软实力的强大支撑,更重要的是青岛啤酒始终在产品调研的轨道上,紧扣消费者需求,重视消费者意见,才能酿造出引领啤酒行业品质消费,深受消费者喜爱的啤酒。图 6-8 所示为青岛啤酒炫奇果啤和青岛啤酒足球罐的产品图。

图 6-8　青岛啤酒炫奇果啤和青岛啤酒足球罐的产品图

※ 案例解析

青岛啤酒因产品调研准确而成功,针对消费者需求的品质精酿,其成功之道来自以下三个方面。

(1) 新品重磅上市,产品品质保证,提高新品知名度;

(2) 青岛啤酒始终紧扣消费者需求,重视消费者意见,设计出针对不同消费者需求的品质精酿;

(3) 青岛啤酒雄厚的科研技术支持与酿造团队人才软实力的强大支撑。

6.6.2　案例二:可口可乐跌入调研陷阱,百事以口味取胜

20 世纪 70 年代中期以前,可口可乐曾经一直是美国饮料市场的霸主,它的市场占有率一度高达 80%。然而,到了 20 世纪 70 年代中后期之后,作为它的老对手——百事可乐,迅速崛起。至 1975 年,可口可乐在全球市场的份额仅仅比百事可乐高出 7%。甚至 9 年后,这个差距更加缩小到了只有 3%,几乎微乎其微。图 6-9 所示为可口可乐广告图。

百事可乐的营销策略是:

(1) 针对饮料消费市场的最大消费群体——年轻人,并以"百事新一代"为主题推出一系列青春、时尚、激情的广告语,让百事可乐成为"年轻人的可乐"。

(2) 进行口味对比。请毫不知情的消费者分别品尝没有贴任何标志的可口可乐与百事可乐,同时百事可乐公司将这一对比实况进行现场直播。结果是,有八成的消费者回答百事可乐的口感优于可口可乐,此举马上使百事的销量激增。图 6-10 所示为百事可乐广告图。

对手的步步紧逼让可口可乐感到了极大的威胁,它试图尽快摆脱这种尴尬的境地。1982 年,为了找出可口可乐在竞争中处于劣势的真正原因,可口可乐公司决定在全国 10 个主要城市进行一次深入彻底的消费者意向调查。

图 6-9　可口可乐广告图　　图 6-10　百事可乐广告图

  可口可乐不惜血本协助瓶装商改造了生产线，而且为配合新可乐上市，可口可乐还进行了大量的广告宣传。1985 年 4 月，可口可乐在纽约举办了一次盛大的新闻发布会，邀请 200 多家新闻媒体参加，依靠传媒的巨大影响力，新可乐一举成名。

  看起来一切顺利，刚上市一段时间，有一半以上的美国人都品尝了新可乐。但让可口可乐的决策者们始料未及的是，噩梦正向他们逼近。不久之后，很多的老可口可乐的忠实消费者开始站出来抵制新可乐。对于这些老可口可乐的消费者来说，之前传统配方的可口可乐代表着一种传统的美国精神，而可口可乐公司放弃传统配方就相当于背叛了美国精神，"只有老可口可乐才是真正的可乐"，部分消费者当然不乐意接受，有的顾客甚至扬言再也不会买可口可乐。

※案例解析

  市场营销调研与预测是现代市场营销活动的一个重要组成部分。市场营销调研作为市场营销活动的起点，为企业营销的目标、营销方式、营销内容的选择及决策提供了依据。

  首先分析可乐的市场情况，百事可乐是可口可乐的一个强大对手，面对百事可乐的营销策略，针对饮料市场的最大消费群体——年轻人进行口味对比，使百事的销量激增。此时可口可乐感到了极大威胁，为找出可口可乐衰退的真正原因，进行了市场调研，分析百事可乐的营销策略，可口可乐决定在全国 10 个主要城市进行一次深入的消费者调查，设置了许多针对性的问题（问卷调查），希望了解消费者对可口可乐口味的评价并征询对新可乐口味的意见，对现有的可乐市场进行分析，是不是因为口味的问题，调查结果显示，大多数消费者愿意尝试新口味可乐。

  市场预测，就是运用预测技术，对商品市场的供求趋势、影响因素和变化状况，做出分析和推断，从而为制订营销计划、进行营销决策提供依据。通过设置相关性的问题，充分了解到消费者对可口可乐口味的不同体验以及评价和意见，预测到现有市场的消费者的口味需求，所以才会针对这一现象对可口可乐的口味进行调整，研发出新的可口可乐，这是顺应市场需求改变而发生的变化。

6.7　本章小结

  "坚持长期有效的调研，是提升产品感的有效方式，避免临时抱佛脚的窘境。"

  古人有云，知己知彼方可百战百胜，但是在实际工作中，却有很大一部分的产品经理不重视产品调研，不去了解自己的产品和竞争对手的产品。尽管各个产品流派都在强调产品调研的重要性，但是在实际工作场景中，产品调研这项工作往往会被忽略。各种因由，可能是时间，可能是资源。归根到底还是在大多数产品经理心中对于产品调研，觉得是个锦上添花而非雪中送炭的事情。然而，事实真的如此吗？

显然，答案是否定的。为了更好地开发公司的市场，确立产品在市场上的地位，拓展本品牌的市场发展空间，为更好地满足消费者的消费需求，对市场进行一次较为系统的产品调研是必不可少的一个项目，是不容忽略的一个步骤。

进行产品调研有如下几点好处：

（1）可以避免企业在制定营销策略时发生错误，可以帮助营销决策者了解当前营销策略以及营销活动的得失，以作适当建议；

（2）提供正确的市场信息，可以了解市场可能的变化趋势以及消费者潜在购买动机和需求，有助于营销者识别最有利可图的市场机会，为企业提供发展新契机；

（3）有助于了解当前相关行业的发展状况和技术经验，为改进产品的经营活动提供有效信息；

（4）整体产品宣传策略需要，为企业市场地位和产品宣传等提供信息和支持；

（5）通过产品调研所获得的资料，除了可供了解市场的情况之外，还可以对市场变化趋势进行预测，从而可以提前对企业的应变做出计划和安排，充分地利用市场的变化，从中谋求企业的利益。

第7章 产品属性

在营销广告中,通过突出产品符合特定消费者心理需求的某个鲜明特点,确立这类商品在市场竞争中的方向和地位,促使消费者选择购买该商品的稳固印象的策略,这也是产品定位策略在广告中的应用,其中包括广告产品实体定位策略与广告概念定位策略。广告产品实体定位的主要策略就是突出广告产品的新价值、新功能、新用途,为消费者带来新的利益,这样就能使消费者对所宣传的产品产生深刻的印象,从而发展潜在消费者为真实的消费用户。

7.1 产品属性的定义和决定因素

产品或服务传递的核心利益层需要通过产品的三大属性去传递给消费者。

1. 产品质量

质量是产品的一个重要属性,也是差异化市场营销中的一个重要因素。如何确定产品的质量层次,我们需要通过调查市场中同类产品的质量水平去判断,包括产品的耐久性,可靠性,精准性,容易操作和维修等等有价值的属性。

质量评估必须从消费者的角度来进行确定,即"市场驱动质量"。企业的产品不一定要追求最高质量,但质量必须反映出消费者对其认可和接受的程度。凡是不符合消费者心中质量标准的产品,即使是最高质量也是没有意义的。

2. 产品特色

产品特色是产品区别于其他同类型产品的最主要的工具。大多数产品是在原有产品的基础上增加一些额外的特性来满足用户更多的需求。通过产品的特色增加产品吸引力是拓展市场必不可少的一种手段。诸如产品升级换代就是如此。

3. 产品设计

产品的设计这一指标不单单是指产品的外观样貌,它既可以作为强调产品的外观的标准,同时也能够作为强调产品的用途的标准。良好的产品设计可以增加产品的美观度,更容易吸引用户的眼球,同时能够更好地传递产品的用途及价值,让产品在市场中更具竞争力。

7.1.1 产品属性的定义

产品属性是指产品本身所固有的性质,是产品在不同领域差异性(不同于其他产品的性质)的集合。同样的,这一概念也能被理解为,产品属性是产品性质的集合,是产品差异性的集合。而决定产品属性的因素,基本上由许多不同领域的特性组成。其中每个因素在各自的领域分别对产品本身进行性质的规定。产品自身在各自的属性领域所体现出来的性质在产品的运行过程中起到不同的作用,表现出不同的地位,在整个链条中表现的权重不同,而呈现在消费者眼前的产品正是这些不同属性交互作用的结果。

7.1.2 产品属性的决定因素

影响产品属性的因素可以说多种多样,而起到决定性作用的主要有8种,即需求因素、消费者特性、市场竞争、价格档次、渠道特性、社会属性、安全属性和法律政策。

1. 需求因素

马斯洛的五个需求层次论告诉我们,人们的需求分不同层次,从生理需求、安全需求到社交需求到自我实现需求,实现了一个人从物质需求到社会、精神、文化需求的升华。而不同产品能够满足消费者在不同层次的需求。个体的需求层次决定了产品在物质与精神的不同功能是怎样在功能与文化层面实现和谐统一的。

图7-1所示为马斯洛需求层次理论图。

马斯洛需求层次理论(Maslow's hierarchy of needs) 1943年版

图7-1 马斯洛需求层次理论图

2. 消费者特性

"目标消费群"的自身特点决定了处在某个集合的人们会因为个体意识与集体意识而造成自我消费心理的差异。而消费心理的差异又进一步导致了个体消费行为的差异。这些逐步递进的,具有显著差异性的消费者个体的行为最终汇集并形成了某一产品消费群体的群体行为。这样的群体性行为的宏观层面的规律性可以被观察到,加以统计然后量化评估,从而可以作为对产品及品牌传播的指导。

3. 市场竞争

行业进入的壁垒坚固程度、产业类型是资本密集还是技术密集等因素共同决定了同类型产品所面临的行业竞争的激烈程度。一个行业可以形成几大寡头垄断的状态,而在寡头形成的过程中,这种竞争的程度是最为惨烈的,在某种程度上也可以说是无序的。

无序的竞争同样损害的是消费者的权益。因此企业需要在产品入市前仔细甄别市场的竞争结构,并由此制定出适合自己的竞争战略。

4. 价格档次

产品价格的形成主要是由供求关系以及竞争态势决定的。产品对应的价格的高低在宏观层面上决定了产品类型是奢侈品还是必需品,这同样也可以视作是消费者不同层次需求的体现。消费者对价格的微观波动的敏感性、能够接受的价格弹性区间以及宏观的价格弹性这两个方面的规定性共同决定了产品定位的价格层级。

5. 渠道特性

与大众市场(mass market)相对应的是利基市场(niche market)。渠道的集中度不同与渠道的自身特性是由消费者对产品的需求与消费者自身特性共同决定的,而反过来渠道的自身特性也形成了产品的独特渠道属性。通过不同渠道进行销售的产品,其定价策略及传播推广策略都会有很大的不同,格外需要注意区分。

6. 社会属性

有一句诗是这么说的"没有人是一座全然的孤岛"。正如某个个体从来都不可能孤立地长时间存在于社会上一样,有些产品的消费现象从来就不仅仅能够简单概括为是个体消费行为的体现。许多市场上流通的、关乎国计民生的产品,都具备一定的社会性。这类行业的市场波动牵动着社会上的方方面面,整合消费者的信心,对企业的信任以及对政府的信任最终决定了经济重振的信心。

7. 安全属性

有些产品的功能并非主要满足消费者的安全需求,但是消费者对各类产品安全的需求直接性地决定了这种产品的安全属性,例如食品、化妆品、住房、交通等产品就属此类产品。食品的安全性对应的法律法规在成熟的市场环境下早已经逐步发展完善,并且将会变得更加全面,甚至近乎苛刻。这也是食品等行业对消费者的关爱,同样代表着行业发展的未来。

8. 法律政策

对于处于市场经济转型重要时期的国家或市场,对于重点行业的立法向来十分看重。企业要积极面对变化中的政策及法律环境,适时调整自己的产品定位及竞争策略,以应对可能的政策及法律风险。

课堂讨论: 影响产品属性的因素还有哪些?

7.2 产品属性的作用

7.2.1 产品属性的作用

1. 方便意向消费者通过"类目浏览"找到所需的产品。

在某购物平台上,意向消费者通过点击产品网站首页某一个类目标签,然后进入细分类目菜单,通过展示出的"属性值"就可以进行属性筛选产品。系统会通过大数据对客户的历史搜索状况进行分析之后，并结合平台所有客户的搜索数据进行优化匹配，而匹配的最核心是搜索类目、关键词和属性。可以看出，产品属性除了可以帮助意向消费者进行筛选之外，在类目搜索匹配时属性也同样扮演重要的角色。

2. 增加意向消费者通过"关键词搜索"找到所需产品的概率。

当意向消费者用关键词搜索产品时，其实是带有相当程度上的目的性，需要满足精准的需求检索。搜索引擎会根据算法排序规则展示该关键词下产品排名结果给意向消费者。影响搜索排名的五大因素如下：

- 商品的信息描述质量；
- 商品与意向消费者搜索需求的相关性；
- 商品的交易转化能力；
- 卖家的服务能力；
- 搜索作弊的情况。

这五大因素中就有"商品的信息描述质量"和"商品与意向消费者搜索需求的相关性"两项涉及属性的填写。因此完整正确的商品属性有助于意向消费者通过关键词搜索、属性的筛选找到所需的产品。

3. 属性填写率高，有利于产品参加平台活动时的入选概率

报名购物平台活动的产品主要由系统和人工共同审核，而商品的每个属性都影响着系统对产品的判断，定位产品是否符合活动要求。相对完整且准确的产品属性描述有助于提升产品曝光率。

7.2.2 不同产品类别的传播属性

产品属性的差异性，决定了不同产品类别对应的传播属性也是不同的。进一步说，传播的载体、受体、手段方式以及影响因素都不同。具体来说：

（1）产品属性决定传播主诉求：以功能诉求为主还是情感诉求为主；
（2）产品属性决定品牌传播与功能传播在不同媒体的组合程度；
（3）产品属性决定总体传播媒介组合；
（4）产品属性决定广告、公关、事件、公益、渠道活动等传播手段的权重及组合。

产品属性还决定了意向消费者可能的心理属性。所有的产品从属性上大致可以分为感性商品、理性商品和介于感性和理性之间的中间商品。而与之相应的不同顾客心理属性也越来越被重视，成为了营销成败的关键因素。企业必须专门根据自身产品的属性来进行研究，营造出与意向消费者心理属性更加相似且一致的体验，从而让自己的产品在属性方面成为能与消费者产生共鸣的"生活同感型"产品。从另外的功能方面来说，产品属性分为功能属性和附加属性，附加属性一般指精神文化性质，是消费者更高的追求。

对于新产品的构思一般从以上两个方面下手，功能性的提高可以形成新产品，就如同软件的升级一样；附加属性的提升也可以形成新产品，就如为产品注入历史、情怀、传奇、公益等附属性质，虽然产品的主体功能没有改变提高，但更好地满足了人们的精神需求。

课堂讨论: 列举不同类型的产品,详述它们是如何进行传播的,有何差异性?

7.3 产品属性与应用场景

总的来说,应用场景是一种更接地气的分析和描述用户需求的方法,也可以被称为需求场景。应用场景的形成过程如图 7-2 所示。

图 7-2 需求场景的结构示意图

7.3.1 应用场景的意义

首先,我们来看一个产品案例。在传统的软件开发过程中,产品经理或产品策划者首先会提供一份完整的功能列表。这种功能列表往往使用以程序为导向的描述方式,例如"商品列表支持按照价格从低到高排序"。

此种描述方式的弊端是:
- 产品经理得出该功能结论的原因往往是竞争对手拥有了该功能,而非分析了用户的真实需求。
- 合作伙伴(交互设计师/视觉设计师/开发工程师)并非能够直接体会该功能对用户的使用目的和便捷之处,故不知道该功能的价值,不能理解完备的功能设计究竟能给真实的应用生活场景带来何种变化。

而如果应用场景的方式描述需求,就能够有效避免这些弊端:
- 产品经理知道这个新开发的功能是为了帮助用户解决什么问题。
- 交互设计师可以从中获知这种使用场景的细节:"发生频率,需求强度,用户有什么样的能力和辅助工具"。
- 其他合作伙伴更容易了解到这个功能的价值,更能够及时表达意见,否决不靠谱的功能,并对有价值的功能产生更强烈的共鸣,干劲儿十足。

7.3.2 如何判断一个应用场景是否有价值

当用户具有某种需求时,会尝试使用各种手段来满足这种需求。当环境中不存在的问题转换为有目的性的设计的解决方案时,用户就会竭尽全力来一定程度上满足需求。

当不存在任何解决方案的情况下,用户就只能暂缓需求。当很长时间里都无法得到解决方案时,用户就会绝望(又被称为习得性无助),并压抑尝试的行为。但是,一旦把可行的解决方案拿到用户面前并让其试用,用户在体验到成功的喜悦后就会对甚至有些勉强的解决手段爱不释手。

所以，由此诞生了两种衡量需求场景靠谱程度的方法：
- 调查现阶段用户是否在"勉强"使用某种产品，心理上抗拒，因为其无可替代的功能只能勉为其难地使用该产品。
- 以最低廉的成本价格做出一个基本能用的解决方案，请目标用户试用，并询问体验。

7.3.3 应用场景的描述方法和各部分必要性

前面提到过，使用场景应该用以下几个要点进行描述："在某某时间（when），某某地点（where），周围出现了某些事物时（with what），特定类型的用户（who）萌发了某种欲望（desire），会想到通过某种手段（method）来满足欲望。"

其中各部分信息存在的意义如下：

（1）时间、地点和某些事物。

这几点客观信息实际上统一地描述了消费者的该种需求产生的环境。从这些环境信息可以综合分析出诱发需求的条件和需求产生时的环境。

举个例子，"候机厅里候机时，用户注意到手机电量过低时，会想要充电"。

基于所给信息，可以分析出，用户是在电量低的信息刺激下，产生想要充电的需求。当时他所在的位置是机场候机厅，有一个充满电器，但是没有插座。

（2）特定类型的用户。

使用场景还需要分析是何种类型的人会产生这种需求，有什么样的能力能够潜在地帮其实现目标。

乘坐交通工具的手机用户都可能会有这种需求，因为他们下了飞机一般都会联系家人报平安，联系别人来接机，等等。坐飞机的这些人一般经济上不会太拮据，会随身带着现金或者信用卡。

（3）某种欲望。

对需求的描述往往有一些注意事项，那就是某种需求背后一般还有更深层次的需求，解决的可能只是表面需求所反映出的问题。

比如想给手机充电是一种需求，但背后的需求可能是打发时间、给家人保平安、看目的地城市地图等。给手机充电只是拥有这些背后需求用户自己能想到的解决方案之一。

不断逐层分析需求可能帮助你更清楚地了解用户到底想要什么。所以，为了满足某种需求，可以向用户提供电视（打发时间）、刷信用卡的公用电话（给家人保平安）、提供该航班目的地地图（查看目的地城市地图）、代订酒店（联系旅行社）。

（4）某种手段。

某种手段（method）是用户现有的解决方案。把现有解决方案清晰地描述出来可以帮助产品团队判断竞争对手的状态。这种竞品往往并不局限于同行业，只要目标需求一致，就能被称为竞争对手。

例如，针对获取地理信息这个需求，卫星地图的竞争对手可能是纸质地图、指南针和街道上的热心人士。有了对竞争对手的充分了解，就可以更加明确地知道这种用户需求是否存在，强度如何，自身的新方案有何优势，对方是否有另外的缺陷。

综上，基于使用场景分析用户需求，可以让产品更接地气，更容易被人接受。

案例 某巧克力品牌——深度聚焦场景创新，打造全方位精准营销

2016年，某巧克力品牌首次开拓备考学习场景，与学生群体尝试进行沟通，并邀请当红人气组合TFBOYS代言。限量产品上线一小时内即售出3526箱组合款，天猫旗舰店一小时内TFBOYS定制款产品的交易额超过350万人民币。

2017年，该巧克力品牌重启"备考"场景营销。依然由TFBOYS代言，同时联合作业帮App与网易有道App等手机学习App进行跨界营销。通过整合作业帮App端开屏、同学圈、帮帮商城、有道精品课等多项资源实现矩阵式营销策略。

在作业帮App上，打造该巧克力品牌复习者联盟线上社区，营造线上社交社群和社交场景；利用作业帮的帮帮商城协同传播让该巧克力品牌的传播内容更有机会全面地渗透到作业帮的每一位用户。通过作业帮高活跃和高黏性用户，形成多个用户间的二次和多次传播。

为和代言明星粉丝互动，该巧克力品牌还推出了"品牌饿货杀典藏款"，其中包括有明星周边产品，还举办投票，深度全面地利用TFBOYS的粉丝效应。同时赠送作业帮App和有道App提供的备考礼包，联合所有的合作方。图7-3所示为某巧克力品牌的联名产品。

图7-3 某巧克力品牌的联名产品

在此次该巧克力品牌TFBOYS推出的"备考"场景营销，在作业帮App商城，TFBOYS专属主题皮肤下载量高达414万。在App上活动开屏曝光量高达每日4300万次。同时在微博平台上，共发布27条各不相同的视频广告。仅第一支广告《备考饿货通缉令》，在微博秒拍视频的播放量已经达到875万次。

作为一款定位为充饥的高热量巧克力棒，该巧克力品牌过去的广告并非缺少有趣的创意，但都围绕着"对抗饥饿"的概念展开，较为单一。唠叨的唐僧、虚弱的林黛玉、有气无力的韩剧女主，都是在为这款高热量零食找到一个消费场景。

"备考"场景对该巧克力品牌来说是一个新的尝试。这次营销通过精准打造"备考"场景，借助优质平台与IP的资源，拓展了营销广告思维，极大地提升了流量转换。

7.4 产品属性的场景化营销策略

事实上，现今社会确实已经进入场景时代。当今对于任何产品来说，发生在每个个体身上的任何一个行为动作，都可能是一个使用场景或者体验场景的微观体现。

场景化营销是针对于消费者在特定情景下的消费活动，通过环境、氛围的烘托，提供相应的产品和服务，以激发消费者情绪或使其产生情感共鸣来触及消费者的购买欲望，产生消费行为。图7-4所示为场景化营销示意图。

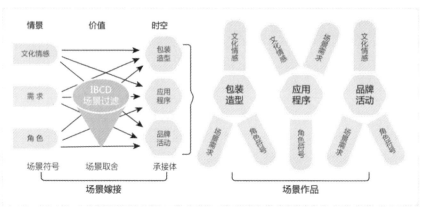

图7-4 场景化营销示意图

简单来说，就是给用户营造特定的场景体验，让其在这样的场景中体验，产生购买欲望，从而达到营销的目的。

总而言之，场景营销不是单一的营销，它需要营销者、广告策划细分多样的场景，再利用场景和广告之间的链接，把营销手段与人们的场景、需求紧密结合起来。

7.4.1 场景化营销的类型

从应用来看，场景化营销有三种类型，即消费场景、用户（即时）场景和使用场景，如表7-1所示。

表7-1 场景化营销的三种类型

场景化营销类型	内　　容
消费场景	通过视听与自己想象中的场景相吻合，满足消费者感受整个场景氛围的心理需求
用户（即时）场景	用户解决需求的过程（想吃点东西，会翻开美食点评类的产品找餐厅）
使用场景	一个产品被使用的时候，用户"最可能的"所处场景，包括时间、空间、设备支持、社交及用户情绪等多个方面

其中，不同消费场景的营造（含线上线下）是场景营销的重中之重。无论是哪种形式的场景营销，其实质上都是运用场景这一消费的要素去触发和连接顾客的消费需求。越是具体、详细、真实的场景，处在其中的用户就越容易被带入其中，其需求越容易被激发出来；越是能够抓住用户痛点、痒点的场景，表现出的用户的转化率越高。

7.4.2 产品属性的场景化营销的五个步骤

基于场景营销的特性，可以通过以下五个步骤来实施场景化营销：

1. 圈定目标群体

移动互联网时代，不同个体用户在移动互联网上的行为轨迹各有不同，基于用户数据资料的洞察，利用大数据，广告不再千篇一律，而是因人而异，可以精准地投放给有需求、感兴趣的人群。

2. 抓住用户需求

圈定目标群体后就需要明确，产品自身所要满足的消费者的需求是什么。在此基础上，加以分析这种需求背后用户的心理动机，营销策划者明白用户心里在想什么的时候，才能开始策划对应的营销场景。

3. 场景设置

做到场景设置上的对症下药，才能事半功倍。在了解潜在用户心理后，需要做的最重要的一件事就是思考应该怎样通过场景将消费者带入到开展营销活动所需要的心理状态。

场景设置的重点是场景互动性，通过让消费者真正全身心投入到该场景当中，从而使用户与产品产生联系。在这部分要注意的是，给予消费者及时的心理反馈是十分必要的，这样才能更有效地对消费者的心理进行刺激。

4. 把控场景节奏

要让消费者自掏腰包并不是一件简单的事情。很多时候，即使用户已经进入了场景体验，也不一定会触发其消费心理。要触发用户的消费欲望，一定要有合适的把控场景节奏，根据消费者的心理反馈，做出恰当的调整，激发消费者的需求动机。

5. 消费行为引导

到这一步，就差"临门一脚"了。在成功将消费者带入到某种心理状态后，即可开始启动消费者的行为链条。而此时我们需要对消费者行为进行适当的引导，来实现预定的营销目标。

> **案例** 快消产品依据产品属性进行场景化营销

场景一：知识分子各种工作场景。

场景传播：经常用脑，常喝六个核桃。六个核桃。

场景二：吃火锅、烧烤、熬夜。

场景传播：怕上火，喝王老吉。王老吉。

场景三：早晨睡懒觉，没时间吃早餐。

场景传播：早上来一瓶，精神一上午。营养快线。

场景四：开车累了困了。

场景传播：来一罐东鹏特饮。东鹏特饮。

场景五：小饿小困。

场景传播：来杯香飘飘奶茶。香飘飘。

课堂讨论：以心仪的某款产品为营销对象，通过产品属性的场景化营销的五个步骤对其营销手段进行分析。

7.4.3 产品属性的场景化营销的技巧

长久以来，营销中各种方法论大行其道，这些方法论有的来源于各方面实践经验的总结，有的则是纯粹拿来主义。

但在实践过程中也总能够碰见以下两种情况：一、并不是所有的方法论都是行之有效的；二、并非所有的企业都能使用效果好的一些方法论；尤其是那些砸下大量资金，又花费海量时间，仍然看不到效果的时候，更是让营销组织者不思其解。此时可能会产生质疑，为什么这种方法过去有效现在无效？为什么这种方法在其他品牌上使用就效果显著，但是更换产品使用就不再有效？

每一种产品在实际营销过程中，我们都可以将之归为两大类。拿酒水产品为例，一类是专门用于社交用途，例如送礼和宴请的时候使用。这种产品当前在酒水行业主要表现为"盒装酒"，之所以外盒包装在酒水行业甚为流行，越做越华丽，是为了让产品更好地满足社交需求，越华丽的盒子看起来就更有面子，更有档次。

但是随着消费者消费观念的变化，现在已经越来越注重酒水本身的质量，所以包装的华丽程度对消费行为产生的吸引力大大减弱。另一类就是以满足自身消费为中心，这类酒水产品我们称之为满足生理需求的产品。通常这种产品并不具有送礼或宴请用途，所以外包装的重要性在于产品营销产生的作用比较小，所以此类产品一般都是简装盒即可。

所以，简单通过包装外表我们就基本可以判断产品或品牌的主要功能或属性是什么样的。而且作为营销操纵者，对产品的定价和目标市场进行综合之后，就能够完全确定以上两种属性中的一种，因此这并非难度很大的操作，毕竟市场上大部分营销环境下，同类产品的功能和属性都大同小异。若按照酒水行业的例子，一款简单包装的酒拿来作为的送礼专用产品，那一定不会是普遍现象，大部分情况下只会是区域性或个体行为。大部分情况下精装酒就是以社交为主功能，简装酒就是以满足普通饮用需求功能为主。

其次，因为每种产品属性功能不同，所以开展营销的方法自然也不同。例如酒水行业的品鉴会，某品牌的水晶瓶装酒水一般都是把宴席作为主要的推广渠道，的确收效甚佳。但是用这样的方法来进行简装酒水的推广显然是行不通的（此处情景假设以普遍观念定义，因为广泛的营销推广活动是针对主流人群），因为产品定位与应用场景不符。试想一下，在当前的中国传统婚宴中，如果你拿廉价酒水作为婚嫁饮料，不仅客人觉得自己不被重视，也会很大程度上"没面子"。

相反，如果消费者在家里每日小酌，也不可能每天都饮用超过自己收入能力的高档酒水，这不符合中国当前主流消费水平，甚至也没有体现出轻松自在的脾性；因为在家里"小饮"是需要平常自然的，自己喜爱的平价酒水就非常合适。图 7-5 所示为酒水商品品鉴会现场图。

图 7-5 酒水商品品鉴会现场图

所以，每个营销操盘者心里都应该有一个清单，在清单里最需要列明的是产品所对应的营销技术或方法。如果能够尽量普及这种产品定位方法，在营销中就可以有的放矢，以达成更好的营销目的。但是，有些方法仍然在表面上看起来没有什么区别。例如酒水行业中无论是什么规模的品鉴会，其目的都在于让所有的到场者能够知晓酒水的品质。所以从目的的角度来看，这种方式应该既适用于满足社交功能，也满足于生理需求功能产品推广的要求。但是如果预备展示的产品只是一款平装廉价酒水，是否有开设大型品鉴会的必要？答案是否定的，因为大型品鉴会的现场感一般都较为隆重，需要给消费者营造一种尊贵感，所以品鉴廉价平装酒水就显得相对"违和"——当参与者到达现场后发现所展示的产品只是一款比果汁贵不了多少的廉价酒水时，马上泄气的概率会相当高。因此，对于推广平价产品，可以提倡企业尽量多开有特色的，在当地中小饭店或大排档的一桌式小型品鉴会，这种环境就很随意，可以营造出一种朋友间小聚的氛围，这样的推广形式就相对更加合适。

第三，仍然有一些方法同时适用于两大类属性的产品。例如所谓渠道的精耕细作。除了对应的终端类型不同之外，在渠道的精耕细作这一方面不论满足社交需求产品还是满足生理需求产品都应该是通用的，因为所有的产品推广最终都是围绕构建产品或品牌的"流行度"来开展工作，而精耕细作其实就是构建流行度不可或缺的方法之一。品牌化也是这些方法中的一种，现在无论是满足社交需求的产品还是满足生理需求的产品，都需要开展品牌化塑造行动；区别只是在更加深入细化的方面会产生不同。例如旨在满足社交需求的产品要在品牌价值化上多下功夫，而满足生理需求的产品则更适合在品牌差异化上下功夫。还有就是形成一定规模化的方法，无论是借助渠道商的力量，或是壮大企业本身的规模，只要是生产满足生理需求的平价产品，这都是必不可少的；但同时，如果想要进行中高端甚至次高端产品的营销，现在也需要规模化的投入以减小成本。

因此，并不提倡很多企业最开始就采用所谓的各种标准"套路或方法"，尤其是在现如今竞争日益激烈的市场环境下。比如深耕大本营，牢固占据"根据地"这种方法，基本上会被所有区域企业视为必须要做的事情，但是这种方法之于当前的地方企业来讲，其必要性是否如十年前那般靠前？答案其实是否定的，因为地方企业的固有销售地早已经不是可以独自垄断的，所以现在更加适用的方法是"极致单品"方法。所以，现在的地方企业最需要开展的营销方法第一步就应该是回归到营销的本质——产品本身，然后再考虑各种方法，这才是既符合当前形势，也符合未来很长时间趋势下的最佳营销操作方式。

> **案例** 某坚果品牌结合产品属性，针对解决用户场景"痛点"

坚果是日常生活中大家经常食用的零食之一。消费者购买某品牌的坚果后，会收到剥壳器、湿纸巾和果壳袋以及一张温馨提示便条，让食用坚果的过程变得更加顺利。该坚果品牌发现消费者在吃坚果时的"痛点"：剥坚果费事、果壳收集成为难题、手非常容易脏，等等，而赠品就是解决这个场景下的痛点。再比如，中秋节消费者买大闸蟹，有的大闸蟹品牌会赠送吃蟹的全套工具及黄酒，也是解决吃蟹这个场景的"痛点"，从商品属性层面迎合消费者。图 7-6 所示为坚果剥壳器和坚果果仁。

图 7-6　坚果剥壳器和坚果果仁

课堂讨论：查阅资料并结合所学知识，思考产品属性是如何应用在场景化营销之中的。

7.5　产品属性案例分析与实践

本节内容主要是结合案例，将之前所学内容融会贯通并加以应用。

7.5.1　案例一：某矿泉水品牌依靠包装升级，创造新的消费场景

某矿泉水品牌除了原本的瓶装水市场，还瞄准家庭生活和后厨这两个用水场景，推出了"15L 一次性桶装水"，抢占桶装水市场的同时，加码本就占有的家庭生活用水和后厨用水的市场。

与普通 19L 桶装水相比，其推出的 15L 桶装水主打一次性使用，无二次污染更为安全。此外，与普通 19L 桶装水不同，无需桶押金，无需退桶，更为便捷。与 4L、5L 小容量相比，15L 容量更大，更能够满足一个家庭一星期的饮用需求；其次，贴心的设计可将包装直接放置饮水机上，撕开提手，揭开瓶盖贴膜，插入饮水机。

在此之前，该矿泉水品牌就早已布局家庭后厨场景。2016 年该矿泉水品牌的七款产品被指定为 G20 峰会专供饮品。其中，4L 装天然矿泉水为后厨指定用水。该矿泉水品牌趁势为其品牌的桶装水制造出了"做饭用水"的卖点。拍摄了系列广告片，打出"做饭用该矿泉水品牌"和"好水才能煮出好饭"的概念。宣告进军家庭生活用水和后厨用水领域。该矿泉水品牌还邀请 G20 峰会国宴大厨担当代言人，打出"做饭用矿泉水品牌"的概念；邀请日本煮饭仙人，塑造"好水才能煮出好饭"的特殊价值。图 7-7 所示为某矿泉水品牌的创新营销场景。

随着社会不断发展，在饮用水市场，接下来社区用水和家庭用水市场将迎来爆发增长，尤其

图 7-7　某矿泉水品牌的创新营销场景

是家庭用水，会逐渐形成做饭、煮茶、烧汤等细分领域，且需求量也将越来越大。据前瞻产业研究院《中国桶装水行业市场需求与投资分析报告》显示，目前中国家庭桶装水普及率已达到30%以上，年消费达到300多亿元。该矿泉水品牌做出这样的举动，可谓在既有市场份额和未来消费空间的双重布局。

除了抢占后厨用水和家庭生活用水市场，该矿泉水品牌也推出了运动盖的学生水。其瓶盖设计独特，孩子单手就能开关。瓶盖内设专利阀门，只有在受压情况下才会开启。开盖状态下，普通的侧翻、倒置都不会使水流出，造成意外。

该矿泉水品牌与国际设计师合作，推出了长白山插画系列包装，不仅是传达该矿泉水的自然品质，更希望唤起消费者注重保护自然爱护自然的生活方式。图7-8所示为某矿泉水品牌的瓶身包装设计。

同时，该矿泉水品牌联手支付宝和共享单车，进行跨界营销，推出了"共享天然，绿色出行"的主题活动，推出了一组画风讨喜的生活场景海报。这组海报生动地展示了骑车、健身、游戏、带娃、挤地铁五种生活场景。该矿泉水品牌巧妙运用场景营销的手法，创造了新的消费场景，可谓是产品力与营销力的完美呈现。图7-9所示为某矿泉水品牌的场景海报。

图 7-8　某矿泉水品牌的瓶身包装设计

图 7-9　某矿泉水品牌的场景海报

7.5.2　案例二：某零食品牌——利用产品属性进行情景化营销的案例

近年来，一家"有情绪"的零食企业逐渐进入人们的视野，该零食品牌以15款原创场景零食首发，包括追剧、考试、佐酒、办公室扛饿等不同场景。比如，四六级地瓜片就是一个典型的结合了背单词场景的产品。图7-10所示为四六级地瓜片。

再比如，"手撕鬼子面包"对应的是上班充饥的场景，"一人饮酒醉"对应的是饮酒的场景。这些结合了年轻人生活场景的零食，相比于传统零食，更能满足年轻人的个性化消费需求。图7-11所示为结合新颖场景的产品包装。

图 7-10　四六级地瓜干

图 7-11　结合新颖场景的产品包装

创立半年内，该零食品牌在全国各地已经拥有 50 万粉丝，打造出了 4 个子品牌，30 多个 SKU（库存量单位）。9 月产品正式上线，刚上线一个月月销售接近百万元，目前月流水 150 万元左右。再从模式看，该零食品牌选择了全零售渠道，触达消费者的方式十分多元，包括电商、自营门店、线下商超，以及办公室零食货架。某资本公司合伙人提出："未来，零食品类在线下应主动创造场景式消费，而非靠刚需来拉动。"创始人在分享中还提到，"过去我们看到的零食分类，都是以传统的生产侧逻辑，按照膨化、坚果、蜜饯等工艺分类的，这样的分类是工厂思维的分类，你从消费者的视角看就会发现其实消费者并不关心这样的分类，他们更在乎场景和情绪，更在乎自己的实际需求。"

该零食品牌创始人和团队通过用户调研测试，了解年轻人"核心情绪点"，将其结合零食食用场景，放大零食的情感影响力，帮助消费者通过零食消费表达情感，传递群体标签化认知。"场景零食"是该零食品牌相比其他零食的一个差异化定位。即使是同样的产品，有了这个定位之后，消费者的认知也会产生变化。例如该零食品牌做了"国内首款佐酒零食"，那么同样的凤爪在其他人那里是凤爪，在这里就是佐酒零食。还比如车载零食，不同的零食组合起来，加上特定的包装，就和开车结合在一起。可以说，该零食品牌开启了零食消费场景化的一种新的可能性。

7.5.3　案例三：某巧克力品牌——利用产品属性进行情景化营销的案例

从"牛奶香浓，丝般感受""下雨天，巧克力和音乐更配哦"，到"纵享新丝滑"，某巧克力品牌在一段段故事营销广告中塑造了自己的品牌形象。

但长期以来，该巧克力品牌的品牌故事主体一般都是爱情故事，无形中限制了消费场景，为自己品牌的营销设下了限制。因此，该巧克力品牌一直在试图打破这种局限。

2017 年春节起，该巧克力品牌发力于春节场景，试图打造全面立体的场景营销。邀请某影星出演新年微电影《年年得福》，串联关于春节的场景，引起观众共鸣，在家庭和春节的羁绊中，用该巧克力品牌的巧克力产品来表达浓浓爱意。

2018，该巧克力品牌继续大力打造春节场景，同时借势上线天猫超级品牌日。该巧克力品牌邀请多位著名演员，为消费者送"芙"气。同时推出为每一位消费者专属定制的"得福之书"新年礼盒，在全新的营销场景中角力新年礼物营销。在天猫超品日前，该巧克力品牌发布春节微电影，呈现家庭亲情。在微电影中紧扣"年年得福"的口号，利用谐音将"得福"转化为自有 IP。同时为超品日奠定良好的预热基础。

图 7-12 所示为某巧克力品牌的推广视频截图。

图 7-12　某巧克力品牌的推广视频截图

超级品牌日当天，该巧克力品牌天猫官方旗舰店全场 5 折。产品一经推出，便掀起抢购狂潮，短短 12 小时内，限量 5000 套"得福之书"已经全部售罄，店铺仅 10 分钟销量突破 170 万元。

该巧克力品牌与天猫新品创新中心共同运作,基于大数据技术,提供精准的消费者画像。从前期的市场洞察、深入挖掘消费者礼品需求、产品概念测试、设计优化、精准库存，再到整合超级品牌日资源，与各种媒体有效衔接，创造了一条完整、精准又高效的营销路径。由此可见，基于数据的场景营销，将产品转化为自由 IP，是一条立体的、全方位的营销之路，也是对于新场景探索的成功。

同样，也是该巧克力品牌的例子。同样的营销产品套用了不同的营销场景，所针对的目标客户和营销效果有所差异。

该巧克力品牌春节营销战中，通过双 IP 营销，该巧克力品牌自身的品牌形象和火箭少女 101 的 IP 形象相结合，与通过《横冲直撞 20 岁》这档节目紧密结合，利用各平台传播资源，增加活动曝光量，提升品牌影响力，并最终引流电商，促进销售。图 7-13 所示为某巧克力品牌的营销广告。

利用"火箭少女 101"的 IP 名称，该巧克力品牌还拍摄真实火箭发射视频，引爆活动高潮。

全新的营销场景赋予了该巧克力品牌新的属性，不仅仅是消遣娱乐时的零食，更是微电影广告中的家人团聚时刻的甜蜜象征，也是火箭发射、科技进步背后的助力，也是偶像团体的号召力体现。

图 7-13　某巧克力品牌的营销广告

7.5.4　案例四：某乳制品品牌——利用产品属性进行情景化营销的案例

2005 年某乳制品品牌正式签约北京奥组委，成为中国唯一一家符合奥运标准，并为奥委会提供乳制品的企业后，该乳制品品牌十多年来一直与奥运营销结缘。

2012 年，该乳制品品牌携手中国奥运军团出征伦敦，并在全球范围内发起"平凡人的奥林匹克"活动。其中，花甲背包客、727 车队等感人故事，登陆伦敦标志性的双层巴士，引发全球媒体关注。

图 7-14 所示为某乳制品品牌高管参加圣火传递仪式和某乳制品品牌在伦敦奥运会上的宣传场景。

图 7-14　某乳制品品牌高管参加圣火传递仪式和某乳制品品牌在伦敦奥运会上的宣传场景

2014 年是该乳制品品牌携手奥运第十年。该乳制品品牌与中国冬奥军团亮相索契冬奥会，并将一个个奥运选手的追梦故事带上电视荧屏，通过为梦想背后的默默坚持与付出喝彩进行场景化的营销。图 7-15 所示为某乳制品品牌的体育运动场景营销。

图 7-15　某乳制品品牌的体育运动场景营销

2016 年，该乳制品品牌携手中国奥委会，在里约的"中国之家"发布了国人"活力进化史"。除了将中国的传统运动带进了里约，还告诉我们，活出活力无论在哪一个时代都是国民追求的一种精神。

2017 年 8 月 30 日，北京冬奥组委与该乳制品品牌集团正式签约并对外宣布：该乳制品品牌集团成为北京 2022 年冬奥会和冬残奥会官方唯一乳制品合作伙伴。2018 年冬奥会中国首金得主杨扬成为该乳制品品牌代言人。图 7-16 所示为某乳制品品牌签约运动明星作为代言人。

图 7-16　某乳制品品牌签约运动明星作为代言人

通过多年以来一如既往地与体育、运动的场景相互联系，该乳制品品牌已经将身体健康与乳制品的营养属性联系起来，达到了较为完美的营销目的和效果。

在即将举行的 2022 年冬奥会的场景中，同样也有该公司的利用产品属性进行的场景化营销。

随着平昌冬奥会落下帷幕，张艺谋导演用"北京八分钟"亮相世界。该乳制品品牌作为北京冬奥会合作伙伴，发布了一支"北京第九分钟"的广告短片。图 7-17 所示为某乳制品品牌广告短片截图。

图 7-17　某乳制品品牌广告短片截图

该视频中讲述了 16 个以"准备"开头的故事，让观众真真切切感受到了中国以及中国人民对冬奥会的热情，再通过品牌代言人、冬奥会冠军杨扬的"准备一个好身体"——用牛奶打造一个好身体，积极备战冬奥会，这种结合恰到好处，让观众更容易接受。

该乳制品品牌对于北京冬奥会的关注，不仅仅是发布一支视频广告，同时还携手北京冬奥组委，共同创办活力冬奥学院。该乳制品品牌将这支广告片投放在社交媒体上，并最终落地到活力冬奥学院的报名入口，通过这样的方式推动全民参与冰雪项目，同时也成功完成了线上到线下的转化。图 7-18 所示为线下冬奥学院宣传海报。

图 7-18　线下冬奥学院宣传海报

7.6　本章小结

本章主要学习了关于产品属性的定义与营销效果的联系。对某件商品进行详细、准确且完备的属性描述能够方便消费者的消费行为，使之在需要产品所具有的功能特性上做出更加便捷快速的选择，以促进消费行为的产生。

在进行营销活动策划之前，就应该对被营销产品属性有一个清晰的认识，这样才会对产品做出合适且精准指向目标定位消费者的营销活动。如果因为对产品属性不熟悉而导致营销过程中对潜在消费者造成恶感，不仅会影响营销效果，更会拉低品牌评价，消磨品牌价值，得不偿失。

同样，在案例分析的过程中也运用了所学知识，在实际情境中用案例说明同一产品在不同情境下所表现出的产品属性侧重点也会有所不同，故对意向消费者的吸引能力也会有所差异。

第8章 产品策划

在前面的章节中,我们讨论了产品定位、产品营销以及产品属性等内容,讲述了如何建立一种适合特定消费者的产品,演练了一系列与产品有关的定位方法和营销组合。那么,我们该如何去井然有序地进行这些看起来纷繁复杂的事呢?答案是进行产品策划。

那么,什么是产品策划?在产品从研发到问世再到退市的全过程中,我们又需要做些什么呢?

8.1 产品策划的定义与初始规范

产品是企业的生命体,是企业创造社会价值和满足自身利益的保障,失败的产品会给企业带来巨大的损失。国内每年上万的新产品上市,成功的却寥寥无几,这就是缺乏严谨的产品策划工作所造成的后果,严谨科学的产品策划能让企业的产品推向市场就收获成功,避免错误的产品造成企业巨大的损失。

8.1.1 产品策划的定义

产品策划是指企业从产品开发、上市、销售至报废的全过程的活动及方案。产品策划也可称为商品企划。

产品策划从类型上说,包括新产品开发、旧产品的改良和新用途的拓展等三方面的内容;从现代营销观点上说,其过程和内容应包括产品创意、可行性评价、产品开发设计、产品营销设计、产品目标等方面的策划。

8.1.2 产品策划的初始规范

商业组织个体的营销部门(包括临时组建的市场调研小组)需要根据前提合同或市场调研报告等展现出的规定或建议,进行产品策划。产品策划的输出一般是带有产品要求的说明或提纲。这种说明或提纲将具体的顾客和一般市场要求和期望进行归纳整理,转换成为一套初始规范,作为进一步设计产品和开发工作的前提基础。有的时候也将这种初始的工作规范纳入市场调研报告或市场需求说明之中,使二者合二为一,这样做能够减少后续的统计工作量。在这种情况下,市场调研小组就能够施行产品策划小组的职责。通常,大多数组织都采用这种形式。

这种形式的好处在于,市场调研小组虽然由市场营销部门负责组建,却可以吸收设计和开发人员、质量管理人员等参与，可以最大限度地集思广益，使产品策划更具有操作性、可行性和可信性，少走弯路。

产品策划的第一步就是确定产品的需求，确定市场需要和销售地区，确定产品的等级、数量、价格和投放市场的时间；第二步才是确定具体顾客的详细要求和一般市场的要求和期望，包括对顾客未说明的期望和偏好进行评估，并在此基础上提出一套产品的初始规范。产品的初始规范不同于设计，仅仅是规定一些质量要素的要求，而设计则是将这些要求转化为材料、产品和过程的能够用于产品生产的技术规范（文件）。

初始规范涉及的质量要素视具体产品策划而定，一般包括以下内容：

- 性能特性（如环境条件、使用条件和可信性）。
- 感官特性（如式样、颜色、味道、气味）。
- 安装布局或配合。
- 适用的标准和法规。
- 包装。
- 质量验证和保证。
- 成本或价格。

各项指标的详细说明如下：

（1）性能特性（如环境条件、使用条件和可信性）。

这项指标是任何产品都应具有的基本质量特性，必须予以清晰的规定，否则后续设计和开发就无法进行。不同类型的产品的性能特性有所不同，复杂产品的性能特性可能有数百个之多，例如汽车就有时速、油耗、刹车、视野、功率、载重、爬坡度、转弯半径、滑行距离等等。若组织已有类似产品，只需要提出新产品的主要性能或需作重大改进的性能即可。

（2）感官特性（如式样、颜色、味道、气味）。

在产品日益丰富的现今社会，产品（特别是消费品）给人的感官特性日趋重要。感官特性对顾客来说，是一种主观质量分析。主观质量判断，与顾客自身的文化背景、民族习俗、性格偏好、心理特征等直接相关，只从事设计和开发的工程技术人员往往是难以把握的。因此，在市场调查中应对此加以特别关注，在初始规范中对异常的要求进行特别说明。

（3）安装布局或配合。

例如电压不稳是一种普遍现象，而且短期看来也难以根本解决。如果设计的电器产品不考虑到这一点，很可能在日常使用中因电压不稳而损害顾客利益。这就需要在市场调查中加以确定，并在行业初始规范中对设计和开发提出要求。

（4）适用的标准和法规。

应该根据产品的销售市场，选用适用的标准和法规。首先要符合本国的国家标准、行业标准以及相关的法规，这是最基本的要求；其次要符合销往国家和地区的国家标准以及相关的法规。如果销往欧洲，产品必须符合CE（欧洲统一）规定；如果销往美国，涉及安全性能的产品都必须通过UL（美国保险商试验所）认证。市场调查最重要的一点就是确定销售地区，当然确定适用的标准和法规也是重中之重。

（5）包装。

因包装不讨喜或不适宜导致产品销售不出去的案例很多。日本出口欧洲的录像机，用日本市场流行的女性画面作包装，十分畅销；而同样包装的录像机销往阿拉伯国家、东南亚国家就会引起极大的风波。包装不仅是外表，还涉及产品防护，必须加以重视，多次确认。

（6）质量验证和保证。

产品质量的验证，不仅仅是自己检验合格，还需要交由相关的专业检验机构检验。企业需要向顾客提供合适的质量保证，不仅要满足国家规定的"三包"，还要推出更有力的保证措施。质量验证和保证关系到产品的销售，实际上也是顾客（市场）对产品的要求，因而产品质量也应在行业初始规范中规定。

（7）成本或价格。

顾客能够接受的价格区间是市场调查的重要内容，也是产品设计和开发时必须考虑的制约条件之一，因而必须在初始规范中提出来，以便进行成本控制和价格制定。

课堂讨论： 简述遵循产品策划初始规范的重要性。

8.2 产品入市策划

新产品上市调研及销售预测是企业产品开发最重要的任务之一。调研及预测结果将影响营销策略的制定，同样也在很大程度上影响了新产品的长期发展。因此，新产品上市前进行专业的市场调研就显得尤为重要。

8.2.1 新产品入市调研思路

1. 识别/发现市场机会
- 消费者需求分析
- 消费者使用习惯和态度研究
- 市场竞争状况和品牌认知
- 市场吸引力即消费购买意向

2. 确立目标

在识别/发现市场机会的基础上确定目标，其中包括市场定位、产品定位和营销策略，具体内容如表 8-1 所示。

表 8-1 产品入市策划调研思路示意图

定位方向	内容
市场定位	目标人群特征 目标市场需求分析 品牌核心利益定位

续表

定位方向	内容
产品定位	目标消费者产品诉求 竞争对手产品分析
营销策略	目标消费者行为态度分析 品牌认知 满意度分析 产品营销策略分析

8.2.2 新产品入市调查方案设计

新产品入市的调查方案设计分为三个部分，分别是消费者调查、市场环境分析和竞争对手调查。

1. 消费者调查

产品需要消费者买单，因此，了解消费者真正的需求以及影响消费者购买的要素是产品策划的重要环节之一。首先需要通过消费者细分调查，得出消费者的目的，以此生产消费者期望的产品。

通过对消费者细分调查，企业就可以选择最有利可图的目标细分市场，以调查报告为依据集中企业资源，开发有针对性的产品或制定有效的竞争策略，以便于取得和增加竞争优势。

消费者调查包含的内容如表 8-2 所示。

表 8-2 消费者调查的内容

消费者调查	具体内容
属性特征	年龄、收入、性别、职业、教育背景等
产品购买、使用习惯	购买时机、频次、场所、品牌、关注利益点等
购买过程	影响因素、决策过程等
调查方式	定量调查：街头拦截访问 定性调查：小组座谈会；深度访问
调查目标	掌握消费者需求，进行产品细分市场定位 掌握消费者行为/态度，进行针对性营销策略

2. 市场环境分析

市场环境分析主要包括需求分析，任何产品是否能被客户接受，即消费者是否有这种需求，而且还需要掌握这种需求的具体体量，因为只有需求的体量足够大，一个公司的产品才可能卖得出去，从而公司本身才有盈利的可能。

市场环境分析包含的内容如表 8-3 所示。

表 8-3　市场环境分析的具体内容

市场环境分析	具 体 内 容
市场环境	经济、政治、技术、社会导向等
市场规模	市场容量、现有品牌市场占有率等
调查方式	案头分析：资料分析；街头拦截访问 定性调查：小组座谈会；深度访问
调查目标	掌握市场环境，适应并利用现有环境 了解市场容量及市场布局，分析进入机会

3. 竞争对手调查

竞争对手调查的主要内容，包括目标企业的注册状况及企业概况、产品结构、生产状况、营销战略、价格及销售渠道、人力资源、财务状况、原材料采购价格及成本状况等。

竞争对手调查包含的内容如表 8-4 所示。

表 8-4　竞争对手调查的具体内容

竞争对手调查	具 体 内 容
产品本身	属性/功能、价格、包装、服务等
营销策略	产品策略、价格策略、渠道策略、促销策略等
调查方式	定量访问：街头拦截访问 定性调查：小组座谈会；现场考察
调查目标	掌握自身与竞争对手产品之间的差异，进行差异化营销； 根据竞争对手策略，制定相应的应对策略
调查周期	一般是问卷确定后一周内开始调查，调查开始日起 30 个工作日内提交研究成果

市场环境及竞争对手调查，对产品策划有诸多益处。

- 便于充分认识市场的状况和进入市场后的竞争强度，能够根据本企业的优势，制定正确的竞争策略；
- 了解竞争对手优势，取长补短，扬长避短；
- 针对竞争者的产品、价格、服务等方面的策略，制定营销策略。

课堂讨论：谈谈新产品入市策划中，有哪些需要注意的问题。

8.3　商标认证

8.3.1　商标的含义

商标就是人们通常说的牌子，商标一词来自英语"Trademark"，它是经营者在其生产、制造、加工、拣选、经销的产品或提供的服务上采取的能够与他人的商品或者服务区别开的标志。如我们所熟知的电视上的商标"三星"、冰箱上的商标"西门子"。

商标是一种标志，包括文字、图形、字母、数字、三维标志和颜色组合，以及上述要素的自由组合。

8.3.2 认证标志

认证标志是质量认证机构准许经其认证产品质量合格的企业在产品的包装上使用的质量标志。

《产品质量法》第九条规定："国家参照国际先进的产品标准和技术要求，推行产品质量认证制度。企业根据自愿原则可以向国务院产品质量监督管理部门或者国务院产品质量监督管理部门授权的部门认可的认证机构申请产品质量认证。经认证合格的，由认证机构颁发质量认证证书，准许企业在其产品上或者包装上使用产品质量认证标志。"产品质量认证标志是国家监督产品质量的一项法律制度，使用认证标志的产品必须是经认证合格的产品。

认证商标一般是指商标局认证的驰名商标或者地方认证的著名商标。我国施行的几个商标认证标准展示如下：

1. 绿色环境标志认证

绿色环境标志是一种产品的证明性商标。它根据相关的环境标准和规定，由政府管理部门或民间团体依照严格的程序和环境标准颁给厂商，并能够由厂商附印于产品包装上，以向消费者表明：该产品从研制、开发到生产、使用直至回收利用的整个过程均符合环境保护的要求，对生态系统无危害或危害极小。环境标志的认证标准包括资源配置、生产工艺、处理技术和产品循环再利用及废弃物处理等各个方面，其本质是对产品的全过程环境行为进行控制管理。图8-1所示为绿色环境标志认证图标。目前我国唯一能够颁发该认证的机构是中国生态环境部授权的中环联合认证中心。

中国环境标志产品认证

中国环保产品认证

图8-1　绿色环境标志认证图标

2. ISO9001认证

该认证主要是用于证实组织具有提供满足顾客要求和适用法规要求的产品的能力，目的在于增进顾客满意程度。随着商品经济市场的不断扩大和整体市场环境的日益国际化，为提高产品的信誉、减少重复检验所带来的不必要浪费、削弱和消除贸易技术壁垒、维护生产者、经销者、用户和消费者等各方共同权益，此认证标志的认证方不应该受产销双方经济利益支配，公正、科学。

凡是通过 ISO9001 认证的企业，在各项管理系统整合上已达到了国际标准，表明企业能持续稳定地向顾客提供预期和满意的合格产品。图 8-2 所示为 ISO9001 认证图标。根据《中华人民共和国认证认可条例》，只要是经过国家认监委批准、国家认可的机构均可发放国家认可的 ISO9001 证书，具体机构名录可以通过登录上述国家机构的官方网站查询。

3. OTS-100（Oeko-Tex Standard 100）认证

用于检测纺织和成衣制品是否含有过量的有害物质，如：含有致癌芳香族偶氮染料、甲醛、农药、含氯苯酚等。根据 Oeko-Tex 国际环保纺织协会的内部规定，Oeko-Tex 会指派协会下的成员机构在世界各地担任官方代表，通常一个国家或地区指派一个官方代表机构。在中国，Oeko-Tex 指定的官方代表机构是 TESTEX 瑞士纺织检定有限公司。

图 8-2　ISO9001 认证图标

4. CCIB 安全认证标志

CCIB 是中国商检的英文缩写。CCIB 安全认证标志的字体和外圈印刷为黄色，英文字母 S 是英语 Safety 的缩写，表示"安全"。

CCIB 安全认证标志应当加附在进口商品或其包装袋、盒、瓶、听等小包装的明显部位。对某些商品，经批准后可直接印制或模压在有关商品或其小包装上。

目前使用的 CCIB 安全认证标志是由国家检验检疫机构采用高新技术统一印制的，具有防伪的特点，消费者只要用手轻刮"CCIB"中的"I"字母，就会显出一行小"CCIB"字样。值得注意的是，CCIB 安全认证标志是由出口国生产厂家或公司，向我国国家检验检疫机构进口商品质量许可制度审查部门申请，经检权威检验专家对样品检验和对生产厂家检测条件进行严格审查，合格并获得"进口商品安全质量许可证书"后，才被授权使用的。它是在生产过程中直接加附在产品上，而不是在商品入关开箱检验时加附的。另外，CCIB 安全认证标志具有一次性粘贴加附的特点，如将其撕下，整个标志将残缺并很难再用。

图 8-3 所示为 CCIB 安全认证标志。

图 8-3　CCIB 安全认证标志

5. 中国包装产品质量认证

中国包装产品质量认证中心（简称 CPQCC）是经国家经贸委、国家质量技术监督局共同批准并由中国产品质量认证机构国家认可委员会首批认可的产品质量认证机构，国家认可注册号为 A03—98。CPQCC 具有独立法人资格，是国家授权的包装行业唯一的产品质量认证机构，可依据 GB/TI 9000—ISO9000 标准和相应的产品标准，对包装企业、事业单位实施产品质量第三方认证服务。

CPQCC 拥有一支高业务技能与良好素质的认证审核员队伍，其中包括塑料制品、金属容器、纸制品、玻璃制品、木制品。印刷制品和包装装潢、包装机械以及包装原辅材料等技术扎实、认证审核实践经验丰富的一批老专家，也包括一批掌握现代企业管理知识、思想敏锐、富于开拓与创新精神、年富力强的中青年专家。中心从创建开始，就遵循着建立"以人为本、尊重人才、鼓励创造"的用人机制，充分营造尊重与鼓励富有创造性与成效的工作环境，加快认证审核员队伍培养，不断提高认证服务质量。

6. 国家免检（已取消）

国家免检是企业能够获得的一个荣誉称号，是指产品质量达到一定标准的企业，可以向企业所在地的省级质量技术监督部门自愿提出免检申请，该认证的有效期一般为三年。获得免检证书的企业在免检有效期内可以自愿在产品或者其包装上使用规定的免检标志。

2008 年 9 月 18 日国家质检总局公布第 109 号总局令，决定自公布之日起，对《产品免于质量监督检查管理办法》（国家质量监督检验检疫总局令第 9 号）予以废止。

图 8-4 所示为国家免检认证图标。

图 8-4　国家免检认证图标

8.3.3　认证标志的相关违法行为

1. 伪造或者冒用认证标志的违法行为，通常包括以下几点：
- 未推行产品质量认证制度的商品，经营者在商品上或其包装上伪造认证标志；
- 经营者未向产品质量认证机构申请认证而擅自使用认证标志；
- 经营者虽向产品质量认证机构申请认证，但经认证不合格却擅自使用认证标志；
- 其他伪造或者冒用认证标志的违法行为。

2. 伪造或者冒用名优标志的违法行为，通常包括以下几点：
- 未经组织评比名优的产品，经营者伪造名优标志在商品上使用；
- 虽为组织评比名优的产品，但经营者未参加评比，却擅自在商品上使用名优标志；
- 虽为组织评比名优的产品，经营者参加了评比，但未被评比为名优产品；
- 被取消名优产品称号的产品，经营者继续使用名优标志；
- 级别低的名优产品，经营者擅自使用级别高的名优标志；
- 其他伪造或者冒用名优标志的行为。

3. 伪造或者冒用名优标志的相关处罚：
- 产品质量检验机构、认证机构有伪造检验结果或者出具虚假证明的违法行为的，由行政执法机关责令其改正，即要求产品质量检验机构、认证机构停止伪造检验结果或者出具虚假证明的行为，重新依照有关标准，按照法定的步骤和方法进行检验或者认证，客观公正出具检验结果或者认证证明；

- 既对单位处以罚款，也对有关责任人处以罚款；
- 没收产品质量检验机构、认证机构及其工作人员伪造检验结果或者出具虚假证明所获得的违法收入；
- 构成犯罪的，依法追究刑事责任。

课堂讨论：结合所学知识，思考产品为什么要进行商标认证。

8.4 专利申请

8.4.1 专利申请

专利申请（Patent Applications）是指从专利申请文件递交专利局并获得专利申请号，至该申请被驳回、被授权或被视为撤回之间的阶段，是获得专利权的必经程序。随着最终命运的不同，专利申请后续阶段的名称也不同。专利申请被驳回后，称为被驳回的专利申请；专利申请被视为撤回后，称为被视为撤回的专利申请；但专利申请被授权后，一般不称为被授权的专利申请，而是称为专利。

我国专利法规定的专利类型有三种：发明专利、实用新型专利和外观设计专利，具体内容如表 8-5 所示。

表 8-5 我国三种专利类型

专利类型	内容
发明专利	对产品、方法或者其改进所提出的新的技术方案。它又分为产品发明和技术方案的方法发明。产品发明是指一切以有形形式出现的发明，即用物品来表现其发明，例如机器、设备、仪器、用品等。方法发明是指发明人提供的技术解决方案是针对某种物质以一定的作用使其发生新的技术效果的一种发明。方法发明是通过操作方式、工艺过程的形式来表现其技术方案的。
实用新型专利	对产品的形状、构造或者其结合所提出的适于实用的新的技术方案。实用新型专利只保护具有一定形状的产品，没有固定形状的产品和方法以及单纯平面图案为特征的设计不在此保护之列。由于实用新型专利及申请具有无须进行实质审查、审批周期短、收费低的特点，使该类型专利的申请量占总专利申请量的 2/3。
外观设计专利	对产品的形状、图案或者其结合以及色彩与形状、图案的结合所做出的富有美感，并适于工业应用的新设计，即产品的样式。它也同样包括单纯平面图案为特征的设计。

课堂讨论：通过归纳总结，简述发明专利、实用新型专利和外观设计专利之间有哪些相同点和不同点。

8.4.2 专利申请的一般步骤

专利申请是一种法律程序，申请专利的发明人要想快而稳妥地获得专利权，取得法律上的保护，可委托专利事务所的专利代理人为其提供法律和技术上的帮助，发明人一旦与专利代理人建立委托代理关系，专利代理人则是其技术顾问和专利律师。准确地说，一个合格的专利代理人会帮助发明人对要申请专利的技术进行二次开发，比如挖掘可替代方案等，同时发明人需要给代理人提供技术支持，并及时提供所需要的相关资料。

发明人与专利代理人建立代理委托关系后，应按照代理人的要求提供撰写专利文件所必需的详细技术资料；详细技术资料包括发明创造的目的、新旧技术对比、主要技术特征及实施发明创造目的的具体方案，以及能说明发明创造目的的图纸等。

如若发明人不会制图或不能提供必需的详细技术资料，可直接向专利代理人口述，专利代理人可根据发明人的发明意图为其完成专利申请的全过程，直到获得专利权。

8.4.3 怎样办理专利申请

（1）申请发明专利。

申请文件应当包括：发明专利请求书、说明书（说明书有附图的，应当提交说明书附图）、权利要求书、摘要（必要时应当有摘要附图），各一式两份。

（2）申请实用新型专利。

申请文件应当包括：实用新型专利请求书、说明书、说明书附图、权利要求书、摘要及其附图，各一式两份。

（3）申请外观设计专利。

申请文件应当包括：外观设计专利请求书、图片或者照片，各一式两份。要求保护色彩的，还应当提交彩色图片或者照片一式两份。提交图片的，两份均应为图片，提交照片的，两份均应为照片，不得将图片或照片混用。如对图片或照片需要说明的，应当提交外观设计简要说明，一式两份。

申请专利的具体办理流程可以请代理公司帮助，也可以亲自去北京知识产权局办理，办理的表格可以去官网下载或者向知识产权局索要。

需要注意的是，专利代理是需要特别的资质的。这个资质与律师资质以及商标代理人资质都是不同的。当前，大量的不具备专利代理资质的"知识产权代理公司"或"律师事务所"隐瞒自己不具备专利代理资质的事实，而代理专利事务，这是很难代理成功的，在专利申请过程中需要小心。

8.4.4 专利申请的程序

专利申请分为如下的几个阶段：

（1）受理阶段。

专利局收到专利申请后进行审查，如果符合受理条件，专利局将确定申请日，给予申请号，并且核实过文件清单后，发出受理通知书，通知申请人。如果申请文件未打字、印刷或字迹不清、有涂改的；或者附图及图片未用绘图工具和黑色墨水绘制、照片模糊不清有涂改的；或者申请文件不齐备的；或者请求书中缺申请人姓名或名称及地址不详的；或专利申请类别不明确或无法确定的，以及外国单位和个人未经涉外专利代理机构直接寄来的专利申请不予受理。

（2）初步审查阶段。

经受理后的专利申请按照规定缴纳申请费的，自动进入初审阶段。初审前发明专利申请首先要进行保密审查，需要保密的，按保密程序处理。

在初审时要对申请是否存在明显缺陷进行审查，主要包括审查内容是否属于《专利法》中不授予专利权的范围，是否明显缺乏技术内容不能构成技术方案，是否缺乏单一性，申请文件是否齐备及格式是否符合要求。若是外国申请人还要进行资格审查及申请手续审查。不合格的，专利局将通知申请人在规定的期限内补正或陈述意见，逾期不答复的，申请将被视为撤回。经答复仍未消除缺陷的，予以驳回。发明专利申请初审合格的，将发给初审合格通知书。对实用新型和外观设计专利申请，除进行上述审查外，还要审查是否明显与已有专利相同，不是一个新的技术方案或者新的设计。经初审未发现驳回理由的，将直接进入授权秩序。

（3）公布阶段。

发明专利申请从发出初审合格通知书起进入公布阶段，如果申请人没有提出提前公开的请求，要等到申请日起满15个月才进入公开准备程序。如果申请人请求提前公开的，则申请立即进入公开准备程序。经过格式复核、编辑校对、计算机处理、排版印刷，大约3个月后在专利公报上公布其说明书摘要并出版说明书单行本。申请公布以后，申请人就获得了临时保护的权利。

（4）实质审查阶段。

发明专利申请公布以后，如果申请人已经提出实质审查请求并已生效的，申请人进入实审程序。如果申请人从申请日起满1年还未提出实审请求，或者实审请求未生效的，申请即被视为撤回。

在实审期间将对专利申请是否具有新颖性、创造性、实用性以及专利法规定的其他实质性条件进行全面审查。经审查认为不符合授权条件的或者存在各种缺陷的，将通知申请人在规定的时间内陈述意见或进行修改，逾期不答复的，申请被视为撤回，经多次答复申请仍不符合要求的，予以驳回。实审周期较长，若从申请日起两年内尚未授权，从第三年应当每年缴纳申请维持费，逾期不缴的，申请将被视为撤回。

实质审查中未发现驳回理由的，将按规定进入授权程序。

（5）授权阶段。

实用新型和外观设计专利申请经初步审查以及发明专利申请经实质审查未发现驳回理由的，由审查员做出授权通知，申请进入授权登记准备，经对授权文本的法律效力和完整性进行复核，对专利申请的著录项目进行校对、修改后，专利局发出授权通知书和办理登记手续通知书，申请人接到通知后应当在2个月之内按照通知的要求办理登记手续并缴纳规定的费用，按期办理登记手续的，专利局将授予专利权，颁发专利证书，在专利登记簿上记录，并在2个月后于专利公报上公告，未按规定办理登记手续的，视为放弃取得专利权的权利。

课堂讨论：结合所学知识，思考问题：为什么要进行专利申请？

8.4.5 委托专利代理机构申请专利的程序

委托专利代理机构申请专利一般要经过八个步骤，如图 8-5 所示。

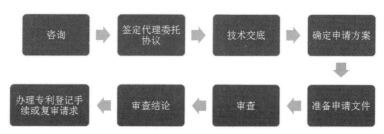

图 8-5　委托专利代理机构申请专利的步骤图

1. 咨询

（1）确定发明创造的内容是否属于可以申请专利的内容；对此咨询，建议多咨询几家后对比确定正确的结论。

（2）确定发明创造的内容可以申请哪一种专利类型（发明、实用新型、外观设计）

2. 签订代理委托协议

此时签订代理协议的目的是明确申请人和专利代理机构之间的权利和义务，主要是约束专利代理人对申请人的发明创造内容负有保密的义务。

3. 技术交底

（1）申请人向专利代理人提供有关发明创造的背景资料或委托检索有关内容。

（2）申请人详细介绍发明创造的内容，帮助专利代理人充分理解发明创造的内容。

4. 确定申请方案

代理人在对发明创造的理解基础上，会对专利申请的前景做出初步的判断，对专利授权可能性很小的申请将建议申请人撤回，此时代理机构将会收取少量咨询费，大部分申请代理费用将返还申请人。

若专利授权前景较大，专利代理人将提出明确的申请方案、保护的范围和内容，在征得申请人同意的条件下开始准备正式的申请工作。

5. 准备申请文件

（1）撰写专利申请文件。

（2）制作申请书文件。

（3）提交专利申请并获取专利申请号。

6. 审查

中国专利局会对专利申请文件进行审查，在审查过程中专利代理人会进行专利补正、意见陈述、答辩、变更等工作。如有需要，申请人应该配合专利代理人完成以上工作。

7. 审查结论

中国专利局根据审查情况将会做出授权或驳回审查结论，这一过程的时间一般为：外观设计 6 个月左右，实用新型 10～12 个月左右，发明专利 2～4 年。

8. 办理专利登记手续或复审请求

如果专利申请被授权，则根据专利授权通知书的要求办理登记手续，领取专利证书。如果专利申请被驳回，则根据具体的情况确定是否提出复审请求。

至此，专利申请过程即结束。

8.5 产品包装

优秀的产品包装，是优秀品牌策划的"直接体现点"，更是产业级品牌营销策划的外在体现。优秀产品的目的是为企业创造优秀价值，凸显产业级特色。只有让产品包装更优秀，更加吸引消费者，产品的市场表现才会更优秀，"人靠衣装马靠鞍"。

8.5.1 产品包装的概念

"产品包装"是产品的无声推销员。一份优秀的产品品牌策划，总会伴随着产品营销策划的创新突破，伴随着产品包装的不断、多次创新。优秀产品包装材质的应用，优秀产品外形的设计，包含了优秀产品创意的展现，外形设计过程中需要产业级品牌战略的策划指引，需要融入数字化技术革新，同样也需要包含新零售策划运营等新商业策划创新，在如今数字化驱使下、转型升级的契机下，高亮显示产品特质，放大产业级产品特色，产品才能大放异彩，在市场销售中取得傲人的成绩。

1. 产品包装包含四个部分：
（1）外形和结构；
（2）要与产品的价值和消费水平相适应；
（3）图案、色彩要符合民族习惯、宗教信仰及消费者心理；
（4）节省费用、减少污染。

2. 产品包装有四个作用：
（1）保护商品的作用；
（2）提供经营和消费的方便；
（3）便于识别商品；
（4）促进商品的销售。

8.5.2 产品包装的策略

1. 统一包装策略

统一包装策略是指同一个企业所生产的各种不同类型的产品，但是仍然在其包装上采用相同的造型、图案、色彩或其他相同的特征，使消费者很容易发现是同一家企业的产品，更容易形成品牌效应。

2. 多种包装策略

当企业经营的各种产品质量存在着较大差别时，企业对不同档次、不同质量、不同等级的产品分别采用不同的包装，而对质量水平相近的产品采用一种包装。

3. 配套包装

配套包装是把在使用时有关联的几种商品，纳入一个包装内同时出售，使消费者购买一次就可以满足多种需求，为消费者提供较多的方便。

4. 再使用包装

再使用包装也叫多用途包装，即原包装的商品用完后，包装物可再利用。

5. 附赠品包装

这是市场上比较流行的包装策略，尤其对于儿童市场，效果是明显的。在玩具、糖果等商品中附赠连环画、小玩具来产生消费者的惠顾效应，导致重复购买。

6. 改变包装

正如产品需要不断推陈出新、更新换代一样，商品包装也要适应市场的发展，不断改进。当企业的某种产品在同类产品中，内在质量相近而销路不好时，就应考虑是否包装方面存在不足之处；当一种产品的包装已采用较长时间，消费者对其感到乏味时，也应改变包装，以扩大销售。

8.5.3 产品包装的技巧

为了使产品包装达到所谓的"现象级"产品包装，贵在以下三点。

1. "点亮产品特色"

点亮产品特性，开创"技术化包装"新路线，提升产品的档次感和技术保护性强的包装技术，保护优质产品。对于优秀的产品来说，优秀的产品包装要确保产品的优质可用，要确保产品的高效保存、随时提取、随时可用，更要确保产品的高品质可用、可存、可感知。

革新包装技术，引领产品价值。优秀技术，确保优秀产品质量，彰显优秀产品价值。产品内容物越有技术感，对产品的包装的依赖度越高，对产品价值的感知越大，对产品特色的要求越高。

案例 某美妆产品以"科技包装"点亮产品特色

根据公司天猫旗舰店、官网和中信证券研究部等综合资讯表明，某美妆产品主要依托该美妆产品所包含的特殊温泉水，配方不含防腐剂、香料，致敏性较低。产品的生产及包装严格按照 GMP 标准，是市场上首个采用无菌技术的皮肤医学护肤品系列。2009 年其包装技术再次升级，推出创新包装密封技术 D.E.F.I（Dispositif Exclusif Formule Intacte，无菌舱包装，即内容物只出不进），即使多次使用也可以保护无菌配方。

2. "精致化包装"

依托产品的独立特性，对产品包装实现精准使用，强化其精准价值，产品包装让产品使用"更方便"。精致化产品包装一般能够精致化产品消费。精致化包装同样也可以创造高品质感知，创造高价值感知；品质越有价值的商品，产品包装越会突出，越能感受到产品特色。不论是不一样的产品存取，还是不一样的产品外形，总能让用户感受到产品的不一样，感受到不一样的消费价值。

产品有其特色,产品包装也应有其价值。产品包装不同,产品特色自然也应有所不同。独特材质,独特的打开方式,独特的手感,独特的外形打造,成就精致化感知。

> **案例** 某美妆产品以"无菌灌装技术"完成精致化包装
>
> 根据某美妆品牌天猫旗舰店、用户说和中信证券研究部等综合资讯表明,该美妆品牌所使用的无菌灌装技术实现"一次一支一抛",避免防腐剂以及产品二次污染,凸显"实验室"风。其采用国际领先的 BFS 技术,即吹瓶成型+料液灌装+容器封口,将每支的灌注量精准控制在 0.75ml～1.5ml。据用户说统计,全网热议用户对该美妆品牌的产品包装关注 TGI 达 169,大于 100,远高于其他,说明用户在讨论该美妆品牌产品时,对其包装关注度很高。

3. "高情感交互"

数字化技术,更新产品交互,传递品牌精神。以"二维码"为代表的产品包装触点,刷新产品与用户的交互形式,一物一码的推行让产品可追溯,数字化交互推动企业数字化转型升级,包装成为优质的"传递媒介",产品价值因之更加凸显。

情感共鸣,助推产品包装再升级。包装,不但可以保护产品质量、推动产品使用,而且可以刷新品牌感知,放大产品特色,新零售策划运营等新商业策划风起云涌,优秀的产品包装推动着产品与用户高情感交互,品牌战略可创新,品牌价值可感知,产品包装功不可没。

8.6 产品卖点

在现今社会,物质生活极大丰富,好的产品在市场上层出不穷。消费环境中缺的不是质量优秀的产品,而是如何让消费者认为企业营销中的产品是好产品,有需要的时候能够第一时间在脑海中想起做过营销的产品。

8.6.1 为什么要进行产品卖点定位

在如今产品种类、产品功能相似,选择多如牛毛的大环境中,每一个用户都或多或少地患上了"选择焦虑症"。需要在产品策划中思考的是,应该如何帮助用户更高效地做选择,这个时候产品策划中的卖点定位就显得尤为重要了。

分析卖点是每一个从事营销、编写文案的营销人首要思考的问题,就像大家常说的那样,越详细清晰、卖点明确的产品,就会拥有更高的成交量。有详细且成熟的卖点文本,产品的识别度就高,消费者就更容易在第一时间记住,留下深刻的第一印象,对企业的产品产生兴趣,建立初步信任感,促成交易就是水到渠成的事了。

8.6.2 确定产品核心卖点的办法

一个好的产品卖点策划的好处有这么多,那么到底应该怎么分析所营销产品的主打卖点呢？在学习具体的方法之前，首先需要了解的是什么样的卖点才是有效的，能为品牌加分的，或者说怎么检测在产品策划初期找到的卖点是合格的呢？

在产品策划中，应该如何一步一步找到核心卖点呢？

1. 寻找替代方案

首先，要明确产品的购买对象，确定好这个以后，可以尝试问一下自己下面 3 个问题：消费者在未购买产品之前，预想的替代方案是什么？为什么在采取消费行为之前选择放弃？什么是消费行为的替代方案呢？

举个例子，在女士护肤品的产品销售中，消费者之前的替代方案可能就是普通的护肤品，例如平价品牌的保湿霜或者护肤水等。在明确了替代方案以后，接下来营销者需要思考的是，有什么理由能让策划产品使用户放弃之前的替代方案，进而选择自家的产品呢？

很明显的，护肤品的优势在于让皮肤变得更好，例如美白或者祛痘等等，而这些功效很显然是之前替代方案，即普通的保湿类护肤品无法解决的。

若消费者原先准备的替代方案有缺陷，并且营销产品能够弥补缺陷，在功能上有更好的表现，这就是产品最大的卖点，再使用 USP 理论（Unique Selling Proposition，独特的销售主张）进行筛选，一个好卖点就不言而喻了。

具体流程参考如图 8-6 所示。

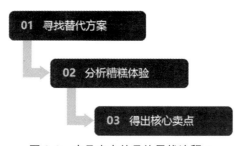

图 8-6　产品卖点的具体寻找流程 1

2. 寻找使用场景

其次，我们需要继续思考三个问题：有哪些使用场景？过程中会有什么阻碍？能够通过某种手段解决吗？首先需要思考的是，意向消费者会在哪些场景下用到产品？其次，思考在这个过程中会不会因为产品本身对用户造成什么不好的体验？

例如在签字笔一类的产品使用场景下，可能会出现的场合：签合同，记录笔记等，那么以上提及的特定场合中会出现什么意外情况呢？很容易可以想象到的有：签合同时没有墨水，需要记录时不能及时找到等等。以上的问题可以从我们的日常生活经验中很容易想到。因此，如果需要营销的产品拥有能解决以上问题的功能，那么顺藤摸瓜，就能找到叫好又叫座的卖点来吸引消费者产生消费行为，提高产品在市场上的表现。

再举个剃须刀的例子：使用场景十分容易就能想到，就是个人清洁环节中的剃须。那么在剃须的过程中，用户会不会有什么不满意的地方呢？同样，很容易就能在日常生活中找到对应的例子：剃须刀使用过后残留的胡茬不能完全清理干净。然后从推广产品的角度进行思考——剃须刀全身水洗这个概念被提出来。接着进一步思考，全身水洗的清洁使用场景中，用户会不会有什么不够满意的地方呢？例如天气潮湿的区域不易干，会担心潮湿滋生细菌！如果需要推广的产品可以解决这个问题，那么对应企业就会产生自动烘干的概念。

具象的思考流程如图8-7所示。

图8-7　产品卖点的具体寻找流程2

3. 分析竞争对手

最后，再思考一个问题：与其他同类型产品在原料，制作，运输，渠道，价格，功能效果，使用场景，服务人群等方面有什么区别？例如某挂面产品为了和市场上其他品牌的挂面区分开，寻找差异化的主打卖点，重点宣传该产品的独特"三醒三蒸"工艺。其实此处就是从产品的制作工艺着手，并以此定位该产品的主打卖点，这样的工艺是市场上的其他竞争对手不具备的，可以以此为基础快速抢占用户市场，形成固定消费群体，稳固销量。

再使用某卫生巾品牌做例子，该卫生巾品牌主打卖点是其产品的纯棉材质，相比市场上其他的化纤+棉的混合材质的卫生巾品牌，一下子就做出了明显的质量与品质区分，给消费者一个鲜明的区别和记忆要点。此例就是从产品的材质这个方向去寻找产品的主打卖点的。

具象化的思考流程如图8-8所示。

图8-8　产品卖点的具体寻找流程3

像这样的例子还有很多：例如某吸油烟机品牌，率先提出深附吸式油烟机这个概念，就是从产品的功能效果这个方向去思考，找出主打卖点；某感冒药率先提出白加黑的使用场景，把白天和晚上区隔开，这就是从使用的场景去提炼自己的主打卖点的；某奶粉只针对中国宝宝体质研发，就是在服务人群上面定位差异化。

案例　某美妆产品以"成分为王"打造核心卖点

根据某化妆品牌官网、中信证券研究部等综合资讯表明，该品牌产品有乳糖酸磨皮、寡肽祛痘、烟酰胺焕白、玻尿酸保湿、肌肽抗糖、虾青素抗氧、神经酰胺修护七大系列，产品系列命名即为添加的热门核心成分。产品包装以黑白两色为主，打造极简风格，且多使用英文元素；产品均通过上海医药工业研究院卫生部的无刺激实验、国际SGS荧光剂检测和CNAS实验室认可。

8.6.3 寻找产品卖点的建议

学习到这里，已经掌握了基本的产品策划知识。但是可能仍然会对详细具体的产品策划、主要卖点寻找抱以畏惧心理。以下是两个建议：

1. 寻找目标用户进行调查

不论如何揣测消费者的心理和行为方式，都不如直接向他们询问。所以对消费者的心理预期进行调查、对其心中本来的替代方式进行简单的调查，可能就会在产品开发过程中节省不少的资源并少走弯路，加快产品的上市流程。

2. 浏览第三方平台记录，已存在的同类产品的评论

在已经存在的同类产品查询中，最关键的是调查用户不满意的地方并加以记录，在产品开发和营销过程中加以改进。针对企业本身的产品去思考，是否有能力改进用户体验，使产品的交互属性更加完善。

以上两个建议能帮助营销从业者迅速找到吸引消费者的产品卖点并加以推广，更好更快速地找到适合的产品特点，提升产品的市场表现。

课堂讨论： 选择心仪的一款饮料，结合前面所学的内容，思考该款饮料与其他的竞争对手相比有没有什么可以改进的地方，为消费者提供差异化的价值。

8.7 产品策划案例分析与实践

概念是表现产品"卖点"的一种形式，概念炒作会对产品销售产生巨大威力。利用消费者的内心感觉，就是指企业以其独特服务或者特殊产品为载体，为不同消费者创造出的一种心理舒适与精神满足的环境，并引导消费。现如今，这种产品与服务所带来的心理舒适与精神满足已经超越物质产品的本身功能，成为消费者渴望得到的最重要的价值。

而利用情感营销，就是指把消费者的个人情感差异和需求作为企业品牌进行营销战略的核心，通过借助情感包装、情感促销、情感广告、情感口碑、情感设计等策略来实现企业的营销目标，完成营销收益。

8.7.1 案例一：丧茶店通过情感营销进行产品策划

2017年，某外卖平台在微博上发布#干了这杯小确丧#的话题，并与网易新闻某主编在微博上声明将在上海开一家"丧茶店"。随后，该外卖平台公布丧茶店详细信息，丧茶店于4月28日到5月1日限时在上海开店。丧茶可通过该外卖平台线上下单，线下购买。

丧茶店铺装修、丧茶菜单、丧茶杯，每一处都有一个令人忍俊不禁丧气十足的语录。正是这些"负能量"的语录，吸引大量顾客前来排队争相购买。

图8-9所示为"丧茶"的宣传海报与门店现场图片。

图8-9 "丧茶"的宣传海报与门店现场图片

※案例解析

1. 产品命名

丧茶是结合了情感与产品名字，通过名字就可以判断产品是什么以及有什么丧的特点。茶是人们生活中经常接触到的饮品，赋予茶产品以情感，直接让消费者受名字影响产生围观进而进行购买。图8-10所示为"丧茶"的菜单。

图8-10 "丧茶"的菜单

2. 形象设计

在丧茶线上海报宣传以及线下店铺装修、丧茶杯和丧茶菜单方面，形象设计以黑白为主调，处处简单融入并体现着"丧"字的情感设计。该外卖平台联合网易新闻主编的人偶形象植入其中，该网易新闻主编的动作和表情，让丧茶情感表现得更加生动。图8-11所示为"丧茶"的独特包装设计。

3. 情感宣传

丧茶通过神转折等形式的丧气语录，为平日见惯鸡汤文的大众送来了一份别致的情感消费，丧茶看似不积极的语录，给消费者及广大

图8-11 "丧茶"的独特包装设计

网友带来的却是看完会心一笑的黑色幽默,是对普通人忙忙碌碌的平凡生活的一种调侃。

4.情感价格

丧茶和商场一杯普通的饮品价格相差无几,这充分让丧茶得以围观和消费,在消费者情感共鸣下的感性消费中,价格并不会成为是否购买的决定因素,丧茶的情感核心也并没有受价格影响。

5.情感氛围

对于匆匆忙忙的上班族,平淡无奇的生活,是丧茶备受欢迎的整体社会环境。线上该外卖平台和网易新闻的宣传攻势,线下店铺前长长的队伍,丧丧的店铺装修和该网易新闻主编丧丧的表情,处处烘托着丧丧的气氛,让人在不自觉中叹气并进行消费。

形象化的销售主张能够在消费者心目中留下美好的印象。

产品品质的完整概念某种程度上来说可以是顾客的满意度。随着科技的进步,同类产品严重数量泛滥和精神内核同质化的今天,对产品品质更全面、深刻的理解,除了包括可用、实用、耐用,消费者更注重的是好用、宜人。同样的,在卖"品质"的过程中,经常可以卖"专家"、卖"故事"、卖"售后服务"、卖"专业",宣扬自己的专业化水准。

8.7.2 案例二:通过名人、事件效应进行产品策划

2013年11月9日,在与韩国球队首尔FC的决战开始前,广州恒大的球员穿上了胸前印有"恒大冰泉"广告字样的球衣。此前,恒大足球俱乐部拒绝了三星以每年4000万元冠名球衣的合作要求。当晚,广州恒大经过拼搏努力,如愿以偿捧得了亚冠奖杯,而恒大冰泉也几乎一夜成名。图8-12所示为恒大球员在比赛中穿印有商标的球衣。

图8-12 恒大球员在比赛中穿着印有商标的球衣

恒大冰泉的横空出世与广州恒大在足球赛场上的表现紧密相连。2013年,广州恒大在亚冠赛场上的胜利震惊了亚洲足坛,恒大获得比赛的史无前例的胜利便是对自身品牌的最大广告。正如一家媒体所说:在中央电视台打广告,1秒大概花费15万元。恒大一场球赛有25家电视台现场直播、超过300家媒体报道,11个运动员身着印上了"恒大"字样的队服,一个半小时的直播时间,如果做广告,那广告费一定是不能想象的高价格。

恒大的这一线上线下整合营销的策略为其获得了极大的曝光量和品牌价值,而当11月9日晚,恒大宣布推出恒大冰泉产品的时候,这一切优势和价值便附加在了恒大冰泉身上。

虽然恒大冰泉在电视、楼宇上做的广告也是铺天盖地,略显粗暴,但毫无疑问,绝大多数人是因为广州恒大足球队而记住了恒大冰泉。

※**案例解析**

名人（包括行业名人、影星、歌星和球星等）都拥有很大数量的崇拜者，或者某些轰动一时的大事件也能吸引相当可观的关注。所以，把名人或是知名的社会活动作为产品的"钩子"，能成功地钩住不少消费者。

8.7.3 案例三：某火锅连锁品牌通过精细服务进行产品策划

近些年，互联网突然出现了赞扬某火锅连锁品牌优质服务的各种夸张段子，如服务员美甲、唱生日歌、送房子、送汽车等附加服务。这些段子通过在微博、微信等社会化媒体传播逐渐成为"该火锅连锁品牌体"。"人类已经无法阻挡某火锅连锁品牌"的口碑神话在新媒体上越传越广。

"人类已经无法阻挡某火锅连锁品牌"，这句话像病毒一样在网络上迅速扩散，逐渐成为一种风潮，好事的网友们编出了各种该火锅连锁品牌的惊奇服务，出现了各种版本的该火锅连锁品牌服务传奇，从而引发了该火锅连锁品牌在新媒体上的传播热度。

该火锅连锁品牌的成功并非在于其口味，而在于其无与伦比的服务质量。在社交媒体和各种各样的分享网站上经常能看到调侃该火锅连锁品牌服务过于热情，反而导致顾客"社会性死亡"的例子。不论过于热情的服务态度是否会对该火锅连锁品牌产生负面影响，都体现出了该火锅连锁品牌的服务态度，这就是该火锅连锁品牌最大的卖点。

图 8-13 所示为某火锅连锁品牌的美甲与生日服务。

图 8-13 某火锅连锁品牌的美甲与生日服务

※**案例解析**

（1）产品服务，包括产品体验，对产品本身的体验和生产过程的体验，推出工业旅游、服务承诺、服务差异化、服务品牌的打造、个性化服务、衍生服务等等。

（2）"卖产品"的同时更要"卖包装"。在产品有相同质量的前提下，那些内在质量好、产品包装好的商品更具市场竞争力，更能赢得消费者的喜爱和青睐。

（3）历史文化或独特 IP 使商品促销市场巨大无比，且越来越巨大，因而其卖点更为商家所看重，值得策划者大力关注，大力利用。

8.7.4 案例四：某碳酸饮料品牌通过综合性营销进行产品策划

在 2012 年，某碳酸饮料品牌在澳大利亚推出了名为"Share a Coke"的宣传活动，将澳大利亚最常见的 150 个名字印在了瓶装、罐装产品上。见收效甚好，于是，2013 年夏季，该碳酸饮料品牌在中国推出了昵称瓶活动，昵称瓶在每个该碳酸饮料品牌包装瓶上都写着"分享这瓶该碳酸饮料品牌，与你的××××"。昵称瓶迎合了中国的网络文化，以新媒体为主要宣传平台，并同时开启个性化的昵称瓶定制，实现当季该碳酸饮料品牌独享装的销量较上年同期增长 20%，超出 10% 的预期销量的增长目标。

（1）借助媒体、明星、微博、微信等关键意见领袖进行新媒体内容的传播。

5 月 28 日，悬念海报预热开启，与之合作的媒体、意见领袖、忠实粉丝放出一系列悬念图片，5 月 29 日进行全网大揭秘。5 月 29 日之前，该碳酸饮料品牌陆续给一部分有影响力的明星、微博大 V 赠送了印有他们名字的特有的昵称瓶。为达到惊喜的效果，这些活动并没有事先通知。于是十分惊喜的合作者纷纷在微信、微博等新媒体社交媒体上晒出自己独一无二的该碳酸饮料品牌定制昵称瓶。图 8-14 所示为独特的定制包装。

图 8-14　独特的定制包装

（2）围绕代言人持续在线下和线上新媒体平台炒热话题，使话题升温。

6 月 9 日，某乐团深圳"爽动红 PA"演唱会正式公布快乐昵称瓶夏季活动全面展开。在演唱会现场，利用某手机应用软件同步录音发布，并通过微博、微信等新媒体预告后续线下活动行程；同时活动现场还摆放定制昵称瓶的机器，现场打印独一无二的昵称瓶标签，消费者可以印上自己的名字、昵称等，实现了线上线下的统一整合，从线上导流到线下，参与的粉丝线下拿到瓶子后再到线上晒照片，自发进行第二轮传播，形成了一个线上到线下再到线上的宣传策划闭环。图 8-15 所示为联动的演唱会宣传海报。

图 8-15　联动的演唱会宣传海报

（3）第三波：从衣食住行等方面的跨界合作带动在线声量，实现全包围式传播。

该碳酸饮料品牌与新浪微钱包合作，在活动的 7 天持续时间中，每天接受一定数量的瓶身定制，邮费 20 元。第一天放出 300 瓶，一个小时之内被订光；第二天放出 500 瓶，甚至半个小时之内被订完；第三天放出 900 瓶，更是只用了 5 分钟就被订完；第四天放出的 300 瓶该碳酸饮料品牌仅在 1 分内被抢光；后来几天的活动更是发展为几秒之内就被抢光。

同时该碳酸饮料品牌与其他行业合作，24 瓶凑齐一起卖，满足那些有收藏爱好的人；与某火锅品牌合作，给当日进餐过生日的消费者赠送定制瓶；与某网络消费平台建立合作，消费者购买一定数量的该碳酸饮料品牌就可以在该平台免费定制属于自己或朋友的昵称瓶。

2013 年，昵称瓶获得口碑与销量的巨大成功。所以 2014 年夏季，该碳酸饮料品牌又推出歌词瓶，将流行歌曲的歌词印在瓶身和易拉罐上展示。在歌词瓶的助推下，其在中国业务增长率达到了 9%，仅在 2014 年 6 月一个月内，歌词瓶即在上一年同期双位数增长的基础上，又为该碳酸饮料品牌带来 10% 的增幅。图 8-16 所示为独特的歌词包装。

图 8-16　独特的歌词包装

※案例解析

（1）营销策划理念和品牌定位是一脉相承的。从昵称瓶到歌词瓶再到台词瓶，是碳酸饮料品牌"流动性传播和策略性连接"营销理念的不断传承，把瓶身社交化做得越来越精细、越来越深入，同时始终秉持其"快乐和分享"的品牌定位，塑造了个性化的统一品牌形象。

（2）以新媒体平台为主要传播阵地，让用户主动自发参与，从而实现由消费者主观印象到消费者自发表达，充分挖掘目标消费者的想法和感受，将品牌理念与消费者本身建立连接，制造了更多的独立空间供消费者讨论，维持话题热度，引导讨论，且不生硬地主导舆论，而是转为让用户创造内容，自主自发参与帮助品牌扩大影响力，加强深度关系。

（3）利用现今社会的名人效应和粉丝效应，发动各个自媒体积极地参与新媒体平台的信息传播，充分发挥自媒体流量舆论领袖的影响优势，形成一定范围内的口碑传播。在如今的社交媒体上，每个人都可以称作自媒体，名人作为某种程度上的流量舆论领袖本身就具有很大的影响力。除了有影响力的关键意见领袖和明星外，碳酸饮料品牌也同样非常重视与忠实粉丝的互动。

（4）跨界合作，整合跨界双方的线上线下的优势，形成 O2O 的营销闭环。在微博上定制一瓶属于自己的碳酸饮料，从"线上"微博定制瓶的开始到"线下"消费者收到定制瓶作为中继，继而通过消费者拍照分享又回到"线上"的循环结束，O2O 模式让社交推广活动形成一种长尾效应。

（5）遍地撒网，全媒体覆盖，结合热点有节奏地维持话题热度。通过全网全覆盖的方式，该碳酸饮料品牌陆续推进各项活动，使面向的各个消费者都成为品牌传播的一分子。新媒体具有话题容易破碎、短时间内容易消逝的不可避免的缺点，但是在这样的营销活动中消费者不再是单纯的受众，而是已经完全参与到品牌的传播与塑造中，成为品牌的自主推广者。在话题热度下降时，该碳酸饮料品牌又可以持续推出新的活动方案，有节奏地维持话题热度。

（6）定制背后的逻辑是"专属性"。昵称瓶可以定制自己的昵称，歌词瓶可以定制自己喜欢的歌词，所有定制设计和"疯抢"背后的支撑都是"与自身相关"。包装定制是定制化的开始，人们往往会分享与自身息息相关的事或物，由此会再引起一轮传播。

课堂讨论： 上述案例带给你哪些启发？有什么值得借鉴的"点子"？

8.8　本章小结

本章主要介绍了进行产品策划所需要的具体内容和部分内容的基本流程。通过本章内容的学习，应该掌握的是产品策划是一个长期的过程，从产品立项到研发生产，最后到产品的销售以及售后服务，应该作为一个完整的链条来考虑。在这样一环套一环的模式下，应该通过学习获得成熟的观念和行为模式，最大可能地提高产品策划的效率和效果，为产品在市场上的表现做好铺垫。

第9章　产品定价

产品定价是一个比较近代的观念，其实就是给所有购买者规定一个价格。它形成的动因是十九世纪末大规模零售业的发展。历史中，多数情况下，价格是让买者做出选择的决定因素；最近的十年中，虽然非价格因素相对地变得更重要，但价格依旧是决定公司市场份额和盈利率的最重要原因之一。可以说，在营销组合中，价格是唯一能产生收入的因素，而其他因素为成本。

厂商在做出定价决策时所面临的三个主要问题是：对第一次销售的产品怎么定价；怎样根据时间和空间的转移制订一个产品的价格用来适应各种环境和机会的需要；怎样对竞争者的价格调整做出反应以及怎样调整价格。

9.1　产品定价的含义

市场营销组合中一个十分关键的组成部分就是一系列定义产品或服务价格的评估方法。

价格通常是影响交易成败的最重要因素，同时又是市场营销组合中难以确定的因素。企业定价的目标当然是促进销售，从而获取利润。这要求企业既要考虑成本补偿，又要考虑消费者对价格的接受能力，定价的策略具有买卖的双方双向决策的特征。此外，价格还是市场营销组合中最灵活的因素，它可以对市场做出灵敏的反映。图 9-1 所示为一款女士 T 恤的产品定价与分析表。

产品定价与分析表

					日期		
产品名称	女士T恤			型号\等级	B-0001\(一级)		
目前销量	80000			规格	M		
成本分析	成本项目	生产数量	成本占比	生产数量	成本占比	生产数量	成本占比
		10000		20000		50000	
	原料成本	120000.00	25.59%	210000.00	24.82%	480000.00	25.25%
	物料成本	135000.00	28.78%	200000.00	23.64%	510000.00	26.83%
	人工成本	36000.00	7.68%	72000.00	8.51%	150000.00	7.89%
	制造费用	15000.00	3.20%	29000.00	3.43%	62000.00	3.26%
	制造成本	13000.00	2.77%	25000.00	2.96%	49000.00	2.58%
	毛　利	150000.00	31.98%	310000.00	36.64%	650000.00	34.19%
	合　计	469000.00	100.00%	846000.00	100.00%	1901000.00	100.00%
参考单价	成本单价	46.90		42.30		38.02	
同类产品状况	生产公司	产品名称	品质等级	售价	估计年销量	市场占有率	备注
	**	女士T恤	一级	48	75000	34.09%	
	**	女士T恤	一级	45	75000	34.09%	
	**	女士T恤	一级	46	70000	31.82%	
定价分析	定价	估计年销量	估计市场占有率	利润	确认价格	代理价	
	45.00	85000.00	27.87%	1698300.00			
	46.00	80000.00	26.67%	1678400.00		零售价	
	47.00	75000.00	25.42%	1648500.00			
	48.00	70000.00	24.14%	1608600.00		促销价	
分析人：			审核人：		审批人：		

图 9-1　产品定价的流程图

9.2 产品定价的决定要素

影响产品定价的因素分别有四点,它们是成本与销售量、需求的关系、国家的政策和竞争因素。

1. 成本与销售量影响

产品成本是定价的最低经济边界。根据量本利盈亏分析,价格总水平在一定时期内必须超过盈亏水平平衡点时生产和销售的数量。只有这样才能有利润。只有在市场环境不好的情况下,作为一种短期权宜之计,才能将售价略高于变动成本。

实际上,产品的价格是根据成本和利润来确定的。成本可以分为固定成本和变动成本。产品的价格是由总成本决定的,有时只是由变动成本决定。成本有时分为社会平均成本和企业个人成本。就同类产品的市场价格而言,主要受社会平均成本的影响。当有足够的竞争时企业个人成本高于或低于社会平均成本,对产品价格影响不大。产品定价时要综合考虑产量、销售量、资金周转率等因素。成本因素应与影响价格的其他因素结合起来考虑。

例如"薄利多销""成本高价格高""高价招徕法"等定价策略,都是从成本和销售量的角度进行考虑的。图9-2所示为"利润"和"薄利多销"定价策略之间的关系漫画。

图9-2 "利润"和"薄利多销"定价策略之间的关系漫画

2. 需求关系影响

产品价格在受成本影响外,还受市场需求的影响。也就是说,它受商品供求关系的影响。做一个商人,当市场需求大于供给时,价格应该更高;当市场需求小于供给时,价格应该更低。相反的,价格变动影响市场总需求,进而影响销售,进而影响企业目标的实现。因此,企业制定价格的时候必须了解价格变化对市场需求的影响。反映这种影响程度的一个指标是商品的价格需求稳定系数。

3. 国家政策影响

对产品定价的影响表现在多个方面。比如国家的价格政策、财政政策、税收政策、产业政策将直接影响企业产品的定价。图9-3所示为有关猪肉涨价的漫画。

图9-3 有关猪肉涨价的漫画

4. 竞争因素影响

虽然企业在现代经营活动中普遍采用非价格竞争,即商品价格相对稳定,为了降低成本、提高质量、提供服务、加强销售和促销以增强竞争力,但也不能完全忽视竞争对手的价格。市场竞争也是影响价格制定的重要因素。根据竞争程度的不同,企业的定价策略也会有所不同。按照市场竞争的程度,可以分为完全竞争、不完全竞争和完全垄断。

(1) 完全竞争。所谓完全竞争,又称自由竞争,是一种理想化的极端情况。在完全竞争的条件下，有大量的买方和卖方。产品同质化，质量和功能没有差异。企业可以自由选择产品，买卖双方可以充分获得市场情报。在这种情况下，买卖双方都不能影响产品的价格，只能在市场上按固定价格进行生产和交易。

（2）不完全竞争。它介于完全竞争和完全垄断之间。这是现实中一种典型的市场竞争态势。在不完全竞争条件下，至少有两个买方或卖方，少数买方或卖方对价格和交易量有很大的影响。买卖双方获取的市场信息不足，活动受到一定限制，提供的同类商品也不尽相同。因此，它们之间存在着一定程度的竞争。在不完全竞争的情况下，企业的定价策略有更大的回旋余地。它不仅要考虑竞争对手的价格策略，还要考虑企业的定价策略对竞争态势的影响。

（3）完全垄断。它是完全竞争的对立面，完全垄断意味着商品的供应完全由独家市场控制。在完全垄断的情况下，交易的数量和价格由垄断者单方面决定。完全垄断在现实中很少见。

企业的价格策略受竞争的影响。完全竞争和完全垄断是竞争的两个极端，中间状态是不完全竞争。在不完全竞争条件下，竞争强度对企业的价格策略有着重要的影响。因此，企业首先要了解竞争的激烈程度。竞争的激烈程度主要取决于产品制造技术的难度、是否有专利保护、供需状况和具体的竞争格局。其次，要了解竞争对手的价格策略和竞争对手的实力。最后，要了解和分析企业在竞争中的地位。

案例　麦当劳与肯德基的价格竞争

美国快餐行业的两大巨头麦当劳和肯德基给我们提供了很好的经验。

进入中国市场之初，麦当劳和肯德基的产品同质性很强。他们在类似的产品上有直接的竞争，比如圆筒冰淇淋、辣鸡翅和鸡腿汉堡。然而，经过多年的竞争，他们并没有陷入同质化的挣扎，而是实现了双赢。究其原因，虽然他们都把对方视为最直接、最重要的竞争对手，在每一次战略和产品推出中都会考虑对方的反应，但他们并不是盲目模仿竞争对手，而是利用产品差异化的工具进行竞争。如今，麦当劳和肯德基的战略差异越来越明显。

图9-4所示为麦当劳与肯德基的logo。

麦当劳的新战略是扩大目标客户，并积极将目标客户群从传统的儿童和家庭定位延伸到具有更大消费潜力的年轻人。这一行为的直接战略意图是重新强化麦当劳统一、优质、快捷服务的品牌特色。肯德基正在加快本土化步伐，着力加快推出具有浓郁中国特色的新产品。国产化趋势更加明显。通过这种国际化和本土化的结合，肯德基可以扩大其吸引力和利润。

同时，两家企业都非常重视品牌建设。在这一点上，中式快餐企业做得很差。我们很难说出中国一家著名的中式快餐店的名字。作为创造市场竞争优势的重要手段，它也可以缩短品牌持续识别的过程。外国快餐进入中国后，

图9-4　麦当劳与肯德基的logo

一些小型快餐店以极低的价格经营炸鸡、薯条和其他类似产品。然而，他们并没有成功地转移顾客，打破麦当劳和肯德基的双寡头市场结构。究其原因，在于消费者的高品牌忠诚度。这样，两家企业就可以在不打价格战的情况下，赢得足够的市场份额，实现利润最大化的目标。

课堂讨论： 请结合所学知识思考：以上哪一个因素对产品定价的影响最大？

9.3 产品定价的趋势与分析

实际生活中，我们需要根据市场供需变化的各种因素及其动态，对产品定价进行趋势的分析。分析过程是收集相关信息和数据，运用适当的方法对市场变化规律进行分析、研究和探索，了解消费者对产品品种、规格、质量、性能、价格的意见和要求，了解某一产品的市场需求和销售趋势，了解市场需求产品的市场占有率和竞争对手的市场占有率，了解消费者的购买力，了解商品供给量的变化，了解商品供需平衡的不同情况（平衡、供大于求、供不应求），为企业生产经营决策——合理安排生产、市场竞争、客观经营决策——正确调整市场、平衡产销、发展经济提供重要依据。

通过分析，可以更好地了解市场上商品供求的比例关系，采取正确的经营策略，满足市场的需求，提高经营活动的经济效益。

分析的作用主要表现在两个方面：

1. 是企业正确制定营销战略的基础

企业的营销战略决策只有建立在扎实的市场分析基础上，充分理解和把握影响需求的外部因素和影响企业采购、生产、营销的内部因素，才能减少失误，提高决策的科学性和正确性，将经营风险降到最低。

2. 是实施营销战略计划的保证

企业在实施营销战略计划的过程中，可以根据市场分析获得的最新信息，检查判断营销战略计划是否需要修改，以及如何适应新形势或企业事先没有掌握的情况，从而保证营销战略计划的顺利实施。

只有利用科学的方法去分析和研究市场，才能为企业的正确决策提供可靠的保障。

市场分析可以帮助企业解决重大经营决策问题。例如，通过市场分析，企业可以知道自己在一个市场上是否有商机，或者能否在另一个市场上扩大市场份额。市场分析还可以帮助销售经理对一些小问题做出决策，比如公司是否应该立即适当调整价格，以适应节日期间顾客的消费行为；或者公司是否应该增加商家促销发放的奖励，以加强促销工作。

图9-5所示为国庆节假期产品促销广告。

图9-5 国庆节假期产品促销广告

9.4 产品定价的策略与方法

定价方法是在研究成本、需求和竞争的基础上，运用价格决策理论，在特定的定价目标指导下，企业计算产品价格的具体方法。定价方法主要有成本导向、竞争导向和顾客导向。

1. 成本导向定价法

成本导向定价法是中外企业最常用、最基本的定价方法，它是根据产品的单位成本和预期利润来确定价格的。成本导向定价法衍生了几种具体的定价方法，如总成本加成定价法、目标收益定价法、边际成本定价法、盈亏平衡定价法等。

（1）总成本加成定价法。在这种定价方法中，将某一产品生产过程中发生的所有费用纳入成本范围，计算出每单位产品的变动成本，合理分摊相应的固定成本，然后按照一定的目标利润率确定价格。

（2）目标收益定价法。目标收益定价法，又称投资收益率定价法，是根据企业的投资总额、预期销售额、回收期等因素确定价格。

（3）边际成本定价法。边际成本是指单位产品每增减一次所引起的总成本变动。由于边际成本与变动成本接近，变动成本的计算也比较容易，因此在定价实践中经常用变动成本代替边际成本，边际成本定价法被称为变动成本定价法。

（4）盈亏平衡定价法。在销售量固定的条件下，企业产品的价格必须达到一定的水平，才能实现盈亏平衡和收支平衡。固定的销售量叫作盈亏平衡点，这种定价方法叫作盈亏平衡定价法。科学预测销售量和已知的固定成本和可变成本是盈亏平衡定价的前提。

2. 竞争导向定价法

在竞争激烈的市场中，企业根据自身的竞争实力，参考成本和供求状况，通过研究竞争对手的生产条件、服务条件、价格水平等因素来确定商品价格。这种定价方法俗称竞争导向定价法。竞争性定价主要包括：

（1）随行就市定价法。在完全垄断和完全竞争的市场结构下，任何企业都不可能凭借自身实力在市场上取得绝对优势。为了避免竞争特别是价格竞争造成的损失，大多数企业采用市场定价法，即将本企业产品的价格保持在市场平均价格水平，并以此价格获得利润平均报酬。另外，采用市场定价法，企业不需要充分了解消费者对不同价差的反应，也不会造成价格波动。

（2）产品差别定价法。产品差别定价法是指企业通过不同的营销努力，使同质产品在消费者心目中树立不同的产品形象，然后根据自身特点，选择比竞争对手价格低或高的价格作为企业产品价格。因此，产品差别定价是一种攻击性定价方法。

（3）密封投标定价法。在国内外，许多大宗商品、原材料、成套设备和建筑工程的销售与承包，以及小型企业的销售，往往采用发包人招标、承包人投标的方式来选择承包人，确定最终的合同价格。一般来说，只有一个招标人处于相对垄断地位，而有多个投标人处于竞争地位。投标材料的价格由各参与投标的企业在独立条件下确定。在买方投标的所有投标人中，价格最低的投标人通常中标，其价格为合同价格。这种竞争性定价方法称为密封投标定价法。

3. 顾客导向定价法

现代营销理念要求企业的一切生产经营必须以消费者的需求为中心，充分体现在产品、价格、分销和促销上。根据市场需求和消费者对产品感知的差异来确定价格的方法称为顾客导向定价法，又称市场导向定价法和需求导向定价法。需求导向定价法主要包括理解价值定价法、需求差异定价法和逆向定价法。

（1）理解价值定价法。所谓"理解价值"，是指消费者对商品价值的主观评价。理解价值定价法是指企业运用各种营销策略和手段，影响消费者对商品价值的认知，形成对企业有利的价值，然后根据消费者眼中商品的价值来定价。

（2）需求差异定价法。所谓需求差异定价法，是指根据需求确定产品价格，强调适应消费者需求的不同特点，把成本补偿放在次要地位。这种定价方法为同一市场上的同一商品设定两个或两个以上的价格，或者使不同商品的价格差大于其成本差。其优点是企业可以使定价最大限度地满足市场需求，促进商品的销售，有利于企业获得最佳的经济效益。

（3）逆向定价法。这种定价方法主要不考虑产品成本，而是着眼于需求情况。根据消费者能接受的最终销售价格，计算中间商批发价和厂家出厂价。逆向定价法的特点是：价格能反映市场需求，有利于加强与中间商的良好关系，保证中间商的正常利润，使产品迅速渗透到市场，并根据市场供求情况及时调整，定价更加灵活。

> **案例** 某知名奶茶品牌的定价策略

首先，某知名奶茶品牌先分析了整个市场，再来进行定价，现在的消费者都爱喝奶茶，市面上不同品牌的奶茶也是越来越多，这对奶茶店来说既是优势，又是劣势。某知名奶茶品牌有一点做得很好，它分析了消费人群，因为价格决定了消费者的支付成本，不同群体的购买能力不同，对商品的追求也不同。像学生这个群体可能就承受不了较高的奶茶价格，但是白领对奶茶价格的接受程度就要高很多。所以说，某知名奶茶品牌将主要消费人群定在白领身上，基于白领的消费人群画像，再结合自身的相关成本，某知名奶茶品牌的价格在20元至30元之间，定价比普通奶茶稍高。

为了稳固价格，某知名奶茶品牌遵循了一句话：如果在同类产品中，第一个建立高价定位，那么优势尤为明显。但需要注意的是，高价必须要有真正的差异化作为支撑。所以从定价到营销上某知名奶茶品牌抓住了"热销流行"这个差异化关键词，使得其定价让消费者认为十分合理，从而占领了奶茶市场的"高价"空位。

比如在传统制作工艺的基础上加上了芝士奶盖、抹茶粉等创新因素，同时还提供低脂低糖品类，推出时令水果茶等受追捧的新品。此外，某知名奶茶品牌拥有自己的种植基地，在茶叶配比、生产工艺方面不断进行研发探索，保证品牌的独特口感。并快速在上海、北京、杭州等地的一线购物中心开店，塑造自己一线品牌的气质，占领了顾客心理制高点。为了吸引不同类型的消费者，某知名奶茶品牌还进行了门店的多样化升级。根据店面的装修风格分为黑金店、PINK店、标准店，目的是为在服务好女性用户群体的同时，加强对男性消费群体的吸引。

同时,某知名奶茶品牌店铺的位置也非常讲究,都会尽量开在知明咖啡店的旁边,在消费者心中形成品牌质感,增加了品牌的商业价值。在这个消费基础上,如果一杯茶饮能在颜值、口感、味道各方面满足这一类消费人群的需求,加上设计、消费体验的打造,卖到同等价位是完全没问题的。某知名奶茶品牌现在的成功已经不用多说,根据定价策略来看,某知名奶茶品牌实际上是通过自己的产品定价,定位了自己的目标人群,所以基本上它背后的产品研发、品牌打造,都围绕着这个人群来展开。

对于各位茶饮店老板来说,如果不知道自己经营的奶茶应该卖多少钱,那么可以看看周围的一些奶茶店卖多少钱。因为他们已经告诉了你,你的顾客一般接受什么价格。图 9-6 所示为某知名奶茶品牌的 logo 和产品图。

图 9-6　某知名奶茶品牌的 logo 和产品

4. 各种定价方法的运用

企业的定价方法很多。企业应根据不同的经营战略和定价策略,不同的市场环境和经济发展状况,选择不同的定价方法。

(1) 成本导向定价法本质上是一种卖方导向定价法。它忽视了市场需求、竞争和价格水平的变化,有时与定价目标脱节。另外,该方法的定价是基于对销售量的主观预测,降低了定价的科学性。因此,在采用成本导向定价法时,需要充分考虑需求和竞争,确定最终的市场价格水平。

(2) 竞争导向定价法是以竞争对手的价格为基础的。其特点是:价格与商品成本和需求没有直接关系;当商品成本或市场需求发生变化,但竞争对手的价格不变时,应维持原价;反之,虽然成本或需求不变,但竞争对手的价格发生变化,商品价格应作相应调整。当然,为了实现企业的定价目标和整体经营战略目标,谋求企业的生存或发展,企业可以在其他营销手段的配合下,将价格定得高于或低于竞争对手的价格,即并不一定要求产品的价格与竞争对手的价格完全一致。

(3) 顾客导向定价法是一种市场导向定价法。价格随市场需求的变化而变化,与成本因素没有直接关系。符合现代营销理念的要求。企业的一切生产经营都是以消费需求为中心的。

表 9-1 所示为三种产品定价方式的优缺点。

表 9-1　三种产品定价方式的优缺点

定价方法	优　点	缺　点
成本导向定价法	计算方法简便易行，资料容易取得；能够保证企业全部成本得到补偿，并获得正常利润；有利于保持价格稳定，固定的加成使企业获得较高利润；只要同行业企业的加成比例相近，定价也就相近，这样可以减少或避免价格竞争	忽视了产品需求弹性的变化；忽略了产品寿命周期的变化；不利于企业降低产品成本，容易掩盖企业经营的不正常支出，不利于企业提高效率；价格是建立在对销售量的主观预测基础上的，降低了价格制定的科学性
竞争导向定价法	考虑到了产品价格在市场上的竞争力	过分注重价格竞争，容易忽视其他可能导致产品差异化的营销组合的竞争优势；很容易引起竞争对手的报复，导致恶性价格竞争，使公司无利可图；实际上竞争者的价格变化并不能被精确的估算
顾客导向定价法	灵活有效地运用价格差异，对平均成本相同的同一产品，价格随市场需求的变化而变化，更好地适应市场经济	要求确定消费者对于各种不同产品感受的价值是多少，然而这很难衡量，而且费时费力

成本导向定价、竞争导向定价和顾客导向定价在简单性、风险性、投机性和早期投资性方面有很大的不同。但我们都有自己的价值，适合不同的商品。在实体市场经济中，我们不能坚持一种定价方法。要结合实际情况，采取多种定价方法的互补方法，更好地适应市场。

课堂讨论： 通过上述方法的学习，假设现在你作为一家奶茶店的老板，你会怎样制订奶茶的价格，请简要地给出一个方案。

9.5　产品升降价格的策略与方法

产品价格确定后，企业往往会因客观环境和市场条件的变化而对价格进行修改和调整。

9.5.1　主动调整价格

1. 降价

企业在以下情况须考虑降价：

（1）企业产能过剩，生产过剩，库存积压严重，市场供过于求。企业降价刺激市场需求。

（2）面对竞争对手的"价格战"，企业不降价就会失去客户或降低市场份额。

（3）随着生产成本的下降，科学技术的进步，劳动生产率的不断提高，生产成本的逐步下降，市场价格也应该下降。

2. 提价

提价一般会遭到消费者和经销商反对，但在许多情况下不得不提高价格：

（1）通货膨胀。随着物价的普遍上涨，企业的生产成本必然增加。为了保证利润，他们不得不提高价格。

（2）产品供不应求。一方面，采购商激烈争夺货源，为企业创造有利条件；另一方面，可以抑制需求过快增长，保持供需平衡。

9.5.2　购买者对调价的反应

顾客们对降价可能会有以下看法：①产品的样式老了，将被新的产品代替；②产品有缺点，销售不畅；③企业财务出现困难，导致无法继续经营；④价格还要进一步下跌；⑤产品质量下降了。

顾客对提价的可能的反应：①产品非常畅销，不买就可能买不到了；②产品很有价值；③卖主想赚取更多利润。

购买者对不同价值产品价格的反应也不同。他们对价值高、购买频繁的产品价格变化更为敏感；而对于价值低、购买不频繁的产品，即使单价高，购买者也不关心。此外，买方通常更关心的是购买、使用和维护产品的总成本，因此卖方可以将产品的价格定得高于竞争对手，从而获得更多的利润。

9.5.3　竞争者对调价的反应

竞争者对调价的反应有以下几种类型：

（1）相向式反应。你提价，他涨价；你降价，他也降价。这种始终如一的行为对企业影响不大，不会导致严重后果。企业坚持合理的营销策略，不会失去市场，降低市场占有率。

（2）逆向式反应。如果你提高价格，他会降低或保持原价不变；如果你降低价格，他会提高或保持原价不变。这种冲突行为产生了非常严重的影响，而竞争对手的目的也非常明确，即抓住机会争夺市场。对此，企业应该进行调查分析，首先找出竞争对手的具体目的，其次估计竞争对手的实力，然后了解市场竞争格局。

（3）交叉式反应。很多竞争对手对企业调价反应不一，有的是相向的，有的是相反的，有的是不变的，情况复杂。企业在进行价格调整时，应注意提高产品质量，加强广告宣传，保持销售渠道畅通。

9.5.4　企业对竞争者调价的反应

在同质产品市场中，如果竞争对手降价，企业必须降价，否则企业将失去客户。如果一家企业提价，其他企业也会相应提价（如果对整个行业有利），但如果一家企业不提价，第一家企业和其他企业就得取消提价。

在异质产品市场中，购买者不仅要考虑产品价格，还要考虑质量、服务、可靠性等因素。因此，如果买家对小差价反应不灵敏或不敏感，企业对竞争对手的调价反应就更为自由。

企业在应对时，首先要分析：竞争对手调价的目的是什么？调价是暂时的还是长期的？它能持续吗？面对竞争对手，企业应该权衡得失：是否应该做出反应？如何回应？此外，还必须分析价格的需求弹性和产品成本与销售量的关系。

企业要想快速响应，最好提前制定响应程序，按当时的程序处理，提高响应的灵活性和有效性。

9.6　产品价格组合的策略与方法

组合定价策略是指处理企业各种产品之间价格关系的策略，包括系列产品定价策略、互补产品定价策略和完整产品定价策略。它是针对不同产品组合的关系和市场表现的灵活定价策略。一般是按照一定的综合毛利率对相关商品进行联合定价。对于替代品，适当提高畅销品的价格，降低滞销品的价格，从而扩大后者的销售，使两种销售相互受益，增加企业的利润总额。对于互补性商品，有意识地降低进货率低、需求价格弹性大的商品价格，提高进货率高、需求价格弹性小的商品价格，将达到同时增加各类商品销售量的良好效果。

常用的产品组合定价形式有以下几种。

（1）产品线定价。产品线定价是根据买方对同一产品线不同档次产品的需求，选择和设计几个不同档次的产品和价格点。

（2）任选产品定价。也就是说，在提供主要产品的同时，还提供可选产品或配件。

（3）附属产品定价法。以较低的价格销售主要产品来吸引顾客，以较高的价格销售替代品和配件来增加利润。例如，美国柯达公司推出了一款与柯达胶卷配套使用的相机，价格经济实惠，虽然柯达的胶卷价格比其他品牌的胶卷贵，但该相机的畅销带动了柯达胶卷销量。

（4）副产品定价法。在许多行业，在生产主要产品的过程中，往往会产生副产品。如果这些副产品对某些客户群体有定价，则必须根据其价值进行定价。更多的副产品收入将使公司更容易为其主要产品设定较低的价格，以提高市场竞争力。因此，制造商需要找到一个需要这些副产品的市场，并接受任何足以支付副产品储存和运输成本的价格。

（5）捆绑定价。将几种产品组合起来，以低于单独销售时支付的总金额的价格销售。例如某平台 App 上将手机与售后服务捆绑销售，如图 9-7 所示。

如果出售的是产品组合，则可以考虑采取如下定价策略：

（1）搭配定价——将多种产品组合成一套定价；

（2）系列产品定价——不同档次、不同款式、不同规格、不同颜色产品的定价；

（3）主导产品驱动——限制主导产品价格，改变消费材料价格；

图 9-7　手机捆绑销售

（4）基于附加产品的差别定价——根据客户选择的不同配件，主导产品的价格是不同的。

此外，还要考虑价格心理因素，如折扣、价格尾数、优惠等。

案例 方便面和便当盒的产品组合

单品陈列销售很考验经销商和终端的能力，因为单品往往很难在众多同类竞品的货架上一枝独秀，脱颖而出，这时就要通过陈列和产品组合增加产品附加值。

方便面是大宗消费品，我们经常看到超市里有些大包的方便面捆绑着精美的便当盒，这不仅可以解决消费者怎样泡袋装方便面的问题，还可以当成小储存盒存放各种小东西，用途广泛。

这样一来，本来是消费者首选的品牌、口味等因素就会被便当盒带来的更加便利、实用的特性所取代。这种方便面的销量都很可观，以至于后来更多品牌的方便面采用类似的促销方法，例如赠送围裙俘虏了爱厨人士、送火腿肠吸引了嘴馋的食客等。其实，这些本品以外的捆绑搭赠行为之所以能有大的效果，就是因为抓住了消费者求方便、求实惠的心理，尤其对于方便面等日常所需的食品来说更加重要。

图9-8所示为方便面与便当盒捆绑销售。

图 9-8 方便面与便当盒捆绑销售

课堂讨论： 与同学们交流，在生活中你遇到过哪些捆绑销售的经历？

9.7 产品定价案例分析与实践

9.7.1 案例一：巧用产品组合的屈臣氏——用个性化零食提高产品定价

屈臣氏是屈臣氏集团旗下的一个品牌，是一家专注于保健和美容的公司。屈臣氏集团（香港）有限公司成立于1828年，是长江和记实业有限公司旗下的国际零售和食品生产组织。其业务遍及34个地区，拥有8400多家零售店和98000名员工。集团产品包括保健品、美容产品、香水、化妆品、食品、饮料、电子产品、葡萄酒和机场零售业务。屈臣氏在中国200多个城市拥有1000多家门店和3000万会员，是中国最大的保健美容产品零售连锁企业。

※ 案例解析

当前，卖场门店众多，无论是个体的、连锁的、国内的还是外资的，每一家卖场都会将自己的特色消费文化呈现给消费者。而在食品销售领域，港资屈臣氏有一定的代表性和借鉴性。

众所周知，屈臣氏的陈列非常明显地展示了它的目的性和文化。屈臣氏把消费群体精准定位于购买力强、对产品追求欲望高、对商品忠诚度和依赖感强的年轻消费者，同时，借助这类消费人群，屈臣氏可以通过小投入获得稳定的消费群体和高利润的回报。仔细观察就可以发现屈臣氏的用心定位和精美陈列。年轻的消费者爱美爱潮流，屈臣氏就提供最潮的美容护肤品，这是它的主流商品线。

与此同时，屈臣氏还希望年轻的顾客们在买完护肤品、化妆品之后，还能有更多的购买选择，于是又在卖场内设定了小食品区域。

屈臣氏陈列货架上的小食品大多数是普通卖场买不到的进口食品，或者特别口味的休闲零食，还有个性的饮料产品。再细究会发现，这些产品都是新潮、吸引年轻人的商品，和屈臣氏本身的化妆品体系相得益彰，十分契合。主次分明的商品陈列起到了一般卖场无法比拟的效果，也让屈臣氏的货架成为个性化小零食的销售场所，吸引了众多忠实的年轻消费者。图 9-9 所示为屈臣氏门店。

图 9-9　屈臣氏门店

9.7.2　案例二：利用捆绑销售的好丽友——在不减少利润的情况下提高产品销量

好丽友成立于 1956 年，是韩国四大食品公司之一。好丽友于 20 世纪 90 年代中期进入中国市场，1995 年在中国河北省廊坊经济技术开发区成立了第一家好丽友食品有限公司，立志将中国市场打造成 Best Global Pie Company 的典范。中国好丽友的产品线主要包括三大系列：第一大系列是派类产品，第二大系列是蛋糕类产品，第三大系列是口香糖类产品。馅饼产品包括好丽友派、好丽友蛋黄派、好丽友提拉米苏派、好丽友鲜浆果派等；蛋糕产品包括好丽友 Q 提摩卡巧克力蛋糕、好丽友友好蛋糕；口香糖产品包括好丽友果胶和好丽友木糖醇 3+ 无糖口香糖等，好丽友是 Pai 产品和 Pai 文化的创始人。自 1974 年好丽友首创并上市巧克力派以来，历经 30 余年畅销不衰。目前，好丽友生产的派已经畅销海外 60 多个国家和地区，在世界巧克力派市场占有绝对领先的份额。

※ 案例解析

食品巨头好丽友是值得我们分析和学习的。在国内，只有极少数企业自己研发产品，更多的企业是跟着市场走，跟风模仿，而好丽友一直都以创新的态度领先于人。

好丽友的几大系列产品几乎占据了国内的几大卖场，它产品的促销都较为简单，主要的方式就是降价，但是它推新品的组合模式确实值得学习，甚至是一种高效率、低成本的艺术行为。

举个例子，薯愿开始只有三个口味，在口味销售出现不均衡的时候就顺势推出了口味组合礼盒包装，将三个口味包装在一起，或者将两盒卖得好的口味组合，同时搭配一盒销售一般的口味，然后再特价促销。这种模式下，很多消费者都认为赚了便宜，不过，实际上三合一做特价比单盒做特价降低了很多成本，可保证产品均衡发展，并为好丽友贡献丰厚的利润。图 9-10 所示为好丽友薯片。

此外，好丽友在推新品时，常常会利用自己的销售渠道花大心思做捆绑，再通过市场反馈决定如何定位。最近热卖的蜂蜜黄油薯片会捆绑白色的清新芒果味薯条来销售，并且会用大字样的标签来告诉消费者这是品尝品。好丽友在中国市场上的经销商常常会利用完善的渠道迅速铺开市场，用捆绑搭赠吸引消费者，通过市场反馈收集第一手的信息来判断新口味的受欢迎程度，这种模式高效率、多收益，远胜其他品牌的促销行为。

图 9-10　好丽友薯片

9.7.3　案例三：将两类产品放进礼盒统一定价的某知名坚果品牌——零食的黑马

在动画电影《冰河世纪》中，一只永远追着坚果跑却又追不上的松鼠让人忍俊不禁。而在互联网界，仅 2016 年就卖了 50 亿元坚果的某知名坚果品牌，创造了坚果电商品牌的奇迹。2012 年 2 月，某知名坚果品牌就在安徽省的芜湖市成立，同年 6 月在天猫商城中上线。如今，站在风口上的某知名坚果品牌已经成为休闲零食类的独角兽企业。

图 9-11 所示为某知名坚果品牌天猫旗舰店截图。

图 9-11　某知名坚果品牌天猫旗舰店截图

※案例解析

一般来说，大力度推广有利润的产品，常常会造成经销商所经营的产品出现销售不均衡的情况。因此，经销商经常会把高利润和低利润的产品结合在一起推广来增加销量。在这个过程中，怎样的组合活动更有效呢？

以薯片举例，番茄口味的薯片卖得最好，经销商经常会让下游卖场进一些销售一般的其他口味薯片组合销售，这是最基础的食品组合。

此外，这两年来，在节前的销售高峰期，很多卖场会推出包装很精美的炒货礼盒，里面有开心果、松子、葵花籽、花生等不同炒货的混装。这些产品单拿出来，开心果和松子价格比较高，但在销量上可能比花生和葵花籽小很多。而花生瓜子虽然实惠量大，附加值和利润却很低。图9-12所示为某知名坚果品牌的食品礼盒。

通过这样的搭配，整体礼盒上升了一个档次，价格更容易被消费者所接受，经销商利润也能最大程度上得到保障。而且对于消费者来说，这种炒货组合十分契合消费的潮流，让礼盒整体感觉更丰富、更多元、更高档、送人更有面子。因此，通过高利润和低利润产品做组合可以起到市场双赢的作用。

图9-12　某知名坚果品牌食品礼盒

9.7.4　案例四：超市将不同产品组合定价

现如今，各大超市都会有饮品大礼包，将一些平时不好卖的，或者临期产品放在一起，进行降价销售，其销量竟然达到了不可思议的高度。这样不仅能够帮超市清理库存，同时保证了超市的利益。图9-13所示为超市饮料礼包。

※案例解析

很多产品都有淡旺季，比如冰淇淋在炎热的夏天是最受欢迎的食品，而到了冬季销量便非常低迷，厂家和经销商都要经历长达半年的休眠期。其他产品虽然不像冰淇淋淡旺季这么明显，但是也会受到一定影响。比如过年过节都是饮料的销售高峰期，而牛奶则没有淡旺季

图9-13　超市饮料礼包

之分，因为消费者已经养成了早晚定量喝牛奶的习惯，所以牛奶的销售量相对啤酒饮料更加平稳。

经销商为了增加销售量，有时会将饮料和牛奶这些看似是竞争类的消费品进行捆绑或搭赠促销，常常会起到意想不到的效果。例如在过年假期前是饮料的销售高峰期，经销商给下游进货商推出了"买十箱饮料，赠一箱原品饮料，再送一箱年后二月份的牛奶"的进货券，这意味着下游的进货商以10箱的钱进了11箱的饮料和一箱的牛奶，获得了利润的最大化。

经销商看似比较吃亏，因为用很薄的利润销售了饮料还得白白搭出去一箱牛奶。但是，

年后往往是食品行业的销售淡季，年前提前销售了一箱牛奶，能够保证经销商在二月份的牛奶销售量，经销商只是把应该在二月份进行的营销活动提前到了年前，比别人更快一步，既锁定了稳定的销量还将成本降至最低，这着实是经销商在做终端组合销售的一着妙棋。

9.8　本章小结

产品的定价是一项非常复杂的工作，它的具体操作和过程需要考虑许多方面的因素。在制定价格的过程中，要严格按照以上制订价格的方法和策略进行。同时在选定制定价格方法时，还要结合企业的当前目标和企业的实际情况，以避免陷入"只问销售，不问利润"的"恶性价格竞争"。还有，在确定最终价格时，必须要考虑企业产品的实际质量和企业的品牌效应以及竞争者的价格，来确定最终价格。只有这么做才能够实际、科学地去指导企业的定价。

第10章 选品的规范和流程

威尔斯·威尔德提出了进行产品选品的最好例子,他发现,"绝大多数的技术系统都是跟随趋势走向的,然而,绝大多数产品大约只有 30% 的时间处于良好的趋向模式(高指向性的变动)。如果交易者总是选择相同的产品,那么它的系统就必须能够在 30% 的时间里赚到比此系统在其他 70% 时间里失去的资本要多的利润。请把这种方法与只对在商品选择指数表中排列靠前的五到六位的商品进行交易的方法进行比较。这就是潜在的概念。"因此,如何选择一款产品,是一门大学问。

10.1 产品选品的含义

产品选品是指根据销售环境的具体情况,结合一定的数据分析和自身的情况来选择要经营的行业及具体类目下的产品。

产品的目标消费人群、利益点、产品特性、产品所处的行业特征以及产品的价格可比性等决定了产品是否处于有极度竞争力的状态。如果产品缺乏竞争力,但仍然将这类产品强行推向市场,失败的概率会非常高,即使通过各种营销策划手段获得了一定的成功,也是"杀敌一千,自损八百",付出的代价十分高昂,且胜利果实无法持久。

10.2 产品选品的技巧

无论一个企业、一个创业者或者一个经销商,成功选择产品是其能否赢利的重要因素。

10.2.1 产品选品的三个维度

1. 外观好看

(1) 包装。

包装分为外部展示包装、产品展开样式两个层面,外部展示包装是指产品在未拆封之前所呈现出的形态,是否有品牌联名、特殊造型、制定颜色、限定款式等;而产品的展开样式则重点考察产品在使用时具备何种特别之处,例如珀莱雅泡泡面膜等,能够从产品使用中呈现出的特性抓住消费者的眼球,形成产品认知进而引发消费者购买欲望。

（2）触摸质感。

除了产品第一时间呈现给人们的视觉感受外，我们也可以通过触摸来感受包装的质感，感受其触感是粗糙的、光滑的、坚硬的还是软趴趴的；以及产品是否使用了新颖独特的包材器型，或者在打开过程中是否会出现易卡易烂的不良现象，导致体验不佳。

（3）感受艺术感。

美妆品牌重文化，偏爱于与艺术家合作，设计联名限量款。融入艺术的包装，碰撞出不一样的火花，也备受消费者青睐。

2. 质量好

我们可以从三个方面，反推产品的品质保障有哪些。

首先，产品要有核心竞争力，在某一具体功能上受到市场和消费者认可；热销的明星产品有相当的知名度和口碑加持，相对其他产品在带货上有天然优势。如果是面对非知名的产品，我们可以挖掘其本身特性，比如创新性，像抖音大火的网红奶茶，此类产品可以抢占消费者的心智，认识度和记忆度更高。

其次，有品牌背书的产品更受市场欢迎，对于品牌产品的基本信息要描述详细、具体，比如图片、详情页、备案情况等，对产品所属的集团背景也应介绍清楚。

最后，一定要对产品资质进行严格把控，授权信息、商品生产信息、认证证书等是否合法有效，例如标示和宣传"祛斑""美白"功能的化妆品在生产销售前是否取得特证。

3. 性价比高

产品价格不仅影响到消费者的购买意愿，还关系到经销商佣金等利益问题。所以我们要先知道什么价位的产品在市面上更受欢迎，更有优势，更容易火爆。

10.2.2 产品选品的原则

1. 选择最舍得花钱的目标消费群

在选择产品时，首先要分析产品的销售目标，即产品的消费者是愿意为自己花钱，还是愿意为他人花钱。

例如同样是女性消费群，十八九岁的女孩和家庭主妇这两类消费群体的推广难度是不一样的，十八九岁的女孩刚刚参加工作，上学时手头通常不太宽裕，好不容易有了属于自己的薪水，压抑已久的购买欲望就会像放了闸的水一样汹涌而出，消费一般无计划性，属于冲动型购买，因此这一类群体的产品推广难度较小，付出的代价也小。而家庭主妇上有老下有小，消费时会仔细小心，精打细算，以理性购买居多，所以针对家庭主妇的产品被接受的难度就较大，产品推广付出的代价也相对较大。

选择产品首先就是要清楚产品该卖给谁，产品的目标消费群是不是最舍得和最容易花钱的一个群体。如果是，产品的选择就走对了第一步，但不代表就可以因此而确定产品，还要考虑选择产品的第二项基本原则：分析产品利益点在消费者心目中的迫切性。

2. 分析产品利益点在消费者心目中的迫切性

犹太人曾说过"妇女和儿童的钱最好赚"，也就是前面提到的选择最舍得花钱的目标消费群体之一，但产品的选择远非一句"妇女和儿童的钱最好赚"这么简单，老年群体和男性群体不代表就没有使之容易花钱的产品，而容易花钱的群体也不是每种产品都会购买。从严格意义上来讲,消费者购买产品,并不是购买产品本身,而是购买产品本身所能带给消费者的好处,也就是产品的利益点。产品的利益点包罗万象,但利益点本身除了没有需求的产品和非用不可的被动消费型产品之外,其利益点的需求程度一般有三种,即迫切需求型、一般需求型、可有可无型。

三种产品的具体内容如表10-1所示。

表 10-1　依据利益点需求程度的三种产品的类型

产 品 类 型	可 选 择 性
迫切需求型的产品	首选产品,只要方向正确,在进行市场推广时很容易启动市场,且付出的代价较少
一般需求型的产品	可以选择,但要充分考虑选择产品的其他几项原则综合决策
可有可无型的产品	千万要慎重,否则往往容易陷入泥潭不能自拔。即使市场启动成功,也往往会损失惨重,代价巨大

3. 分析产品的心理属性与利益属性

产品的心理属性有三种:感性商品、理性商品和介于感性商品和理性商品之间的商品,具体内容如表10-2所示。

表 10-2　三种心理属性的产品

产品的心理属性	内　　容
感性商品	消费者在购买该产品时的消费心态是不需要深思熟虑即可做出购买决定,如小食品、饮料以及一些价值较低的产品
理性产品	消费者在购买该产品时的消费心态很谨慎,需要经过深思熟虑才会做出购买决策,如药品以及一些价值较高的产品如电器、汽车等
介于感性与理性之间的产品	如一些特殊的功能性化妆品和保健品等

选择感性产品还是理性产品,关键要看企业自身实力以及该产品所处的行业阶段,再结合上述几项原则综合考虑。

产品的利益属性就是判断该产品属于长线产品还是短线产品,如果是一个实力较小的企业,最好能选择一些短线的感性产品以获得原始资本的快速积累;如果是一个实力较强的企业,可考虑一些长线的理性产品从容发展。

4. 分析产品所处的行业阶段

一般来说,一个行业的市场发展会经历以下几个时期,混沌期、启蒙期、跟风期、混战期、平定期,如图10-1所示。

图 10-1　行业市场发展的五个阶段

所谓混沌期,是指行业的市场推广和竞争处于粗放状态,大家的竞争意识普遍不强。无论是产品、包装、渠道、价格、广告、品牌,都处于"西线无战"的混乱状态。

所谓启蒙期，是指有远见的企业意识到竞争对手粗放的巨大机遇，开始从各个方面整合产品和品牌资源。由于竞争对手普遍较弱，启蒙者的系统营销推广迅速产生了巨大的效果，迅速拉开了与竞争对手的差距，获得了巨大的市场效益。

在启蒙者先期巨额市场利益的刺激下，大批竞争对手纷纷觉醒，开始强化竞争力，有计划有步骤地系统推广，这就进入了这个行业的跟风期。

由于跟风者越来越多，竞争越来越激烈，整个市场竞争进入了不计成本的厮杀阶段并逐渐失去理智，由此进入了行业发展的混战期。

经过一段时间的非理性混战，一大批没有实力或经营不善的企业被淘汰，留下几家行业龙头瓜分市场，行业进入了干预门槛高的平定期。例如家电、饮料等发展较早的行业，无不是经历了这几个阶段，很多品牌的成功并不是其做得有多出色，而是掌握历史时机，在竞争较弱的时候迅速壮大了自身，否则，等市场发展成熟就没有机会了。作为一个新企业，在进行产品选择时一定要密切注意该产品所处的行业属于哪一个发展阶段，如处于混沌期与启蒙期，不着急，看准了再上，进入跟风期，要快速介入，一旦所选择的产品处于混战期或平定期，就要小心斟酌，如果不掂量掂量贸然介入，血本无归的可能性非常大。

5. 分析产品的价格可比性

产品的价格可比性是一个很有意思的现象，有的产品在消费者心目中价格定位非常明确，即消费者认为这种产品就是这个价，你想多加一点根本都无法被消费者所接受，如纯净水、碳酸饮料，而有的产品在消费者心目中没有固定的价格定位，多一点少一点不会过多地影响消费者的购买决策，如休闲食品，换一种包装，换一种概念，换一种形式或换一种说法都可以轻易改变价格且不会令消费者反感，选择一个无价格可比性的产品要远比选择一个价格可比性非常明确的产品容易推广成功。

产品的选择是企业发展的重中之重。若是产品选择不当，则可能造成劳民伤财、代价惨重，产品选择恰当，实现收益、快速发展，企业在选择产品时，要摒除那种八股文式的理论性可行性报告，遵循选择最舍得花钱的目标消费群、分析产品利益点在消费者心目中的迫切性、产品的心理属性与利益属性、分析产品所处的行业阶段、分析产品的价格可比性。根据选择产品的五项基本原则，缜密研究，就一定能正确判断，"抱得美人归"。

10.2.3　产品选品的流程

产品选品的流程分为六个部分：遵循原则挑选合适产品类别、分析通过产品利润挑选产品、挑选合适的供货商、签订采购合同、产品质量检验和组织产品入库及付款结账，如图 10-2 所示。

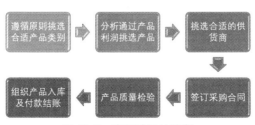

图 10-2　产品选品的流程

10.2.4 产品选品在直播带货中的应用

以上,我们所讲的是在企业层面上进行选品的规范和流程,随着直播"带货"的高速发展,这种新模式给商品销售带来了新的突破口。直播带货的三要素,也就是"人、货、场",它的选品原则包括以下几个方面:

1. 产品与账号定位属性相关联

如果你的账号定位是美食主播,那么直播带货产品尽量选择与美食相关产品。一方面你对产品的熟悉度高,另一方面也符合粉丝对账号的预期,更有助于提升产品转化。

2. 产品需要亲自检测

一是从遵守法律法规的角度出发,主播在携带商品时,作为商品的广告代言人,不得推荐或者证明未使用的商品或者服务;第二是自己使用过产品,才能知道它到底是不是一款好产品,是不是适合你的粉丝消费群体需求,有哪些特性,该怎么使用,怎么推销。这些都需要亲测过后才能得出结论,在直播间根据实际使用感受,向观众、粉丝推荐你的产品,这样才会更有说服力。

无论是直播销售员还是选品策划员,在选品时需要注意,根据产品的品类不同,需要让商家提供相应的企业营业执照、授权书及生产许可证以及产品的质检报告。杜绝推销仿冒商品、三无产品、伪劣产品。

仿冒商品:未经注册商标所有人的许可,在产品本体或包装上伪造、模仿与该注册商标相同或相似的商标,生产以次充好的产品。

图 10-3 所示是某著名的瑞士军刀及其仿品。一眼看去,两者几乎一模一样,但是左边的产品才是正牌产品。仿冒品的商标位置更靠前,与刀柄边缘的距离更小,旁边还有一块"缺口"。

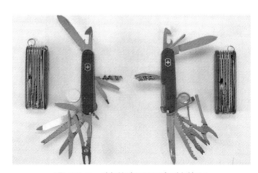

图 10-3 某著名军刀与其仿品

三无产品:一般是指无生产日期、无质量合格证以及无生产厂家,来路不明的产品。

伪劣产品:指生产、经销的商品,违反了我国现行法律、行政法规的规定,其质量、性能指标达不到我国已发布的国家标准、行业标准及地方标准所规定的要求,甚至是无标生产的产品。

在选品时不要过度迷信知名品牌,更多地结合产品本身的过硬质量、现场亲测效果和粉丝反馈,做出判断。知名品牌的商品价格往往敏感度较高,如果不是头部的主播,很难通过议价获得较高的优惠力度。

3. 按照粉丝的需求选品

在选择直播带货产品时一定要了解你的直播账号上粉丝用户属性和需求。例如粉丝的年龄层次、性别比例、对产品的需求等。

4. 选择高热度直播带货产品

直播产品的选择也可以与热度相结合。比如情人节送玫瑰，中秋节吃月饼，夏天的小风扇，冬天的暖手宝，又或者是当下某个时间网红、明星带火的某款产品，都是可以蹭热度的产品。不管人们是不是需要这件东西，在当下那个时间，人们对它们保持了高度关注。

5. 选择高性价比直播带货产品

不管是哪个直播带货平台，高性价比的产品都会在直播带货中更占优势。一方面最大限度地保证了粉丝的权益，另一方面也让粉丝对主播产生了极高的信任，回头率高。

6. 选择"刚需"产品

"刚需"是选品成功与否的重要因素。消费者对产品的功能性需求大于对款式、尺码、颜色、外观等外在属性的需求。这也意味着，消费者购买时从实际需求出发购买而不是从个人偏好出发购买，复购率较高，潜在的消费群体庞大。满足真实需求的产品，销量自然乘风而起。

所有的选品，最终都指向消费者。只有站在用户需求的角度考虑，才能正确选品。不能盲目选择一些根本没有需求的产品，然后自己为产品臆想一个市场空间，其结果必然是惨淡收场。

7. 借助工具选择直播带货产品

学会使用工具是个非常重要的选品方法。例如，我们可以利用飞瓜数据分析，直播商品中哪些产品的销量好？哪些产品在直播峰值的时候销量最高？哪些产品被点击的次数最多？哪些产品交易的次数最多？根据这些数据，我们能够获得高销量产品的名称、品类、单价、来源等各项信息，然后根据这些信息结合账号定位、粉丝需求，来选择合适的直播带货产品。

8. 选择复购率高的直播带货产品

直播带货，粉丝群体相对稳定，不容易快速增加新客户。所以，产品的购买频次一来影响收益，二来影响粉丝的活跃度，处理不当还会掉粉。选一些快消类产品，复购率很高，会有很好的效果。

10.3 产品选品风险评估与风险控制原则

风险控制是指项目或企业在一定的风险环境下，如何将风险最小化的控制过程。风险控制是通过对风险的认识、度量和分析，选择最有效的方式，主动、有目的、系统地应对风险，以最小的成本争取最大的安全保障的一种控制方法。当企业面临市场开放、法律法规解禁、产品创新时，变化的波动程度会加大，经营风险也会加大。良好的风险控制有助于降低决策失误的概率，避免损失的可能性，相对提高企业自身的附加值。

10.3.1　产品选品风险评估

产品选品风险控制的评估内容包括七个维度，即产品供需分析、产品生命周期、产品风险、推广难度、运营因素、产品营销方式和产品特点。

每个维度还有固定且具体的考量内容，如表 10-3 所示。

表 10-3　产品选品风险评估的七个维度

评 估 维 度	参 考 标 准
产品供需分析	• 产品通用搜索词，月搜索量 • 产品竞争与需求关系 • 选品评分与市面评分 • 样品质量与市面产品质量 • 选品平均月销量
产品生命周期	• 无淡季 • 选品生命周期大于 1 年 • 选品生命周期处于衰退期 • 选品排名最近 3 个月情况 • 选品最近销量持续低于 10 单 1 天
产品风险	• 成本低于 100 元 • 跟踪店铺产品日均销量低于 5 单 • 产品的重量与体积 • 产品采购成本加运费与售价的关系 • 产品净利润率 • 产品有无专利，是否需要改模
推广难度	• 产品的知名度 • 选品评论量 • 选品排名
运营因素	• 选品店铺排名 • 选品店铺是否使用黑科技技术 • 选品店铺运营优化技术 • 选品是否都是大店铺 • 个人运营资金或技术比较多
产品营销方式	• 易操作，易使用 • 可作为礼品赠送 • 广告花费 • 价格稳定没有明显下调 • 推广促销 • 是否可做产品组合搭配销售
产品特点	• 产品通用性强，不需改模 • 非易碎品，非易变形品 • 复购率高，属于快消品 • 无儿童安全隐患 • 技术更新 • 差评是否解决

10.3.2　产品选品风险控制的原则

风险管理是一项有原则的管理活动。只有目标明确，才能发挥有效作用。否则，风险管理将流于形式，没有实际意义，也无法评估其效果。

风险管理的原则是以最小的成本获得最大的安全性。因此，它不仅是一个安全生产问题，还包括风险识别、风险评估和风险处理，涉及财务、安全、生产、设备、物流、技术等多个方面。它是一套完整的程序和系统工程。

风险管理原则的确定一般要满足以下几个基本要求：

（1）风险管理原则与风险管理主体总体原则的一致性。

（2）现实性，即要充分考虑其实现的客观可能性。

（3）明确性，即正确选择和实施各种方案，客观评价其效果。

（4）层次性，为了提高风险管理的综合效果，应根据风险管理的重要性区分风险管理的主次之分。

风险管理的原则也需要与风险事件的发生相联系。从另一个角度看，可以分为损失前目标和损失后目标。

1. 损前目标

（1）经济目标

企业要以最经济的方式防范潜在损失，即在风险事故实际发生前，要使整个风险管理计划和措施最经济合理，这就需要准确分析安全计划、保险和防损技术的成本。

（2）安全状况目标

安全的目标是将风险控制在可接受的范围内。风险管理者必须让人们意识到风险的存在，不隐瞒风险，这有利于人们提高安全意识，防范风险，积极配合风险管理计划的实施。

（3）合法性目标

风险管理者必须密切关注与经营有关的各项法律法规，对每一项经营行为和每一项合同的合法性进行审查，不致造成企业财务、人才、时间和声誉的损失，保证企业生产经营活动的合法性。

（4）履行外界赋予企业责任目标

例如，政府法规可以要求公司安装安全设施以避免伤害，同一企业的债权人可以要求贷款的抵押品必须投保。

2. 损后目标

1）生存目标

风险事件一旦不幸发生，就会给企业造成损失。损失后风险管理最基本、最主要的目标是维持生存。实现这一目标，意味着人们有足够的能力通过风险管理抵御和救援灾害，使企业、个人、家庭乃至整个社会都能承受损失的冲击，而不会因自然灾害或事故而受到很大的伤害或挫败。生存目标的实现是灾害风险主体能够在损失发生后的合理时间内恢复生产经营的前提。

2）保持企业生产经营的连续性目标

风险事件的发生给人们带来了不同程度的损失和危害，影响了正常的生产经营活动和人们的正常生活，严重的会使生产生活陷入瘫痪。这对公共事业尤其重要，这些单位有义务提供不间断的服务。

3）收益稳定目标

保持企业经营的连续性，才能达到稳定收入的目的，从而使产品的产量不断增长。对大多数投资者来说，回报稳定的公司比高风险的公司更有吸引力。稳定的收入意味着企业的正常发展。为了实现收益稳定的目标，企业必须增加风险管理支出。

4）社会责任目标

尽量减少企业损害对他人和整个社会的不利影响，因为严重的损失会影响到员工、客户、供应商、债权人、税务部门和整个社会的利益。为了实现上述目标，风险管理者必须识别风险，分析风险，选择适当的方法和措施来处理风险损失。

案例　企业管理中的风险控制

风险控制作为企业的一种控制活动，起源于20世纪50年代的美国，当时美国一些大公司亏损严重，这使得公司高层决策者开始意识到风险控制的重要性。其中一次是1953年8月12日，通用汽车在密歇根州的一家变速箱厂因火灾损失5000万美元，成为美国历史上最严重的15起火灾之一。这场火灾，加上20世纪50年代的其他意外事件，推动了美国风险控制活动的兴起。

后来，随着经济、社会和科技的飞速发展，人类开始面临越来越严重的风险。科学技术的进步不仅给人类带来了巨大的利益，也给社会带来了前所未有的风险。1979年3月美国三里岛核电站爆炸，1984年12月3日印度联合碳化物公司农药厂有毒气体泄漏，而1986年前苏联乌克兰切尔诺贝利核电站核事故极大地推动了世界各国风险控制的发展。同时，美国最早在商学院开设了风险控制这一学科，这是一门新的管理学科，涉及如何保护企业的人身、财产、责任和财力。

目前，风险控制已发展成为企业管理中一个相对独立的管理领域。就业务和发展目标而言，风险控制与业务控制、战略控制同等重要。

课堂讨论： 在销售的过程中，你会怎么控制风险？为什么？说说你的看法。

10.4　产品质量检验

质量检验是指用某种手段或方法对产品的一个或多个质量特性进行测量，然后将测量结果与规定的产品质量标准进行比较，从而判断产品合格或不合格的活动。

10.4.1　产品质量检验的含义

美国质量管理专家朱兰对质量检验的定义是：所谓检验就是这样一种商业活动，它决定产品是否适合下道工序的要求，或者在出厂检验时是否交付给消费者。现代工业生产是一个非常复杂的过程。由于主客观因素的影响，特别是随机波动的影响，很难绝对防止不合格产品的产生。因此，质量检验是必要的。在工业生产的早期，生产和检验是一体的，生产者是检验者。后来，由于生产的发展和分工的细化，检验从生产加工中分离出来，成为一种独立的工种，但检验仍然是制造业的补充。生产和检验是一个有机的整体，检验是生产中不可缺少的环节。从质量管理的发展过程来看，最早的阶段是质量检验阶段，这是保证产品质量的主要手段。后期统计质量管理和全面质量管理阶段是在质量检验的基础上发展起来的，开展全面质量管理和实施。涉及ISO9000系列国际标准时，不得取消质检工作和质检机构。

质量检验是质量管理中不可缺少的工作。它要求企业具备三个条件：合格的检验人员数量充足且检验方法可靠完善、检验标准清晰明确。图10-4所示为质量认证图标。

图10-4 质量认证图标

10.4.2 产品质量检验的要点

（1）检验对象。

检验的对象是产品。产品可以是原始材料、外购物件、半成品和成品。可以是单个的成品或成批的产品。

（2）检验依据。

检验依据为技术标准、产品图纸、制造工艺和供需合同。技术标准是产品质量的主要依据。技术标准规定了产品的技术要求、试验方法、检验规则、标志和包装。产品图纸和设计文件是产品制造、检验、安装、调试过程中最重要的依据，也是供需双方表达技术思想的基本工具。工艺文件是指导工人操作和生产过程管理的各种技术条件。

（3）检验手段。

在检验活动中，必须对产品的质量特性进行观察、测量、试验和判断。因此，必须有一定的检查手段。检测手段包括硬件和软件。硬件主要是指人员和资源，即具有检验技能的人员、检验场地和设施、试验仪器和测量仪器、检验过程所需的耗材（如化学试剂）、能源（如水、电、煤气）等；软件主要是指检验方法。

（4）检验数据。

对产品的质量特性进行检测后，被检产品的质量特性可以用数据来表示。数据是决定产品质量的依据。如果质量特性是测量值，数据可以用某种单位的量值表示；如果质量特性是计数值，数据可以用离散值表示。如规定合格品用"0"表示，不合格品用"1"表示。在划分几个等级的情况下，不同的等级可以用不同的分数来表示。抽样检验时，在对样品单位（样品）进行检验的基础上，还必须统计样品的质量数据（如不合格样品或不合格产品的数量、样品的平均值、样品的标准差等）。

（5）检验结论。

产品质量检验的目的是确定产品的质量。获得产品质量特性数据后，必须与规定的要求进行比较，以确定产品的符合性，并得出检验结论。对于单个产品，一般分为合格品和不合格品，或分为几个等级。对于批量产品，必须根据抽样计划中的判定规则对样品的检验结果进行比对，判定检验批次是否合格。

10.4.3　产品质量检验的作用

（1）把关作用。

检查是质量检验最基本的功能，又称质量保证功能。这种作用存在于质量管理发展的各个阶段。如上所述，企业的生产是一个复杂的过程。人、机、料、法、环等诸多因素都可能影响生产的过程。每个过程不可能是绝对稳定的。质量特性的波动是客观存在的。不可能要求每道工序都能保证100%的产品合格。因此，通过质量检验来保证产品质量是绝对必要的。当然，随着生产技术和管理水平的提高，检验工作量可以减少，但检验工作不能取消和替代。只有通过质量检验和严格控制，才能保证产品的质量。

（2）预防作用。

质量检验既起到检查的作用，又起到预防的作用，这是现代质量检验与传统质量检验的区别。从广义上讲，原材料、外购件的进货检验和上道工序的检验，对后续生产过程和下道工序起着预防作用。此外，这种预防效果还表现在：在生产过程中，通过检验收集一批或一组数据，测量过程能力或绘制控制图，从而了解过程能力。当发现过程能力不足或生产过程中出现异常状态时，应及时采取技术组织措施，提高过程能力，消除生产过程中的异常状态，防止不合格品的出现。实践证明，该试验的预防效果是非常有效的。另外，一批产品投产前，一批产品轮班加工时，或设备修理、调整时，应进行首件检验；正式批量生产后，定期或不定期对生产的产品进行巡检，发现问题及时采取措施解决，防止不合格品的出现。

（3）报告作用。

报告的作用也是信息反馈的作用。为了使各级管理者掌握生产过程中的质量状况，评价和分析质量体系的有效性，做出正确的质量决策，质检部必须将检验结果（特别是计算出的指标）以报告的形式报告领导和有关管理部门，以便做出正确的评价和决策。

（4）改进作用。

充分发挥质检预防作用的关键是质检人员参与质量改进，这也是质检部门参与产品质量改进活动的具体体现。质检人员一般由工程技术人员和具有一定生产经验和专业技能的技术人员担任。他们经常在生产一线工作，比设计和工艺人员更了解影响生产的因素。他们可以提出更切合实际的建议和措施，这是质检员的优势所在。在管理中实行设计、工艺、检验和操作人员相结合搞质量改进，对加快质量改进步伐，取得良好的质量管理效果是十分必要的。

10.4.4 产品质量检验的主要管理制度

在质量管理中，要加强质量检验的组织和管理。我国在长期的管理实践中积累了一套行之有效的质检管理原则和制度，主要有：

1. 三检制度

三检制度是集操作人员自检、工人互检、专职检验员专检于一体的检验制度。

（1）自检。自检是指制造部门按图纸、工艺和合同规定的技术标准对产品进行检验，判断产品是否合格。这种检查充分体现了生产工人必须对产品质量负责。通过自查，生产者可以充分了解自己产品的质量问题，动脑找出问题的原因，然后采取改进措施，这也是职工参与质量管理的一种重要形式。

（2）互检。互检是生产工人之间的检查。主要包括上道工序转入下道工序的半成品的抽检；交接班时同一机床、同一工序的互检；班组质量员或组长对班组加工的产品进行抽检等。

（3）专检。特殊检验由专业检验人员进行。专业检验是现代大批量生产分工的客观要求，是自检和专检所不能替代的。而且，三检制必须以专业检查为主。这是因为在现代生产中，检验已经成为一种特殊的工作和技术。专职检验员比生产工人更精通产品的技术要求、工艺知识和检验技能。使用的检测仪器也更精确，检测结果更可靠，检测效率更高。其次，由于生产工人要求严格，生产定额与奖金挂钩，容易产生错检和漏检。以信任群众为借口，提倡完全依靠自查，取消专项检查，既不科学，也不现实。

2. 关键工序双岗制

关键工序双岗制度是指操作者在加工关键工序时，应有检验人员在场，必要时应有技术负责人或用户验收代表在场，监测过程必须按规定的程序和要求进行。这里的关键工序是指加工关键零件的工序。它可以是作为下一道工序加工基准的工序，也可以是没有记录工序参数或结果、不能保留客观证据、事后无法验证的工序。对于双岗制工艺，操作人员、检验员、技术负责人、用户验收代表应在工艺完成后立即在工艺文件上签字，并尽可能将情况记录存档，以便今后的追责和质疑。

3. 名称保留制度

名称保留制度是指在生产过程中，从原材料进厂到成品出厂，责任人在工艺文件上签字，表明对每一道工序的责任，改变产品的状态，包括检验和交接，储存和运输。特别是在成品出厂检验单上，检验员必须签字或盖章。这是一项重要的技术责任制。操作者签字表示工序已按规定要求完成，检验员签字表示工序已达到规定的质量标准。签署的记录应妥善保存，以备将来查验。

4. 质量复查制度

质量复查制度是指一些生产重要产品的企业，为保证出厂产品或参加试验的产品质量安全可靠、无隐患，产品入库检验合格后，应在出厂前与产品设计、生产、试验、技术等部门人员再次进行核对。

5. 追溯制度

追溯制度又称为跟踪管理制度，是指在生产过程中，每一道工序或每一项工作完成后，对检验结果和存在的问题进行记录，记录操作人员和检验人员的姓名、时间、地点和情况分析，并设置相应的质量状态标志在产品的适当部位。这些记录标记与产品同步流动。必要时，很容易查到负责人的姓名、时间、地点，责任明确，有证据进行调查处理，可以大大增强员工的责任感。

6. 质量统计和分析制度

质量统计分析制度是指企业车间、质检部门根据上级要求和企业质量状况，对生产中的各项质量指标进行统计汇总、计算和分析，并按时向厂部及上级有关部门汇报，以反映生产中质量的变化规律和发展趋势，为质量管理和决策提供可靠的依据。统计分析的指标主要包括：品种抽检合格率、成品抽检合格率、品种一级品率、成品一级品率、主要零部件主要项目合格率、成品装配一次合格率、机械加工废品率、修理率等。

7. 不合格品管理制度

不合格品管理制度既是质量检验，也是整个质量管理工作的重要内容。不合格品的管理应坚持"三不放过"的原则，即：不查明不合格品的原因不放过；不查明责任人不放过；不落实改进措施不放过。这一原则是质量检验的重要指导思想。只有坚持这一思想，才能真正起到检查和预防的作用。不合格品的现场管理主要集中在两个方面：一是不合格品的标识，即所有被检验为不合格品的产品、半成品或零件，应按不合格品的类别涂上不同的颜色或作特殊的标识，以示区别；二是各类不合格品标识后应立即隔离存放，避免生产中污染混乱的风险。

对不合格品的处理有以下方法：报废、返工、返修和原样使用（也叫直接回用）。

8. 质量检验考核制度

在质量检验中，由于主客观因素的影响，检验误差难以避免，甚至经常发生。检验误差可分为如下几项。

（1）技术性误差。是指由于检验人员缺乏检验技能而造成的错误。

（2）情绪性误差。是指检验人员工作粗心大意造成的检验误差。

（3）程序性误差。指由于生产不平衡、加班加点、管理混乱等原因造成的差错。

（4）明知故犯误差。是指由于检验人员工作积极性不高而导致的检验失误。

测定和评价检验误差的方法主要有如下几项。

（1）重复检验：是指检验人员对所检验的产品进行一次或两次检验，以确定合格产品中有多少为不合格产品，不合格产品中有多少为合格产品。

（2）复核检查：对一批经检验合格和不合格的产品，由技术水平较高的检验员或技术人员进行复检。

（3）改变检验条件：为了知道检验是否正确，检验人员在检验一批产品时，可以采用更准确的检测方法进行复检，从而找出检测工具造成的检验误差的大小。

（4）建立标准品：与标准产品比较，找出被检产品的缺陷或错误。

由于各企业对检验人员工作质量的考核办法各不相同，还没有统一的计算公式；又由于考核是同奖惩挂钩，各企业的情况各不相同，所以很难采用统一的考核制度。但在考核中一些共性的问题必须注意,就是质量检验部门和人员不能承包企业或车间的产品质量指标;要正确区分检验人员和操作人员的责任界限。

> **课堂讨论**:如果你的产品在售卖过程中发现了质量问题,你会怎么办?为什么?说说你的看法。

10.5 产品品级评定与质量监督

10.5.1 产品品级评定的含义

产品等级(产品质量等级)是指同一品种的产品达到产品质量标准的程度所确定的等级。它不仅是产品质量的标志,也是产品在一定条件下适合其使用的标志。它是产品标识的重要内容之一。

产品品级是相对的、有条件的,有时会因不同时期、不同地区、不同使用条件及不同个性而产生不同的质量等级和市场需求。一般来说,工业品分三个等级,而食品特别是农副产品、土特产等多为四个等级,最多达到六七个等级,如茶叶、棉花、卷烟等。

10.5.2 产品品级评定的划分原则

按照国家《工业产品质量分等导则》(GB/T 12707—1991)有关规定,产品质量水平划分为优等品、一等品和合格品三个等级,具体内容如表 10-4 所示。

表 10-4 产品质量水平的三个产品等级

产品等级	内 容
优等品	商品的质量标准必须达到国际先进水平,且实物质量水平与国际同类产品相比达到近五年内的先进水平
一等品	商品的质量标准必须达到国际一般水平,且实物质量水平达到国际同类产品的一般水平
合格品	按照我国一般水平标准组织生产,实物质量水平必须达到相应标准的要求

合格品指按照我国的一般水平标准组织生产,实物的质量水平必须达到相应标准的要求。

商品质量等级的评定,主要依据商品的标准和实物质量指标的检测结果,由行业归口部门统一负责。优等品与一等品等级的确认,必须有国家级检测中心、行业专职检验机构或受国家、行业委托的检验机构开出的实物质量水平的检验证明。合格品由企业检验判定。

图 10-5 所示为国家《工业产品质量分等导则》(GB/T 12707—1991)的影印封面。

图 10-5　国家《工业产品质量分等导则》（GB/T 12707—1991）的影印封面

10.5.3　产品品级评定的划分方法

商品质量分级的方法很多，一般有百分法和限定法两种方法。

1. 百分法

百分法是将商品各项质量指标规定为一定的分数，重要指标占高分，次要指标占低分。如果各项指标都符合标准要求，或认为无瑕疵可挑的，则打满分，某项指标欠缺则在该项中相应扣分。全部合格为满分 100 分。例如酒的评分方法，满分为 100 分。

白酒：色—10 分、香—25 分、味—50 分、风格—15 分。

啤酒：色—10 分、香—20 分、味—50 分、泡沫—20 分。

图 10-6 所示为白酒和啤酒的图片。

图 10-6　白酒和啤酒的图片

2. 限定法

限定法是将商品各种疵点规定一定的限量，又可分为限定记分法和限定数量和程度法。

（1）限定记分法。将商品品种疵点规定为一定的分数，由疵点分数的总和确定商品的等级，疵点分数越高，则商品的等级越低。这种方法一般在日用工业品中采用。

（2）限定数量和程度法。在标准中规定，商品每个等级限定疵点的种类、数量和疵点的程度。如日用工业品中全胶鞋质量指标共有 13 个感官指标，其中，鞋面起皱或麻点在一级品中规定"稍有"，二级品中规定"有"，鞋面砂眼在一级品中规定"不许有"等。图 10-7 所示为全胶鞋。

图 10-7　全胶鞋

10.5.4　产品质量监督的含义

质量监督是指有关组织通过持续的监视、验证和分析，判断和督促产品、服务和质量体系满足规定要求的活动或体系。

10.5.5　产品质量监督的形式

（1）产品质量的自我监控一般由企业专职质检机构进行。

（2）社会质量监督包括商务部门对产品采购的质量监督检查；工商行政管理部门对商标注册的监督检查；市场管理部门对产品质量的监督检查；消费者和用户直接或通过消费者协会向企业反映质量问题，督促企业加强质量管理；舆论和保护消费者利益集团等对企业产品质量监督等。

（3）国家监督检查，即国家设立的质量监督检查机构，对企业的产品质量进行监督检查。它在质量监督中起着重要的作用。

质量管理的具体方式包括生产认证、质量审核、评价检验、市场管理、标准化管理和消费者运动等。

10.5.6　产品质量监督的特点

（1）质量监督是一种质量分析和评价活动。监督的对象是产品、服务、质量体系、生产条件、有关质量文件和记录等；

（2）质量监督的依据是各种质量法规和产品技术标准；

（3）质量监督的范围包括从生产、运输、储存到销售、流通的全过程；

（4）质量监督的目的是保护消费者、社会和国家的利益，维护正常的社会经济秩序，促进市场经济的发展。

> **课堂讨论**：你的生活中遇到过哪些让你影响深刻的高质量产品，思考它们的成功方式。

10.6 产品评测原则和方法

产品评价包括产品的实际生产和使用。它是最终用户或目标市场对产品（或服务）的评价。

10.6.1 产品评测的原则

通常产品评测的目的是根据被评测产品的发展或生命周期的不同阶段而定的，总体归纳起来，产品评测的目的是：

发现现有产品的缺点；评价商业前景；评价其他产品配方；发现产品对各个细分的市场吸引力；获得营销计划的其他元素的创意。当市场调研经理面对下面问题时，应该考虑使用产品评测：如何使产品的属性特征最优化，从而更吸引顾客；如何识别竞争产品的优缺点，确定产品在目标市场中的地位；与竞争对手相比，产品的哪些特点更能吸引顾客；在产品属性方面是否能吸引顾客；在某些属性方面是否能改进；改进后的产品是否真的比以前好；顾客是否能区分改进前后的产品差异。

10.6.2 产品评测的类型

（1）初始评测。这类评测是诊断性的，直接目的是消除产品的严重问题，粗略了解该产品与竞争产品相比所拥有的优势，此外还可以使公司发现产品的实际和潜在的使用情况，以便改换目标市场。通常这类评测是用小样本来完成的（往往利用便于获得的样本，如员工）。初始评测通常用于食品类产品的评测。

（2）第二类评测是要求顾客在规定的时间限制内强制试用公司所提供产品，并做出反应。最后使用一个仿真购买环境，包括假设性的"您是否会购买"的问题，或者是一个实际选择情景，其中顾客要么选择一系列商品中的一种，包括新产品（通常以降低过的价格购买），要么就选择买还是不买这种新产品。

（3）产品评测最复杂的形式是产品在家庭里放置较长一段时间。对于成包装商品来说，这段时间大约为两个月。这段时间的作用在于，其结果包含了初期期望的逐渐消失和那些只有随着时间流逝才会出现的问题的逐渐发展。被调查的人要完成"之前怎样"和"之后怎样"的问卷，还要对在这段评测期里每天使用新产品和竞争产品的实际情况做记录。在评测结束前做一次实际选择情景评测将使结果呈现盈亏平衡导向。

10.6.3 产品评测的方法

产品改进评测有两种。第一种，产品在特征方面的创新和改进的目的是捕获更多的市场份额，这里，产品评测的目标是确定改进后的产品是否真的比改进前的好。第二种是缩减成本的改进。这里产品评测的目的是确定顾客能否区分改进后的产品与改进前的产品。产品评测研究中常用的产品评测方法有四种：单一产品评测、配对比较产品评测、连续的单一评测和重复配对的产品评测方法。

(1) 单一产品评测。

在单一产品的评测中，受访者尝试其中一种产品，然后对这种产品做出相应的评价。数据收集来的变量通常包括购买兴趣、对属性的评价等级等。如果被评测产品多于一种，先将受访者分组，然后尝试每种产品，再相互比较。只对一个受访者评测一个产品。单一评测的特点是："单一与纯粹"，会更加贴近真实的生活；对于效果逐渐显著的产品来说十分重要，如啤酒、香槟；对于受访者无法从表面上对两个产品做出反应时十分重要，如强烈及持久的口味；对于新型产品，这种评测类型或许是唯一选择；通过运用两个或多个十分匹配的样本，可获得对比的信息；对于形成长期数据库非常有用。但需小心存在的问题：①价格。②对于差异十分的不敏感。单一评测适用于：①产品的初期阶段。因为目标是获得有关产品的吸引力的基础数据。②当市场上没有直接的竞争对手的时候。原因是配对比较评测只能提供相对的被评测的可供选择的产品信息。而单一评测，提供受访者自己的判断信息。最后，单一评测视为真实的，因为它基于顾客的通常每次使用一种产品的事实。

(2) 配对比较产品评测。

在配对比较产品评测中，受访者按顺序尝试两种产品。尝试完后，对每种产品进行评价并说出更喜欢哪一种产品。因为在受访者尝试完两种产品后才开始问问题，所以对产品的评价通常是建立在两种产品的比较基础之上的。配对比较评测的特点是：受访者同时评测两个产品；提示受访者可以同时评测产品，也可以评测完一个之后，再进行第二个，这取决于产品性质、评测性质和用户通常的使用步骤。与单一评测相比，配对比较评测对于产品的差异十分敏感，并且没有必要进行匹配样本研究；存在隐性或逐渐显著的效果时，此法将不可行；不同产品的评测的顺序必须被平衡，并且应考虑不同的顺序产生的效果差异；对于淘汰选择大有裨益，比如在两个相同的配方中进行选择或开发一种能接近现存竞争的新产品。存在的问题：①显著的视觉差异能够掩盖在气味及口味上的差异；②或许不太现实；③与其他方案无法进行成果的比较。其他比较型的评测设计，如三组产品评测（顺序评价三种产品），还有反复配对比较设计，但从本质上说，它们都是比较型评测设计的修正。一般的，当决定合适的评测设计时，首先确定采用单一评测还是比较评测。比较评测适用于：①评测目标在于宣称"获胜者"。因为，被评测的产品多于一种，而受访者只有一组，产品之间的不同之处易于被扩大，由此容易被察觉。②需要获得竞争对手的相关信息。

(3) 连续的单一评测。

同时具有单一评测的"绝对判断"数据和配对比较评测的"比较"数据。受访者顺序评价两个产品。受访者在评价第一个产品时，他不知道还有第二个产品。他评价完第一个产品后，再评价第二个产品。评价的问题是相同的。最后就可以获得受访者对两个产品的偏好情况。

(4) 重复配对的产品评测方法。

当直接偏好是产品评测的主要兴趣时，可以应用重复配对方法。因为它在口味偏好评测上具有更加准确的测量方法。这种设计可以在配对评测中获得对每种产品的偏好程度，同时对目标市场中真正的"无区别"顾客的数量有清楚的估测。"无区别"顾客是指那些不能真正区别可选择产品之间的差异的顾客，或者那些对哪个产品都无强烈的偏好因此犹豫不决的顾客。重复配对技术同时重视直接的产品偏好和产品诊断。最终结果是最大限度地回答"更喜欢哪个产品"和"为什么"的问题。

10.7　产品选品、质检案例分析与实践

10.7.1　案例一：直播选品中的产品质量问题

2020 年，直播带货作为后疫情时期的新业态，不仅拉动了中国经济的发展，也推动电商行业进入了新的时代。电商直播已渗透进入百姓的日常生活中，成为人们习以为常的购物方式之一。它为人们带来了前所未有的专业导购式体验，大大节约了用户的购物成本和商家的获客成本。

多家电商平台顺应潮流，"网红带货"已经成为标配，各大知名网络推出的直播渠道多种多样，直播行业机制越发成熟。据商务部的监测，仅 2020 年的上半年，全国的电商直播就超过 1000 万场，观看人次更是超过 500 亿人，上架的商品数超过 2000 万件。网络支付、5G 网络等日渐发达的科技手段也降低了人们加入直播行业的门槛。根据资料的显示，目前"直播经济"业态的主要岗位的人才需求量已是 2019 年同期的 3.6 倍，涌入行业的求职者规模同时也达到同期的 2.4 倍。从目前看，直播带货具有强大的生命力，但同时也带来一些挑战和问题。

在"人人皆可播、万物皆可播"的时代下，如何稳定客流，让直播带货可持续化进行一直是各大商家、主播及其经纪公司，以及连接双方的 MCN 机构等直播行业的利益参与者们思考的问题，其中，"产品选品"是一个不可或缺的重要环节。

"选品"是指对直播出售的产品进行筛选的一个过程。很多时候，团队的选品过程并不完全指对产品的质量进行把关，更多的是对产品"好不好卖"进行一定程度的预判。

2020 年 4 月 8 日，人民日报海外版发表评论文章，点名某知名主播于 2019 年 9 月带货的"状元蟹"翻车事件，要求直播行业加强选品品控，将消费者利益放置首位。6 月 16 日，人民日报再次发表评论文章，指出当前直播带货风头日盛，但仍需将重点放在产品上，要求主播、商家不能做"一锤子买卖"，更要构建良好信誉与口碑体系，把好产品质量关与服务关。

※ **案例解析**

由此可见，"选品"在电商直播中是一个至关重要的环节，全网最知名的几位主播在拥有数一数二的专业选品团队的情况下，有时也难以避开选品过程中出现的诸多问题。

而许多没有专业选品团队支持的带货主播，在选品过程中更是缺少货源或者足够的选品能力，直播平台也担忧因为货品质量问题影响用户体验，而造成客流量的流失。

那么，我们应当如何避开选品中可能出现的问题呢？

1）仓库合法性和产品质量管理：检查供应链仓库，检查仓库的合法性，以筛选合规合法的公司；检查货物入库时的产品质量控制等管理程序。

（1）检查地址是否一致：公司注册地址、实际业务运营地址、仓库地址等。

（2）仓库面积、场地租赁合同、产权证明等。

（3）成品入库检验程序并按照程序对完成品进行产品检验。

（4）配备检验人员及明确的检验职责。

（5）检验人员的岗位培训及确保其了解职责。

（6）具有检测能力或委托第三方检测公司进行检测，保存完整的定期测试记录。

2）仓储管理：对仓库存放储存货物的程序、环境，以及备货数量进行检验和审核。

（1）保存完整真实的货品出入库记录。

（2）成品的供应商批次追溯。

（3）商品使用有效期管理及针对临近有效期商品的特殊管控程序（适用有保质期商品）。

（4）仓储环境需满足库内商品的储存条件，如避光、通风、干燥、具备应急消防设施等。

（5）仓库货品的摆放：离地离墙、整洁有序，及具体的摆放形式等。

3）产品的标签标识与许可认证：保证货品识别程序正确及完整，检验产品的合法合规性，避免销售三无产品和虚假宣传。

（1）仓库中对不合格品区分放置并明确标识。

（2）仓库中对不同产品的相应标识。

（3）符合国家标准的标签标识，如食品生产相关许可号等。

（4）对比产品宣传和销售页面信息，确保实物与商品详情描述一致。

4）备货数量和发货能力：对工厂或供应商提供的信息（备货量、发货量、销量等）进行真实性验证，识别其在双十一等购物节可能否承受巨大的发货需求。

（1）产品实际库存数量。

（2）外部供应商一件代发的实际情况和商品数量。

（3）运输包装符合质量要求，避免产生包装破损。

10.7.2　案例二：玩具质量问题案例

中国是世界上最大的玩具出口国。2006年，中国向世界各国出口玩具220亿件，约占世界玩具出口额的30%。2006年，我国玩具出口额达到70亿美元，其中广东占50亿美元。从数量上看，中国玩具出口量约占世界的60%，广东则占中国玩具出口总量的68%。

"经过20多年的发展，我国玩具产业的生产能力和技术水平已达到世界先进水平"，尽管近期玩具连续召回，但在2006年出口的30万批次玩具中，仅有29批次被召回，所占比例非常小。不过，2007年中国玩具在美国等国召回事件，凸显了技术标准和技术标准修订对企业生存环境的重大影响。"中国制造"是指全球化进程中中国产品在世界市场上的制胜姿态。同时，它也是廉价商品的同义词，甚至会与"血汗工厂"联系在一起。2007 年的中美玩具召回事件，使两国长期的贸易矛盾浮出水面。

2007 年 8 月 14 日，美国玩具制造商美泰召回了近 1900 万件中国制造的玩具，原因是油漆中铅含量超标以及磁铁有被儿童吞食的隐患。这是美泰历史上最大的一次召回。两周前，该公司向消费品安全委员会提交了召回 96.7 万件中国广东生产的塑料玩具的申请。由于部分产品在中国销售，美泰在中国许多城市的直营店率先将这些玩具从橱柜中取出。美泰不是唯一一家。6 月 13 日，美国消费品安全委员会和美国玩具公司 RC2 联合发布公告，召回由 RC2 运营的 150 万辆中国制造的玩具列车。召回的原因在于油漆中所含的金属铅会导致儿童中毒。在上述三次召回中，共召回中国玩具超过 2100 万件。

据说，自 2007 年 3 月美国开始调查以来，"韩生"就开始自我纠偏。国家质检总局 8 日披露，中国监管部门将加强对涉案东莞韩生木制品厂的管理，暂停其产品出口。目前，有关部门已责令该厂整改，整改合格后方可恢复出口。图 10-8 所示为玩具火车。

图 10-8 玩具火车

※**案例解析**

根据《中华人民共和国产品质量法》对产品责任的规定，生产者对其生产的产品需承担无过错责任，即不管生产者对其生产的产品主观上是否知道存在缺陷，只要有缺陷并对消费者造成损害了，就要承担侵权赔偿责任。除非生产者能证明所生产的产品有《产品质量法》中规定的三种免责事由，那就不承担赔偿责任：

（1）未将产品投入流通；

（2）产品投入流通时，引起损害的缺陷尚不存在；

（3）产品投入流通时的科学技术水平尚不能发现产品缺陷的存在。

10.7.3　案例三：海尔集团旗下产品质量过硬，受消费者喜爱

1985 年，一封顾客来信在青岛海尔冰箱厂引发了一次"地震"，也就此改变了海尔人的质量观念：冰箱不再分一等品、二等品、三等品和等外品，只有合格品与不合格品。

这就是著名的"砸冰箱事件"，海尔的总裁张瑞敏用此举在海尔员工的心目中种下了"有缺陷的产品就是废品"的质量观。此后，每一个海尔员工自觉遵守"精细化，零缺陷"的生产理念，严把质量关，逐渐把海尔冰箱做到了全国第一。三年后，海尔冰箱在 1988 年 12 月获得了中国的第一枚电冰箱金牌。

此后，海尔集团不仅树立了先进的产品质量观念，更为了落实这一观念建立了一系列配套的质量管理制度，建造自己的质量检测中心，从严把控质量检验关。实施质量管理是这一系列管理手段的重要一环。1998 年，海尔集团投入巨资建成质量检测中心，成

为国内第一家具备国家级实验室资格的企业实验室。该中心拥有专业的实验室46个、专业的测试设备1000余套，配有国际最先进的产品测试系统与一流的设备40余套。同时为了保证海尔集团的质量控制和认证、检验，海尔集团还建立了U-home实验室，进行用户的模拟实验。海尔集团的这个检测中心实验室还获得国内首家UL-CTDP实验室证书。

同时，海尔集团拥有许多独特的产品检验方法，不仅有针对用户投诉的独特质量检验方法，而且突破了电墙热水器、无洗衣粉洗衣机等国际标准的质量创新。

1. 给冰箱打吊瓶

为了检测冰箱排水口是否畅通，海尔人发明了给冰箱打吊瓶的检验方法：将吊瓶的针头布置在排水口附近，连续打7天吊瓶，如果不出现冷藏室积水，水滴结冰堵塞排水口的现象则表明该冰箱此项检测合格。还获得国内首家UL- CTDP 实验室证书。

2. 给冰箱"盖棉被"

为了满足消费者嵌入式摆放冰箱的个性化需求，解决冰箱因四周空间小而影响散热效果的问题。海尔还发明了"盖棉被"的试验法：就是将冰箱放在特制的箱子中做各种性能检测，确保每台冰箱都能在狭小的空间里正常工作。

3. 让洗衣机吃硬币

有些粗心的用户在清洗衣服前，会出现衣服口袋清理不彻底的情况。如果衣袋内留有硬币，就会导致洗衣服过程中硬币从衣服里脱出，落入洗衣机波轮和筒之间的缝隙，产生摩擦，轻则损伤洗衣机，重则可能影响排水泵的正常运转。为了解决这一问题，在海尔洗衣机销售前的质量检测环节，多了一项"吃硬币"检测法：向洗衣机内投入各种硬币，看洗衣机的排水泵是否在吃了硬币的情况下仍然正常运转，只有过了这一关的洗衣机才被允许出厂销售给用户。

4. 摇"屏"晃"脑"两万次

笔记本电脑的显示屏和主机之间的转轴和屏线，由于在使用中高频率的开合，极易发生磨损、折断等故障。为了提高产品的耐用性，海尔笔记本电脑会通过一项特殊的测试——摇"屏"晃"脑"20 000次，即将笔记本电脑按10次/分钟的频率摇晃显示屏，每进行1000次，由测试人员对显示屏转轴和屏线进行检查、记录，能顺利通过20 000次摇晃无故障的笔记本才算合格。

5. 给冰箱喷盐水

海尔产品凭借着高品质不仅做到了国内第一，也做到了走遍世界。可是世界各地气候状况差异很大，因此对产品质量的要求也各有不同。例如古巴，因地处带又四面环海，因而气温高，空气湿度大、含盐量高。这样恶劣的气候环境，产品的抗锈蚀能力就成为了影响其质量的最主要因素。为了检测产品的防锈能力，海尔的技术人员发明了一种检测方法：将组装后的整机产品每隔6小时喷洒一次盐水，连续喷洒10天，过关者为防锈功能合格。

6. 耐腐蚀检验

冰箱是用来存放食物的，而许多食品尤其是汤汁类，都会对冰箱产生一定的腐蚀作用。为了避免这类腐蚀造成冰箱的损坏，海尔的质检人员会在冰箱出厂前对其做一项特殊的检验：把棉籽油和油酸按照1∶1的比例配成腐蚀液，涂抹于冰箱内胆检测其耐腐蚀能力，这项检测要持续三个月。检测合格的冰箱才会被允许出厂销售。

7. 冰火检验法

冰箱在使用过程中，箱内的温度经常发生变化。这就要求箱体的发泡层和内胆质量过硬，确保遇冷不开裂、遇热不变形。海尔集团为此设计了极为严苛的冰火检验法：将冰箱箱体置于特制的试验箱中，使其处于 -30～60℃的冷热变化的环境，这样累计循环100次后毫发无损，才算过关。

图10-9所示为海尔的品牌logo和海尔冰箱。

图 10-9　海尔的品牌 logo 和海尔冰箱

※案例解析

商品检验不仅是生产企业保证商品质量符合标准的必要手段，也是质量监督机构和消费者评价商品质量的手段。海尔集团重视检验对商品质量的保证作用，不仅获得了用户的信任，也获得了质量监督机构的高度认可。在海尔集团这样的特色试验还有很多，目的就是保证商品的高品质。正是凭借这些独特而又苛刻的检验标准和检验方法，海尔集团的产品才赢得了国内外消费者的信任。

海尔集团凭借着对质量检验的高度重视，极大地提升了产品的质量，受到国内外消费者及权威质量认证机构的高度认可：海尔计算机获国家环保总局"绿色之星"称号、率先通过国家电子计算机质量监督检测中心的12万小时稳定运行的MTBF测试；海尔冰箱两次被评为山东名牌。

10.7.4　案例四：某知名连锁奶茶品牌成功选品

如今，在当代大学生群体中说起哪一家奶茶性价比高，物美价廉，最为常见，非某知名连锁奶茶品牌莫属。说起某知名连锁奶茶品牌大家的印象大都是便宜，好吃，颜色亮丽，随处可见。某知名连锁奶茶品牌最初靠刨冰起家，通过售卖刨冰、冰激凌衍生品，某知名连锁奶茶品牌有了最初的雏形。

奶茶行业的发展速度越来越快，市场上的某知名连锁奶茶品牌门店也是越开越多。

奶茶店，不仅投资小，风险低，而且消费群体广，店面选址便捷，是很多投资者的选择。但是要想将某知名连锁奶茶品牌门店经营得更好，不但需要有高颜值的店面和好的经营管理模式，产品的选择更为重要。图 10-10 所示为某知名连锁奶茶品牌门店图片。

图 10-10　某知名连锁奶茶品牌门店图片

※ 案例解析

1. 产品选品优势

很多奶茶店里经营的产品品种比较单一，只有几款热门的品种可以选购。当然，菜单上可能会有很多种类的产品，但是很多只是换了一种口味而已。比如同样一款奶茶，草莓味、菠萝味、芒果味等加起来就是好几种。所以要真正吸引顾客，就不止要更换口味，还要从配料、质感、外观甚至是命名上丰富产品，给顾客焕然一新的感觉。某知名连锁奶茶品牌一共有 50 多个系列、200 多款产品，品种多样、组合丰富，这样才能不断吸引顾客。

2. 品质的保证

产品品质好不一定能开好一家店，店内的经营管理也十分重要。虽然开一家某知名连锁奶茶品牌门店比较容易，但是需要把品质和营销两者都兼顾好，才能把店面经营得有声有色。在缺乏经营管理知识和经验的情况下，投资者可以聘请有从业经验的人来做日常的经营管理。当然，最简单的方法还是选择知名品牌进行，像某知名连锁奶茶品牌这样的品牌，不仅具有优质的产品，通常还会在选址、经营、供货等方面提供全方位的支持。

10.8　本章小结

我们在进行产品选品时，必须严格遵守产品选品的原则，也要按照正确的流程来进行选品。同时，应该按照流程，对产品进行质量检验、评级评定、质量监督和产品评测等一系列步骤之后，才能投入市场进行售卖。

第11章 常见产品分类与质量要求

产品质量是指产品满足社会生产生活消费需要的特性,是产品使用价值的具体体现。包括内在质量和外观质量。产品内在质量是指产品的内在属性,包括性能、寿命、可靠性、安全性和经济性。市面上的产品分很多种,本章主要介绍日用工业品、纺织品、食品、快消产品、公共服务类产品这五类产品。

11.1 日用工业品分类与质量要求

日用品,就是每天都离不开的用品,日用工业品就是采用工业技术制作的日用品。

11.1.1 日用工业品分类

1. 塑料制品

塑料是一种以高分子合成树脂为主要原料,在一定温度和压力下成型,在常温下释放外力时能保持形状的材料。

根据塑料性能和应用范围可分为通用塑料、工程塑料和特种塑料等几大类,具体内容如表11-1所示。

表11-1 塑料的分类

类　　型	内　　容	分　　类
通用塑料	产量大、用途广、成型性好、价格便宜的塑料	聚乙烯、聚丙烯、酚醛
工程塑料	被用作工业零件或外壳材料的工业用塑料,是强度、耐冲击性、耐热性、硬度及抗老化性均优的塑料	聚碳酸酯、聚甲醛、聚四氟乙烯、ABS、尼龙、聚矾等
特种塑料	一般是指具有特种功能,可用于航空、航天等特殊应用领域的塑料	氟塑料、有机硅、增强塑料和泡沫塑料等

图11-1所示为晾衣架(通用塑料)、尼龙厨具(工程塑料)和航空杯(特种塑料)。

2. 日用玻璃制品

日用玻璃制品的特点是光泽好、透明度大、色泽鲜艳、易于洗涤和抗腐蚀性强。

日用玻璃制品质量的基本要求主要有具有正确的规格和形状,必要的坚固性和耐热性,外观美观、图案清晰、卫生安全等。

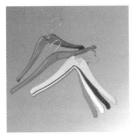  

图 11-1　晾衣架（通用塑料）、尼龙厨具（工程塑料）和航空杯（特种塑料）

日用玻璃制品的分类如表 11-2 所示。

表 11-2　日用玻璃制品的分类

类　型	分　类
用途	玻璃板、玻璃杯、玻璃酒具、保温瓶、花瓶、镜子、果盘、灯具等
加工成型的方法	吹制品、拉制品、压制品等
装饰方法	喷花、刻花、印花、琢磨等

3. 陶瓷、搪瓷制品

搪瓷和陶瓷都是烧制出来的，不同的是搪瓷是用于金属，尤其是铁制品的表面，主要目的是防腐防锈。陶瓷主要是用陶土在比较高的温度下经过一系列的物理化学反应后，形成的坚硬物质。

搪瓷是在金属表面涂上一层或几层搪瓷，经过高温烧制，二者发生物理化学反应，牢固结合的一种复合材料。陶瓷是由黏土原料、贫瘠原料和助熔剂原料在高温焙烧条件下经过一系列物理化学反应而形成的硬质材料。图 11-2 所示为陶瓷杯。

图 11-2　陶瓷杯

4. 箱包

箱包大致分为以下五类。

- 旅行箱包；
- 休闲箱包；
- 运动箱包；
- 商务箱包；
- 专业箱包。

图 11-3 所示为行李箱与手提包。

箱包产品有详细的质量要求。

- 要求箱包的轮廓要清晰、两角对称、箱面均匀一致、结构合理、箱口安装牢靠、箱包里面要端正；

图 11-3　行李箱与手提包

- 箱包配件要与箱体相配套、协调，电镀层无焦痕、起泡、漏镀和划痕等现象，箱锁开启要灵活，拉链要滑顺，拉杆要顺畅等，箱包负重部位要牢固；
- 箱包选材要合理，做工要精细结实，装饰要光洁明亮，与面料颜色要协调等；
- 产品标识应标准化，根据国家有关规定，产品和产品包装上应标明产品名称、产品等级、材质、规格（型号）、厂名、地址、联系电话、执行标准等信息，如图 11-4 所示。

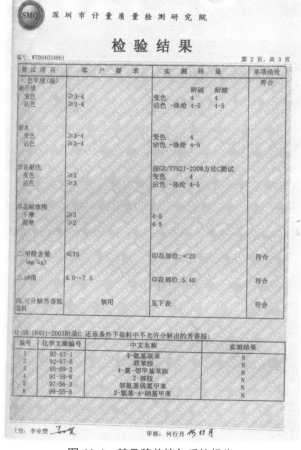

图 11-4　某品牌单挎包质检报告

5. 玩具类

一般来说，儿童玩具是为特定年龄段的儿童设计和制造的，其特点与儿童的年龄和智力阶段有关。儿童玩具的使用是基于一定的适应性。在中国，儿童的年龄限制在14岁以内。作为儿童玩具，它有一个关键因素，那就是能够吸引儿童的注意力。因为孩子正处于不稳定的成长期，他们在不同的年龄段有着不同的爱好，有着喜新厌旧的性格特点。因此，儿童玩具店应按儿童年龄段细分玩具：如按 0～3 岁、3～7 岁、7～10 岁、10～14 岁等区分。从材料上看，常见的儿童玩具有木制玩具、金属玩具、布艺玩具等；从功能上看，最流行的是开发智力玩具。玩具的分类标准如表 11-3 所示。

表 11-3 玩具分类

分类标准	示 例
所用原料	塑料类玩具、毛绒类玩具、木制类玩具等
玩具作用	益智类玩具、休闲类玩具、陈设装饰以及旅游纪念类玩具等
年龄	儿童玩具和成人玩具
使用性能	发条类玩具、电动类玩具、电子类玩具等
加工方法	塑胶类玩具、填充类玩具、模型类玩具等

图 11-5 所示为玩具图片。

国家对玩具类产品有详细的要求规范文件。自 1986 年发布《玩具安全》（GB6675—1986）以来，我国发布了多项国家标准和行业标准，建立了较健全的玩具标准体系。2003 年 10 月国家质检总局发布《国家玩具安全技术规范》（GB 6675—2003）对玩具的标准体系产生重大影响。由于《国家玩具安全技术规范》（GB 6675—2003）的颁布和实施，对《消费品使用说明和玩具使用说明》（GB 52965—1996）、《毛绒、布制玩具安全与质量》（GB 9832—1993）、《童车类玩具安全要求》（GB 4746-1993）以及《充气水上玩具安全技术要求》（GB 557—1992）等旧的标准均需要进行相应的修订。

图 11-5 玩具图片

6. 洗涤用品

洗涤用品分为肥皂、合成洗涤剂和牙膏。

（1）肥皂。

肥皂是指用油脂与碱经过皂化作用制成高级脂肪酸盐，并辅以各种原料而成的产品。肥皂的感官质量指标有四个维度：

- 外观——肥皂硬度适中、不发黏、不分离、不开裂，香皂应细腻均匀，无裂纹、气泡、斑点、剥离、冒汗等现象；
- 色泽——肥皂颜色应均匀洁净，香皂色泽应均匀稳定；
- 形状——肥皂可以压成各种形状，不应有歪斜、变形、缺边、缺角、字迹模糊等现象；

- 气味——肥皂应无不良气味,香皂具有各种天然或合成香料配成一定类型的持久香味。图 11-6 所示为某香皂品牌的质检报告展示。

图 11-6　某香皂品牌在电商购物平台上的质检报告展示

(2) 合成洗涤剂。

合成洗涤剂主要是由表面活性剂和各种辅助剂按一定比例配置而成的。

合成洗涤剂质量标准判断有三个维度。

- 感官质量指标。色泽和气味、稳定性、流动性和吸潮结块性。
- 理化质量指标。表面活性剂的含量,以百分比表示,其含量高低关系洗涤剂类型和去污力的大小;皂化物含量越小越好;pH 值要求用于丝绸和羊毛的洗涤剂应为中性,用于棉麻的洗涤剂应为碱性;去污性和生物降解率越大越好;合成洗涤剂中成分应对人体无害、对皮肤刺激性小、对环境无公害等。
- 包装质量要求。图案清晰,字迹清楚,形状端正,色泽均匀,无不良异味。

(3) 牙膏。

牙膏大致分为两类,如表 11-4 所示。

表 11-4　牙膏的分类

牙膏类型	作用
普通牙膏	主要成分包括摩擦剂、清洁剂、润湿剂、防腐剂、芳香剂等,具有普通牙膏的通用功能。如果牙齿健康,选择普通牙膏
药物牙膏	防龋齿药物牙膏\消炎止血药物牙膏\脱敏药物牙膏\消除牙结石药物牙膏\加酶药物牙膏\防感冒牙膏等

牙膏的质量标准判断有三个标准：
- 感官要求。色泽一致；膏体湿润、均匀、细腻；气味应该"香、甜、清、爽"。香表示香味纯正，甜指果味香精口味，清是清凉，指添加了薄荷香精的清凉感，爽指香精无杂味、爽口。
- 理化指标。理化指标包括稠度、挤浆压力、泡沫体积、pH 值、稳定性等。
- 卫生指标。卫生指标包括细菌总数、大肠菌群、铜绿假单胞菌、金黄色葡萄球菌、重金属铅和砷的含量。

11.1.2 日用工业品质量要求

对日用工业品质量的基本要求如下。

（1）适用性：指日用工业品为了满足其用途所必须具备的性能。比如电冰箱必须具有制冷效果。

（2）耐用性：指日用工业品在使用的过程中，能够抵抗各种外界的因素对其性能的破坏。例如电灯泡的发光耐久性等。

（3）卫生安全性：指日用工业品在流通、使用过程中，有关保障人体健康和人身安全的性能。如化妆品应对人体的皮肤无刺激性等。

（4）结构合理性：指日用工业品的形状、大小、部件组配合理程度等性能。如火柴梗的长度和横截面积要满足能够点燃可燃物所需要的时间并且剩余长度适宜。

（5）外表美观性：指日用工业品的造型和装饰能够符合人们审美情趣的性能。如花瓶需要更注重外观造型等。

日用品常用分类及应取得的质量认证如表 11-5 所示。

表 11-5 日用品常用分类及应取得的质量认证

类　别	细　分	通　用　认　证	特　殊　认　证
塑料制品	塑料保温杯	营业执照、商标注册证、生产许可证、授权书（委托公司）	食品级塑料检测、密封性检测、保温性检测
日用玻璃器皿	微波专用保鲜盒		耐热玻璃检测报告
陶瓷、搪瓷制品	陶瓷杯		国家陶瓷及水暖卫浴产品质量监督检验中心检验报告
箱包	皮质挎包		CMA/CNAS 合格报告
玩具类	儿童玩具		国家 CCC 认证
洗涤用品	肥皂（抑菌）		微生物分析检测报告
	多功能洗衣液		去污性能检测报告
	牙膏（药用）		药品 GMP 证书

11.1.3 日用工业品的营销策略

经过一段时间的沉淀，大宗商品市场已经形成了主导品牌。这些品牌的优势在于良好的品牌形象、规范的市场运作、一流的人才和管理。但是，日用工业产品行业仍然竞争激烈，那么对于该类产品，应该采取怎样的营销策略呢？

1. 副品牌策略

价格永远是日用品的敏感点，一升一降会带来通路的巨大联动效应，必须要三思而后行。尤其对于主力品牌而言，它担负着利润源泉和公司生存支柱。许多公司会采取推出副品牌的方法与各种竞品进行周旋。因此，子品牌的使命不是盈利，而是打压竞争产品，拓展主品牌的生存空间。一般来说，有两种方式：保护产品和干扰产品。

2. 拼抢市场

产品进行短期进货搭赠活动，例如"买十赠一"等，与竞品拼抢市场。值得注意的是，如果活动的范围较大，且目标对象数目众多，则这种形式就会使得工程量过大，所需人力物力巨大，耗时长。如果管理不力，则会出现活动效果不佳等问题，所以比较适合运用在局域市场活动范围中。

3. 折价券形式

如果是在小范围的促销中使用，告知消费者活动情况、发放和回收优惠券非常麻烦。不过，在大面积的推广中，由于不需要大量的手工操作，所以简单易行，而且不必担心失去奖励。

4. 通路造势

"买涨不买落"是消费者的共同心理。最好的促销是在一定范围内提高产品的价格。其目的不仅是为了涨价，更是利用涨价信息制造抢购，抢占渠道资金，阻断竞争。

5. 价格涨降有迹可循

一种情况是淡季价格涨跌，淡季价格调整相对安全。另外一种情况是成熟品牌在销售旺季，注意制造抢购风潮的涨价形势。第三，对未成熟的品牌涨价要三思而后行。

6. 引领感性消费

产品在保证利润的前提下，与消费者进行价格游戏，例如方便面厂商使用"桶"思维概念塑造大克重产品形象。

案例　日用工业品营销文案

（1）潘婷洗发水——爱上你的秀发。

（2）祛痘产品——趁早下"斑"，请勿"痘"留。

（3）上海鞋油——第一流产品，为足下增光。

（4）美加净护手霜——放我的真心在你的手心。

（5）雕牌肥皂——肥皂我一直用雕牌，透明皂啊，我还是用雕牌。

（6）白丽美容香皂——今年二十，明年十八。

（7）沙宣洗发水——你的光彩来自我的风采。

（8）飘柔洗发水——飘柔就是这样自信。

（9）碧柔洗面奶——清新爽洁，不紧绷。

（10）旁氏护肤品——柔美皮肤，从旁氏开始。

11.2 纺织品分类与质量要求

纺织品，即用纺织品加工的产品。它包括纱线、针织物和机织物。中国是世界上最早的纺织品生产国之一，主要产地有浙江省浦源县、河北省清河县等。

11.2.1 纺织品分类

（1）根据纺织品的组织结构、原料、加工工艺、质地、外观形态和主要用途分十四大类。

在古代，丝绸是根据织物的组织、图案和颜色来命名的。许多现代丝绸仍沿用老字号，如绉、丝、绸等，还有一些外来词，如乔其纱、塔夫绸等，根据丝绸织物的组织结构、原料、加工工艺、质地、外观及主要用途，可分为纱、罗、绫、纺、绉等 14 大类。

①纱：织物的全部或部分是由经纱扭结形成均匀分布的孔（即"纱孔"）的纱线制成的，也称为普通纱。

②罗：全部或部分织物是由纱罗组织的丝绸制成，上面有经纱加捻形成的孔。有直罗、横罗、花罗和苏罗。

③绫：采用斜纹组织或斜纹变化组织，织物表面具有斜向织纹的丝织物，质地轻薄。早期织物表面呈叠山形斜纹，"望之如冰凌之理"，故称绫。

④绢：平纹真丝织物，质地细腻、平直。

⑤纺：是一种轻软的丝织物，平纹组织，经纬无捻或弱捻。

⑥锦：用重织和多色丝线织成的色织提花丝绸。锦缎是一种著名的提花丝绸。在古代，人们说织锦的价格和黄金一样高。有蜀锦、宋锦、云锦之分。图 11-7 所示为锦。

⑦缎：外观光滑、光亮、细腻的丝织物，采用缎纹组织或变缎纹组织。

⑧绨：是以平纹组织、长丝为经纱、棉纱或其他纱线为纬纱的一种厚而透明的真丝织物。有素线绨、花线绨之分。

⑨葛：是一种厚实的真丝织物，有平纹、斜纹、变组织，经丝细而纬丝粗，织物表面有横向梭纹。

⑩呢：采用各种组织，应用较粗的经纬丝线，质地丰厚，有毛感的丝织物。

⑪绒：全部或部分羊绒织成的织物，表面有绒头或绒圈。

⑫绸：是一种平纹或变纹经、纬交织的丝绸织物。丝绸的特点是表面细腻、光滑。无其他明显特征的丝织品都可称为绸。图 11-8 所示为绸。

⑬绡：采用平纹或假纱组织，质地轻薄，呈现透孔的丝织物。

⑭绉：真丝织物采用平纹或其他组织，经纬加捻等工艺，并具有防皱效果。它的特点是平滑，柔软，具有良好的抗皱性。

（2）按纺织品的用途可分为衣着用纺织品、装饰用纺织品、工业用纺织品三类。

衣着用纺织品包括各种纺织面料、缝纫线、松紧带、领衬等，这些都有突出的特点。也可以说是一种工艺美术。

图 11-7　锦

图 11-8　绸

装饰用纺织品分为室内用品、床上用品和户外用品。室内用品包括地毯、沙发套、壁毯、贴布、窗帘、毛巾、茶巾、台布、手帕等。床上用品包括床罩、床单、被面、被套、毛毯、毛巾被、枕芯、被芯、枕套等。户外用品包括人造草坪等。图 11-9 所示为毛毯。

工业用纺织品使用范围十分广泛，品种繁多，常见的有蓬盖布、枪炮衣、过滤布、筛网、路基布等。

（3）按生产方式不同分为线类、带类、绳类、机织物、针织物、无纺布等六类。

①线类：纺织纤维经纺纱加工而成纱，两根以上的纱捻而成线。

图 11-9　毛毯

②带类：绞幅和管状织物，称为带类。

③绳类：多股线捻和而成大绳。

④机织物：采用经纬相交织造的织物称为机织物。

⑤针织物：针织物是由纱线绕成一圈，再绕成一圈，直接形成服装制品。

⑥无纺布：无纺布是用纤维辅助网代替传统的纺织工艺加工而成的片状织物。

11.2.2　纺织品质量要求

纺织品是以各种纺织的纤维为原料，经过纺纱、织造、染整等许多工序制成的产品。纺织品一是遮体御寒，二是美化生活，所以对纺织品的质量要求可以概括为服用性好、艺术性高、工艺性精、耐用性强。纺织品质量标准规定五个指标：原材料、织品结构、织品物理机械性能、外观疵点和染色牢度。图 11-10 所示为某童装定制厂家提供的质检报告。

（1）纺织品的原材料决定其织品的外观特征及基本性质，合理选择织品原材料，对提高纺织品服用性能和加强养护是很重要的，织品原材料决定了织品丰满度、光泽程度和手感柔软挺括程度。

（2）织品结构，指纺织品的织纹、重量与厚度、密度、紧度、幅宽与匹长等，在质量标准中都做了相应规定。

图 11-10　某童装定制厂家提供的质检报告

（3）织品的物理机械性能，是指织品的透气性、透水性、吸湿性、缩水率、拉伸强度、抗裂强度、抗顶强度、抗磨强度、抗皱强度、抗疲劳强度等。

（4）织品的外观疵点，是指织品上存在的各种缺陷，如破损、斑渍、色条、破洞、缺经、染色不均、色差、纬斜等。这些缺陷除影响外观，也严重影响织品坚牢度和使用性能，因而对织品的外观疵点必须严格控制。

（5）染色牢度，是指纺织品在使用中常遇到摩擦、汗渍、洗涤、熨烫、日晒等使纺织品颜色发生变化，但能控制在一定范围之内。

纺织品常用分类及应取得的质量认证如表 11-6 所示。

表 11-6 纺织品常用分类及应取得的质量认证

类 别	细 分	通用认证	特殊认证
服装类	衣服	营业执照、商标注册证、生产许可证、授权书（委托公司）	CMA/CNAS 检测报告
装饰类	毛毯		GB/T 15050 检测报告

案例 衣服质量不合格，商家承担三倍价款赔偿

原告纵某在被告某百货公司购买花雨伞精品男衫 1 件，价款 398 元。后原告纵某在穿着中，感觉掉毛严重，手感很差，遂对产品质量产生怀疑。后原告委托国家认可的权威检测机构进行检测，检测结果与产品实际标注成分差别较大，均不符合国家标准，故提起诉讼，要求被告退还其货款并赔偿货款三倍损失。

法院经审理认为，原告纵某在被告处购买男衫，有被告出具的购物缴款凭证及发票为证。原告送检男衫的检验结论为所检纤维项目不符合国家标准，被告销售商品中存在欺诈行为，故被告应向原告承担惩罚性赔偿并退还货款。法院判决：一、被告某百货公司于判决生效后三个月内一次性返还原告纵某货款 398 元，原告纵某退还被告某百货公司花雨伞男衫 1 件，如原告纵某对上述男衫届时不能退还或有损毁，则被告某百货公司有权按 398 元/件抵扣应退货款；二、被告某百货公司在判决生效后的三个月内一次性赔偿原告纵某 1194 元。

11.2.3 纺织品品牌、包装与服务策略

1. 品牌策略

长期以来，我国纺织品，包括服装企业的品牌建设都处于较为落后的一个状态，这也是我国纺织品服装行业单位利润偏低的重要原因之一。

商标是商品的商业名称和标志的总称，通常由文字、标志、符号、图案、颜色及其不同的组合组成。品牌通常分为三个部分：品牌名称、商标和品牌标识。

（1）品牌在纺织品市场营销中的作用。
- 有利于开展商品广告宣传和推销工作。
- 有利于树立良好的形象。
- 有利于推出新产品。
- 有利于保护自身的利益。
- 有利于经销商识别供应商。
- 有利于顾客选购商品。

（2）品牌策略选择和组合。
- 品牌战略：纺织品生产经营中选择使用或不使用品牌的战略。
- 品牌提供者策略：纺织品选择使用谁的策略。
- 品牌族群策略：纺织品选择使用一个或者多个品牌的策略，具体包括个体品牌策略、统一品牌策略和系列品牌策略。

- 品牌延展策略：纺织品将成功塑造品牌，针对同一类型或不同类型的新产品进行推广，从而在更广的范围内运用品牌策略。
- 品牌细分策略：纺织品根据同一产品不同细分市场的需求，生产出具有不同特点的产品，并使用不同的品牌。
- 品牌重塑策略：纺织品重新确定自身的品牌，借助新品牌谋求竞争优势的策略，包括品牌改进策略和新品牌策略。

2. 包装策略

（1）纺织品包装的作用：保护商品，方便运输和储存，美化产品，促进销售，增加产品价值，增加企业收入。

（2）纺织品包装设计：包装的形状要美观，包装的质量要与产品的价值相一致，包装要能体现产品的特点和独特的风格，包装设计要符合顾客的心理，包装设计应当尊重顾客的宗教信仰和风俗习惯，包装设计应当符合法律规定，包装应当便于运输和储存。

3. 服务策略

服务是一方可以提供给另一方的一切活动或利益，基本上是无形的。它不会导致任何所有权。它可能与有形产品有关，也可能与有形产品无关。

纺织行业的服务内容按营销流程分为售前服务和售后服务。售前服务应注意提供给消费者准确的产品信息，恰当的推荐意见等；售后服务包括了调换产品等等。整体都要遵循以消费者为第一要位的服务理念。

案例　服装未标注生产商，销售者被判退还货款

原告周某在被告某商业公司门市购买价值9654元的"贝兹卡诺"的羽绒服。原告所购服装吊牌上注明产地为江苏省苏州市，经销商为康成投资（中国）有限公司，地址为上海市共和新路3318号。原告认为上述服装的吊牌未真实标注生产者，为三无产品，商家存在欺诈行为，故诉至法院，要求被告退还货款并三倍赔偿。

法院经审理认为，康成投资（中国）有限公司以经销商的名义标注了名称、地址及生产地址，属于交付的标的物不符合法律规定，原告有权要求退货。被告某商业公司的行为属于没有严格按照《中华人民共和国产品质量法》第二十七条进行标注的行为，具有一定违法性。但当出现产品质量问题时，消费者可向经销者主张法律责任，不同于没有标注生产者以致无法找到责任主体的情形。本案中并不能够认定上述商品的销售者即被告存在欺诈行为。法院判决：被告某商业公司于判决生效之日起十日内返还原告周某货款9654元，同时原告周某将所购服装退还给被告某商业公司，不能退还的部分，应按照购买价格在上述退还的货款中抵扣。

课堂讨论： 如今市场上的山寨服饰及至各类山寨产品屡禁不止，请思考问题：我们为什么要拒绝"山寨产品"？

11.3　食品分类与质量要求

通常，人们把加工之后的食物称为食品，但是营养学家又常常使用"食物"一词。

11.3.1　食品分类

目前，食品的分类方法有 5 种：

1. 根据食品加工与否分类

根据食品加工与否将食品分为原料食品和加工食品两大类。

1）原料食品是指由各生产部门（如农林牧渔业等）提供的各种未加工产品，主要分为以下三类。

（1）植物性食品。陆生植物性食品主要有谷类、豆类、蔬菜、水果等；水生植物性食品主要有海藻和淡水藻类，如海带、裙带菜、紫菜、螺旋藻等。

（2）动物性食品。陆生动物性食品主要有畜禽蛋奶等；水生动物性食品主要有鱼、虾、贝、蟹、龟等。图 11-11 所示为植物性食品和动物性食品。

图 11-11　植物性食品和动物性食品

（3）矿物性食品。来源非生物界的食品，如各种矿泉水、食盐等。图 11-12 所示为食盐。

除此之外，又可根据原料食品生理生化特点和品质特征的不同，分为鲜活食品、生鲜食品和粮豆类食品 3 类。

（1）鲜活食品。鲜活食品一般是指具有呼吸功能的鲜活食品，如蔬菜、水果、鲜鸡蛋、活禽等。植物性鲜活食品的呼吸作用与其生命活动和贮藏性能密切相关。

图 11-12　食盐

（2）生鲜食品。生鲜食品一般是指含有多种酶但不具有呼吸功能的生鲜食品，如鲜动物肉、鲜禽肉、鲜牛奶、水产品等。生鲜食品的生化效应仍在进行中，外界环境对其品质影响很大。

（3）粮豆类食品。主要包括水稻、小麦、玉米、高粱、谷子、大豆、绿豆等，收获后晒干，其水分含量很低，呼吸作用很弱，能经受长期贮藏。图 11-13 所示为粮豆类产品。

图 11-13　粮豆类产品

2）加工食品是指由原料食品经加工后获得的各种加工产品，包括以下几种。

（1）根据加工工艺和方法的不同，可分为冷冻食品、干燥食品、发酵食品、膨化食品、烘烤食品、浓缩食品、结晶食品、蒸煮食品、罐头食品、消毒食品、腌制食品、熏制食品、辐照食品等。

（2）根据加工食品原料的不同，可分为粮食制品、淀粉制品、蔬菜制品、水果制品、肉制品、蛋制品、乳制品、糖果、茶叶、酒等。

（3）根据加工食品的不同形态，可分为固态食品、液态食品、凝胶食品、流体食品、悬浮食品等。

（4）根据加工程度的不同，可分为成品和半成品。

2. 根据食品营养成分的特点分类

不同食品具有不同的营养价值，从这点出发可把食品分为下列 6 类。

（1）谷物主要提供碳水化合物、植物蛋白、维生素 B 和烟酸。在以植物性食物为主的食物结构中，谷类食物是热能的主要来源。

（2）动物性食品主要提供动物蛋白、脂肪、无机盐、维生素 A、维生素 B2、维生素 B12 等。

（3）大豆及其制品主要提供优质植物蛋白、脂肪、无机盐、B 族维生素和植物纤维。

（4）蔬菜、水果及其加工产品主要提供膳食纤维、无机盐、维生素 C 和胡萝卜素。

（5）食用油主要提供脂肪、必需脂肪酸、脂溶性维生素和热能。图 11-14 所示为食用油。

（6）糖类主要提供热能。

图 11-14　食用油

3. 根据食品在膳食中的比重不同分类

在膳食中所占比重大的食品通常称为主食，比重小的为副食。

（1）主食。在当前，我国大多数居民的主食是各类粮食及其加工品。

（2）副食。主食以外的食品统称为副食，主要包括菜、果、肉、禽、鱼、蛋、奶、糖、酒、茶及其加工品和各种调味品。随着我国人民生活水平的提高，主食在膳食中所占的比例逐渐减少，而副食所占的比例逐渐增大，主食和副食的界限正逐渐模糊和消失。

4. 根据食品的食用对象不同分类

根据食品的食用对象不同分为普通食品和专用食品两类。

（1）普通食品。适合于大多数人食用的食品。

（2）专用食品。适合特殊人群食用，如婴幼儿食品、孕妇食品、产妇食品、老年人食品、运动员食品和航天食品等。

5. 其他食品

随着科学技术的进步、人民生活水平的提高，人们环保意识和营养保健意识的不断增强，各种新型食品随着食品科学技术的日新月异而不断问世，近年来出现了以下一些新型食品。

（1）方便食品。方便食品指经过一点加工就可以吃的食物。其特点是经济方便，如方便面、方便米饭、微波食品、软硬罐头等。

（2）保健食品。保健食品又称功能性食品，是指具有特定保健功能的食品，即适合特定人群食用，能增强免疫力，调节机体功能，如调节血脂、血糖，补充矿物质及微量元素的食品。

（3）绿色食品。绿色食品是指遵循可持续发展原则，按照特定生产方式生产，经专门机构认证，并获得绿色食品标志使用许可的无污染、安全、优质、营养的食品。绿色食品是以其良好的生态环境为人们带来旺盛生命力的食品。它的标志包括太阳、树叶和花蕾。它向人们展示了绿色食品的生态安全和无污染特性，提醒人们通过改善人与环境的关系，创造新的自然和谐。绿色食品可分为 A 级和 AA 级。A 级绿色食品与 AA 级绿色食品的根本区别在于，A 级绿色食品允许使用化学合成食品添加剂，最高允许使用量一般为普通食品最高使用量的 60%；而 AA 级绿色食品不允许使用化学合成食品添加剂，只允许使用天然食品添加剂。

（4）有机食品。有机食品是指无污染、纯天然、高质量的保健食品。有机食品和绿色食品是不同的，不能混淆。在有机食品生产过程中，完全不得使用合成化肥、农药和添加剂，并经有关认证机构确认为纯天然、无污染、安全、营养的食品。在绿色食品的生产过程中，仍然允许使用化肥、低毒农药和添加剂。有机食品的生产加工标准非常严格，比如只有有机肥料、生物农药和物理方法才能防治病虫害。

（5）转基因食品。转基因食品是指利用基因工程技术改变生物的基因组构成，改变其遗传特性，以达到人们需要的目标。转基因食品主要分为三类：转基因植物食品，如转基因大豆、玉米、番茄、大米等；转基因动物食品，如转基因鱼、肉等；转基因微生物食品，如葡萄酒、啤酒、酱油等。图 11-15 所示为转基因玉米。

图 11-15　转基因玉米

11.3.2 食品质量要求

1. 食品的特性

食品特性是指食品固有的和可区分的特性，如外观、内在、适用性和质量。外观特征包括颜色大小、厚度、长度等；内在特征包括口感、纯度等；适用性包括使用范围、食用方法、食用条件等；品质特征包括保健性能、有效期等。有些食品只能通过仪器进行鉴别。比如酒精成分，牛奶纯度。为了让公众了解食品的成分，往往在包装袋上标明构成食品的各种成分，并注明数量。

2. 对食品的要求

对食品消费和社会评价有显性和隐性两个要求。

显性的要求体现在对产品质量的明确规定中。对于加工环境、生产工艺、流通时间、保质期等，政府和有关单位要严格执行，通过检查和强制执行，净化市场，满足人民群众的需求。图 11-16 所示为某款休闲食品在购物平台上的质量检测报告展示。

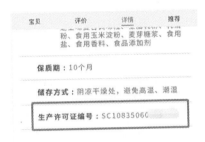

图 11-16 某款休闲食品在购物平台上的质量检测报告

隐性要求是主观的和自愿的，它可能基于不同的消费群体的偏好。产品供应商会特别注意把消费者的需求放在首位，作为赢得市场的主要条件。

3. 满足消费者的程度

中国食品新技术、新产品能否被认可，应从隐性和显性两个方面进行评价。一方面必须符合食品安全生产的必要流程，另一方面要能满足不同消费者的主观需求。质量是一个明确的非主观因素，其指标有明确的界定，达到指标就是合格的，否则就是不合格。

食品常用分类及应取得的质量认证如表 11-7 所示。

表 11-7 食品常用分类及应取得的质量认证

类别	细分	通用认证	特殊认证
普通食品	牛肉	营业执照、商标注册证、食品生产许可证、产品标注代号、健康检测报告、授权书（委托公司）	《中式肉制品安全产品质量认证评审准则》
专用食品	奶粉		QS 食品安全认证
方便食品	方便面		《方便面生产许可证审查细则》
保健食品	钙片		GMP 认证报告
绿色食品	绿色蔬菜		绿色食品证书
有机食品	有机蔬菜		中国食品农产品认证
转基因食品	转基因玉米		《转基因产品检测通用要求和定义（GB/T 19495.1-2004）》

11.3.3 不同种类食品的营销策略

1. 休闲食品的组合营销策略

1）产品概况

休闲食品最重要的卖点是其独特的口感或给消费者带来良好的休闲享受而不是营养。休闲食品主要有四大消费特征：风味型、营养型、享受型和特色型。消费者涵盖所有人群：儿童小吃、青少年娱乐、成人和老年人休闲等。

作为一个规模大且快速膨胀的市场，中国休闲食品市场有如下几个特点，也是休闲食品的几个主流方向：

（1）越来越贴近人的饮食习惯和心理，要适口。

- 带汤汁的，便于咀嚼，利于下咽和消化的，如将薯片与矿泉水捆绑销售；
- 为了满足求新求变的心理，人们的味蕾应该不断地受到新的刺激，以保持持续的满足感；
- 健康，虽然消费者对此不是很清楚，但它在影响他们购买决定的因素中是非常重要的。消费者对食品的功能性会有一定的需求，这成为基于不同功能进行市场细分的前提。

（2）从人的购买、消费的习惯与心理来看，需要赏心、悦目、满足支配心，即"食、色、性"。

- 方便性，卖点要近，购买过程要体现休闲的概念；
- 时效性，满足其心血来潮的非理性需求；
- 可观性，休闲是一个全面的概念，不但要好吃还要好看，试问卖场里哪里最靓？散装产品区；
- 参与性，每个人都有支配欲，好吃好看再好玩就更酷了。

2）休闲食品行业环境现状

20 世纪 90 年代以来，国外休闲活动大规模进入我国。时隔 30 年，休闲食品市场发生了翻天覆地的变化。近年来，我国休闲食品产业发展迅速。由于生产技术的不断提高和休闲食品产业下游需求市场的不断扩大，休闲食品产业在国内外市场的发展态势十分良好。

3）休闲食品特征分析

（1）年轻消费群体崛起。

（2）健康食品居于主导地位。

（3）休闲食品的种类不同，受欢迎的程度有很大的不同。

（4）高收入家庭成为休闲食品消费主流。

（5）产品更新速度快。

4）休闲食品顾客群体分析

儿童和年轻女性是休闲食品的主流消费者。对应分析表明，时尚食品，尤其是休闲食品，已不再是儿童的专利。成年人，尤其是年轻女性，已经成为主流消费者。调查显示，18～24岁具有高中/中专、大学学历的年轻女性是引导时尚食品消费的主流群体，她们在购买食品时喜欢购买更多的时尚品牌；相反，31～35岁的男性对时尚食品并不"避险"。

5）4P营销组合

（1）针对产品方面：树立休闲食品的健康品牌，积极推广绿色有机零食。

（2）针对渠道方面：

- 在各销售平台开设网络商店；
- 建立博客，推出并介绍对应的商品；
- 建立微博，推广有益可口的休闲零食；
- 与大型的团购网站合作，开展低价团购活动。

（3）针对价格方面：

- 限时折扣活动；
- 定时定量竞拍；
- 积分兑换活动。

（4）针对促销方面：

- 免费试吃活动；
- 微博转发抽奖活动；
- 休闲食品知识问答。

2. 绿色食品的市场营销策略

1）产品概况

"与绿色同行，与自然为本"为产品的宗旨，号召广大的人民热爱大自然，保护大自然。

2）市场营销策略

（1）目标市场为中高收入家庭。

（2）产品定位质量最佳和多品种，外包装采用国际绿色包装的4R策略。

（3）价格稍高于同类传统产品。

（4）销售渠道重点放在大城市一些消费水平高的大商场，建立公司自己独特的销售渠道，以"绿色"为主。

（5）在招聘销售人员时，男女的比例为2:1，建立公司自己的培训中心，对销售人员实行培训之后上岗。

（6）建立一流的服务，服务过程标准化，网络化。

（7）前期开展一个大规模、高密集度、多方位、网络化的广告宣传活动。突出产品的特色，突出企业的形象并兼顾一定的医疗与环保知识。

（8）在网上进行产品促销，节假日进行价格优惠，用考核销售人员销售业绩的方法，促使销售人员大力推销。

（9）研究开发绿色资源，着重开发无公害、养护型产品。

（10）研究调查消费者对此类产品的选择过程和产品的改进方案。

3. 肉食品的概念营销策略

1）市场环境

目前我国肉类加工生产市场还处于发展时期，厂家很多，鱼龙混杂，法律环境不成熟，市场秩序不同程度地受到影响。因此，"安全绿色"是肉食品概念营销的不二之选。

2）营销思维

（1）绿色环保。

肉食品作为大众生活中不可或缺的一部分，它与人们的生活是息息相关的。企业把握这一点，在产品的品质方面，通过硬件设施的提高，提高质量检验的精度；通过质量管理等软件的执行，为品牌的品质提供了可靠的保障，树立良好的品牌形象。在目前越来越重视生活质量的情况下，"绿色环保"仍然是肉产品宣传的一大诉求点。产品要服务于人们，首先要具备最大众化的特征，其次才能做特色化的处理，因此，各行各业纷纷打出"绿色环保"的旗帜，这是一种生活观念。首先让消费者敢买、敢吃产品，其次才能进一步搞特色化经营加工，把自己独特的美食文化融于其中，从而保证了竞争力。

（2）回归大自然。

在"绿色环保"日益大众化和泛滥化的情况下，要想在竞争中胜出，产品还应拥有自己的特色，凭借先进的技术设备和独特的文化思想，生产出具有自己特色文化的产品。原材料由政府或企业指定的地点提供，具有很高的质量保证和健康保证；在加工方面尽量保持食品的本来属性，其中，碳烤产品就在很大程度上保持了食品的原味。目前，大中城市的很多人，尤其是那些工作压力较大的人，非常向往大自然的生活，喜欢食品的绿色及食品的原汁原味，由此提出了第二个产品宣传的诉求点：回归大自然。

（3）把健康送给每一个人。

产品是企业的利润来源，也是企业的生存基础，因此，只有生产具有竞争力的产品，才能有取胜的把握。产品最终是由人们来消费的，只有人们消费了产品，企业才能获得利润。产品能够销售出去，不但需要在品质和服务等方面具有很强的竞争力，更重要的是要对社会和消费者负责，这样企业才能在履行社会义务的同时实现自己的利益。企业新产品的推出和扩张，都是为了把自己的美食文化传播给更多的消费者，因此，企业在实施和宣传扩张战略的时候，应该首先站在社会道德的立场上，由此产品引出了第三个理念"把健康送给每一个人"。这不但体现了产品的未来营销和发展战略，而且体现了一种社会责任感。

案例 某网红火锅店陷"卫生质量门",官方致歉:涉事门店停业整顿

江苏广电总台的媒体新闻中心在微信公众号"江苏新闻"中发布了一段"卧底某网红火锅店"的视频。视频显示,位于南京的某网红火锅店爆出诸多惊人的卫生问题:不用健康证就能入职工作;菇类、青菜等不清洗,上桌前淋水冒充新鲜;土豆外表已经发绿、发黑,刮掉表面继续使用;水果和肉类竟然混用刀具案板;打扫卫生的扫帚捣制冰机冰块;碗筷洗不干净等。

视频一经发出,网络上掀起了热议。"还能不能好好吃一顿火锅了?""置食品安全于不顾,消费者该如何放心?"在批评之余,也有网友提出困惑:"这真的只是一家的问题吗?"

针对此次事件某网红火锅店发布了致歉声明。在声明中某网红火锅店称,报道中所涉及的门店其违规行为严重违背某网红火锅店的加盟运营要求,与企业宗旨严重背离,公司将严肃处理。同时,某网红火锅店餐饮管理有限公司负有不可推卸的管理责任,在食品卫生安全管理方面仍需加强改进。某网红火锅店将继续对全国门店展开长期性的严格自查。

某网红火锅店集团相关负责人表示,加盟门店严重违反运营规定,不仅伤害了消费者的感情,也伤害了品牌。从去年起,某网红火锅店就在持续推行系统化的管控机制,现在将加大力度落地。

食品行业是一个良心工程,通过这个案例,希望餐饮行业人员能够提高自律,相关执法部门加强监管,广大消费者也擦亮眼睛,用自己的实际行动去对待不法商家,全社会形成一个对无良商家人人喊打的局面。

11.4 快消产品分类与质量要求

快消产品也叫快速消费品。快速消费品包括包装食品、个人卫生用品、烟草、酒精和饮料。之所以称之为快消品,是因为快消品首先是生活必需品。它们依靠消费者的高频率、重复使用和消费,通过规模化的市场容量获得利润和价值实现。典型的快速消费品包括日化产品、食品饮料、烟酒等;药品中的非处方药也可归入这一类。与快速消费品概念相对应的是耐用消费品,它通常具有较长的生命周期和较大的一次性投资,包括家用电器、家具、汽车等。

快消产品有以下属性:

(1)产品周转周期短。

(2)进入市场的通路短而宽。

(3)市场应该是生动的。在人流量大、档次高的地区设置户外广告牌,宣传产品。店内进行现场演示、打折促销等活动。

(4)一般为分公司或代理制的销售组织形式,在分公司管辖区域内设置仓库。

(5)售后服务的重点主要体现在客户投诉的快速反馈和有效处理上。

与其他类型的消费品相比,快速消费品的购买决策和购买过程明显不同。购买快速消费品属于冲动性购买产品。临时做出的购买决定对周围许多人的建议并不敏感。这取

决于个人喜好。类似的产品不需要比较。产品外观/包装、广告促销、价格和销售点在销售中起着重要作用。因此，快速消费品有三个基本特征：

（1）便利性：消费者可以就近购买；

（2）视觉化产品：消费者在购买时很容易受到卖场气氛的影响；

（3）品牌忠诚度不高：消费者很容易在同类产品中切换不同的品牌。

这些特点决定了消费者对快速消费品的购买习惯具有简单性、快速性、冲动性和感性。

快速消费品是商业活动中非常活跃的一部分。首先，我们需要从概念上理解这个问题。最早的快速消费品不是从食物开始的，而是从洗漱用品开始的。然而，在门店的布局上，这类商品开始越来越多地一起销售。在这样的条件下，快速消费品的概念扩展到了食品。到目前为止，中国人把食品和洗护用品视为快速消费品。根据我们目前的统计，在上海，食品和洗漱用品的销售额占连锁企业总销售额的67%～70%。它们主要陈列在大卖场、超市、便利店和一些主要连锁企业中。

11.4.1 快消产品分类

（1）个人护理产品行业由口腔护理产品、头发护理产品、个人清洁产品、化妆品、纸巾、鞋护理产品和剃须产品组成。

（2）家庭护理产品行业包括以洗衣皂和合成清洁剂为主的织物清洁剂，以及以洗碗剂、地板清洁剂、卫生间清洁剂、空气清新剂、杀虫剂、驱蚊剂和抛光剂为主的家庭清洁剂。图11-17所示为卫生纸和杀虫剂。

图11-17　卫生纸和杀虫剂

（3）品牌包装食品饮料行业由保健饮料、软饮料、烘焙食品、巧克力、冰淇淋、咖啡、肉类加工产品、蔬菜水果、乳制品、瓶装水、品牌米粉、糖等组成。图11-18所示为某品牌巧克力。

（4）烟酒行业。

图 11-18　某品牌巧克力

11.4.2　快消产品质量要求

1. 个人护理品质量要求

1）个人护理品四大共性质量指标

（1）感官指标包括外观、色泽和香气。

（2）理化指标包括 pH 值、耐寒性和耐热性。

（3）卫生指标包括不得检出大肠杆菌群，绿脓杆菌和金黄色葡萄球菌。

（4）包装质量标准包括重量、容量在允许的公差范围之内。

2）个人护理品的一般卫生要求

（1）外观必须良好不得有异味。

（2）对皮肤或黏膜不得产生刺激和损伤作用。

（3）必须无感染性，能使用。

2. 家庭护理品质量要求

无可见杂质、无沉淀、透明液体，易潮解，有刺激性气味；标签有明确的出厂日期，重量，浓度；包装无老化现象，外观干净，无泄漏现象。

3. 食品饮料包装质量要求

软包装行业中的食品包装袋的质量，尤其是卫生质量直接关系到所包装的食品安全，因此要保证所使用的原材料、添加剂符合质量要求的管理制度。须健全包装膜袋的行业和国家标准并严格执行，加强对食品包装的检验监督，防止不合格的食品包装流入市场，加强管理，才得以保障软包装行业的健康发展。

食品包装单膜袋的检验项目主要分为以下几类：外观应无气泡、穿孔、水痕、爆筋、塑化不良、鱼眼块等缺陷，而规格、宽度、长度、厚度偏差应在规定范围内。物理机械性能包括拉伸强度和断裂伸长率，反映了产品在使用过程中的拉伸能力。如果该项目不合格，食品包装袋在使用过程中容易破裂和损坏。

此外，它还包括气体渗透性等气体阻隔性指标；包装袋的密封剥离力、耐压性、耐跌落性、耐油性、耐热性、耐寒性、耐介质性等，这些指标反映了食品包装袋的可靠性。

需要指出的是，除了上述相应的食品包装材料卫生标准外，还有两部法规：一部是《中华人民共和国食品卫生法》，另一部是《食品用塑料制品及原材料管理办法》。

食品卫生法的内容不仅仅是管理办法，它是一部综合性的法律，而后者是专业性的，只涉及塑料制品和原材料。经营范围限于各类塑料餐具、容器、生产管道、输送带、塑料包装材料及所使用的合成树脂和添加剂。所谓塑料餐具，是指勺子、筷子等短期接触食物但要反复使用的塑料制品。所谓容器，是指装有食品的桶、瓶、盆、杯等塑料制品。所谓生产管道，是指在食品加工过程中，包括储存和灌装过程中，物料特别是液体食品或饮料流经的管道。所谓输送带，是指将食品原料输送到加工设备上的载体，而包装材料则是指单个和复合的瓶、桶、托盘、卷膜和袋，其中卷膜包装有保鲜膜、压盖膜和制袋膜。各食品软包装和复合包装材料生产企业应严格执行本管理办法。

塑料薄膜袋的加工必须经过加热，加热后会出现开裂、氧化、降解、变质等问题。因此，用树脂加工塑料薄膜或塑料袋时，必须在树脂中加入抗氧化剂、热稳定剂等添加剂。由于包装工艺和机械或内容物的需要，一些包装薄膜袋还要求抗静电、防结露和高光滑度，因此应添加抗静电剂、防雾剂、润滑剂、开孔剂等添加剂。所有这些添加剂都必须经过《食品安全性毒理学评价程序（GB 15139）》的检测，证明无毒后方可使用。因此，成型产品应该有相应的卫生标准，其目的是防止添加剂的滥用，保证直接包装和接触食品的材料具有较高的健康安全性能。

快消产品常用分类及应取得的质量认证如表 11-8 所示。

表 11-8　快消产品常用分类及应取得的质量认证

类　别	细　分	通 用 认 证	特 殊 认 证
个人护理	牙刷	营业执照、商标注册证、生产许可证、授权书（委托公司）	CNAS 检测报告
家庭护理	吸尘器		CE 认证
食品饮料包装	塑料保鲜盒		LFGB 认证

11.4.3　快消产品网络营销策略

网络营销是以现代营销理论为基础，借助网络、传播和数字媒体技术来实现营销目标的经营活动，快速消费品依靠消费者的高频率、重复使用和消费，通过市场规模来实现利润和价值。快速消费品的特点非常适合网络营销。

1. 搜索引擎优化

快速消费品企业必须使其品牌、产品名称或特征、网上的正面评论符合搜索引擎检索的原则。通过购买和设置关键字，可以将企业的相关信息排在搜索结果的最前面，从而获得更高的关注度。

2. 网络社区营销

快速消费品品牌凭借强大的用户基础，在网络社区植入广告，方便利用网络社区大规模传播新产品的正面信息，引起评论热潮。随着品牌美誉度迅速上升，实际销售也会有所收获。品牌营销专家介绍，网络社区营销想要的是"润物细无声"的效果。只要创意能够实现，就会产生意想不到的效果。

3. 视频嵌入式营销

网络视频是最直观的网络媒体，它的表现形式是千变万化的、富有创意的，所以现在很多视频网站都非常重视自拍短片,因为很多快消品企业在营销上都取得了不错的效果。

案例 某高端矿泉水品牌与某饮料品牌的视频营销

某高端矿泉水品牌曾经制作了一个旱冰宝宝的视频,一堆可爱的宝宝进行摇滚乐以及高难度的旱冰表演,该视频被全球的网友疯狂转载,点击数量超亿次,该品牌"清纯、活力"的特质被极好地阐释与传播。

无独有偶,曾经老气横秋的某饮料品牌为了建立维他柠檬茶的品牌形象,开始通过视频营销,其联合土豆网制作了搞笑的视频,并将其取名为"要来就来真的",之后便向广大网友征集视频,带动网友参与、传播和投票,最终取得了极高的关注度。

11.5 美容护肤类产品分类与质量要求

化妆品、护肤品,是指通过涂抹、喷涂或者其他类似方法,涂抹在人体表面(皮肤、头发、指甲、嘴唇、口腔黏膜等)任何部位,达到清洁、消除异味、护肤、美容、装饰目的的日化工业产品。图 11-19 所示为某购物平台对美容护肤品的消费提醒公示。

11.5.1 美容护肤类产品分类

1. 按使用目的分类

清洁化妆品:用来清洁皮肤和头发的化妆品。如洗面奶、沐浴剂、洗发水、剃须膏等化妆品。

美容化妆品:美化面部和头发。这种化妆品是指胭脂、口红、眼影、染发、熨烫、头发处理和固定。

疗效化妆品:介于药品和化妆品之间的日用化学品。清凉剂、除臭剂、养发剂、脱毛剂、染发剂、驱虫剂等化妆品。

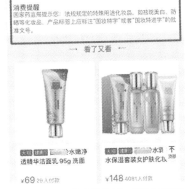

图 11-19 某购物平台对美容护肤类产品的消费提醒公示

2. 按使用部位分类

肤用化妆品:指面部和皮肤化妆品。这类化妆品包括各种面霜和沐浴剂。

头发化妆品:指毛发专用化妆品。这类化妆品有洗发水、摩丝、喷雾发胶等。

美容化妆品:主要指面部美容产品,包括美甲美发产品。

特殊功能化妆品:指添加有特殊功能药物的化妆品。

3. 按剂型分类

液体化妆品:浴液、洗发液、化妆水、香水等。

乳液:蜜类、奶类。

膏霜类:润面霜、粉底霜、洗发膏。

粉类：香粉、爽身粉。块状粉饼、化妆盒。
棒状：口红、发蜡。

4. 按年龄分类

（1）婴儿用化妆品：婴儿皮肤细腻，抵抗力弱。配制成分时应使用低刺激性成分，而精华也应选用低刺激性成分。

（2）少年用化妆品：青少年皮肤正处于发育阶段，皮肤状态不稳定，很容易长痘痘。选用能调节皮脂分泌的原料配制弱油化妆品。

（3）男用化妆品：男士更容易出现油性皮肤，因此应选择适合油性皮肤的原料。剃须膏和须后水是男士专用的化妆品。

5. 按生产过程分类

根据产品的特点，可分为7种。

乳状液：各种奶类、蜜类；

粉末：各种香粉、爽身粉；

美容类：口红、眼影、睫毛膏、指甲油等；

香水类：香水、古龙水、花露水；

香波类：指香波、浴液、护发素；

美发类：指染发、烫发、定发用品；

疗效类：添加药物的化妆品。

11.5.2 美容护肤类产品质量要求

1. 化妆品包装及标签的要求

（1）包装材料：应无毒、清洁，包装整洁美观、封口严密不泄露。

（2）化妆品的标签：必须标明产品名称、生产厂家名称、地址、内容、日期、许可证号、安全警示、使用指南等。

（3）化妆品标签、说明书中不得标注的内容：不得标注适用疾病，不得宣传、暗示疗效；宣传内容不得夸大、虚假，非专用化妆品不得宣传特效；不得使用医学术语；产品名称中不得使用消费者难以理解的专业术语和当地方言；不得使用虚假、夸张、绝对的词语；不得使用粗俗、迷信的词语。

2. 感官质量要求

（1）色泽：无色固体、粉状、膏状及乳状化妆品应该洁白有光泽。液态应清澈透明。有色化妆品应该色泽均匀一致，无杂色。

（2）气味：具有芬芳的香气，持久，无强烈的刺激性。

（3）形状：固状化妆品应软硬适宜，粉状化妆品应粉质细腻，膏状化妆品应稠度适当、质地细腻，液体化妆品应清澈均匀，无颗粒杂质。

3. 卫生安全要求

无异味，对皮肤和黏膜无刺激和损伤，无感染，安全卫生。特殊用途化妆品的质量要求不仅要符合化妆品的要求，还要符合药品的要求。进口化妆品必须经国家商检部门检验，合格后方可进口。

美容美肤产品常用分类及应取得的质量认证如表 11-9 所示。

表 11-9　美容美肤产品常用分类及应取得的质量认证

类　别	细　分	通用认证	特殊认证
清洁化妆品	洗面奶	营业执照、商标注册证、化妆品生产许可证、化妆品卫生许可证、授权书（委托公司）	MSDS 认证
美容化妆品	进口口红		国妆进字备案凭证
疗效化妆品	除臭剂		国妆特字备案凭证

11.5.3　美容护肤类产品的销售策略

中国化妆品市场是一个充满活力的新市场。随着跨国企业的快速进入和本土企业的崛起，行业发生了很大的变化：产品结构发生变化，市场细分，观念日益更新，营销有自己的高招。这促进了国内化妆品行业的进步，加剧了行业品牌纠纷。国外品牌的介入可以使竞争升级，其营销策略可以做如下总结：

- 强劲的广告宣传攻势，公关策略应用，着重塑造品牌；
- 成功的专柜营销策略；
- 超细分的市场策略，能吻合不同的消费需求；
- 包装设计注重特色，更有个性，更有品质感；
- "引导消费"向"追踪消费"模式演变，更加迎合消费者心理需求；
- 重视品牌建设，重视市场信息收集、反馈和研究；
- 重视化妆品网络及终端建设。

除此之外，针对客户心理的美容护肤品管理营销策略非常重要。

针对不同的消费心理，能够打造不同的个性品牌，业内人士将女性在购买化妆品时的心理状态，总结为以下几种：

虚荣心：从营销的角度看，女人有两张脸，一张是真的，一张是虚荣的。通过化妆来装扮自己，让女性更加美丽、健康、青春常在。化妆可以增强自信，得到别人的羡慕。也有一些虚荣心很强的女性，通过消费名牌高档化妆品来炫耀自己的财力和品位，喜欢向别人炫耀或满足自己的好奇心。

惧怕心：随着年龄的增长，人的皮肤会出现皱纹、斑点，失去弹性，光泽暗淡，逐渐衰老。女性天生爱美，天生就怕老，担忧皮肤会过早老化而使青春流逝，容颜衰老，因此，将期望寄予在化妆品上，妄图某种化妆品能留住青春容颜，因此容易对化妆品情有独钟，甚至长期垂青于某品牌。

攀比心：根据经济能力、消费习惯和个人喜好，女性往往希望比其他人拥有更多更好的化妆品。看到同事买了一件漂亮的衣服，她们会想要同样的衣服，甚至更好。如果没有得到喜欢的衣服，她们会感到担心，没有优越感。

打折心：只要有打折，女人通常会驻足观看。这就给精明的商家提供了玩"苦心经营降价""赠送""有奖销售"等怪招的机会，街头的特许经营"特价商品"店铺也应运而生。在女性的购买心理中，"打折却不购买"才是赔本买卖。

流行心：女性崇尚时尚，赶时髦是她们的喜好。她们对新事物好奇且关心，非常热衷于时尚色彩的变化，并希望自己永远站在时尚的前沿，永远不想落后。这恰好是商家淡季销售的情节，其实是一种提前消费。

仿照心：女人对名人有好感，偶像代言的就是她们喜爱的。偶像喜爱的衣服，买！偶像喜爱的首饰，买！名人签名售书，快抢！

仿徨心：女人在购买商品时态度总是犹疑不决。"到底挑哪一种呢？"东店出，西店进，逛了一家又一家，看的越多越没法定，挑得眼花缭乱。这时你给出意见帮助她们做决定，往往会收获不错的效果。

> **案例** 美容产品有缺陷，造成损害应赔偿

2017年某消费者在网上看到一则关于"伊人时光"化妆品的广告，广告中消费者用了该化妆品后祛斑效果显著，且该产品向消费者承诺祛斑10年不反弹。后某个消费者根据网上提供的资料联系到商家，进行了祛斑治疗。在治疗结束后，商家告知某消费者需要配套使用"伊人时光"的产品，祛斑效果会更好。于是某消费者又在商家处购买了"伊人时光"的修复霜等配套产品，支付超过万元。后某消费者脸上出现了红肿、瘙痒等不适症状，商家承诺过一段时间这种不适反应便会消失。后因不适症状并未消失，且越发严重，某消费者根据《中华人民共和国消费者权益保护法》诉至法院。

法院经审理认为，经营者提供的商品或者服务存在欺诈行为，应该按照消费者的要求赔偿其受到的损失，赔偿的金额应该为消费者购买商品的价款或者接受服务的费用的三倍以上。商家为某消费者提供了商品和服务，故双方之间实际成立了消费服务合同关系，应受《中华人民共和国消费者权益保护法》保护。该商家自身并未取得相应的资质，提供的商品也不能够提供合法的来源，对产品质量等也不能够提供有效、合法的证明。其对不特定的人群以"祛斑技术老师""一次性根除雀斑、黄褐斑……"等进行了宣传，所以应认定其存在欺诈行为。法院判决商家应该按照某消费者消费全额的三倍以上90448.20元进行赔偿。

11.6 本章小结

产品质量特征的含义非常广泛，它可以是技术的、经济的、社会的、心理的和生理的。一般来说，反映产品使用目的的技术经济参数往往被视为质量特征。

一般意义上的产品质量是指国家有关法律法规、质量标准和合同中规定的产品应用、安全等特性的要求。

同时，关注产品质量具有以下意义。

1. 社会意义

提高质量的社会意义强调质量对社会的深刻影响。菲根鲍姆博士用"别无选择"来描述质量的社会意义。人们的日常生活和日程完全取决于产品的性能或服务的满意运行，他说，"这大大提高了客户对产品或服务的耐久性和可靠性的要求。"

一方面，强调"质量的社会意义"，就是质量安全成本占国民生产总值的比重较高。这一成本以质量成本的形式增加了制造商的负担，约占其总销售额的10%。质量问题对

买家和商家也有很大影响。买方维护和使用产品的成本可能等于或大于利润率。另一方面，质量关系到整个国家的生产力水平。产品或服务的质量不仅是决定企业质量、企业发展、企业经济实力和竞争优势的主要因素，也是决定一个国家竞争力和经济实力的主要因素。

2. 经济意义

朱兰博士提出了"质量和综合生产力"的概念来说明质量的经济意义。他认为，现代工厂企业和办公室新的工作形式，以及现代市场对质量的要求，正在扩大生产力概念的范围。传统的生产力概念主要是以工厂为导向的，侧重于"投入单位资源以获得更多产品或服务的产品"。现代生产力的概念主要是以市场为导向，强调"单位资源投入产出更多、更适销对路、更好的产品或服务"。这两者在管理目标、衡量管理绩效的单位和生产力规划的重点上有着根本的区别。

3. 提高竞争优势的意义

提高质量的市场意义是指决定企业竞争优势的最重要因素是质量。质量是市场战略竞争中最关键的项目。谁能以灵活快捷的方式提供用户（地区和全球）满意的产品或服务，谁就能赢得市场的竞争优势。

研究发现，市场份额是企业利润的主要来源。然而，持续的市场份额主要来自"顾客感知的产品或服务的相对质量"的领先地位。"相对"是指与竞争对手相比，"能感觉到"的意思是站在用户的立场上，而不是站在厂商的立场上看问题。相对质量是影响业务单元（长期）业绩的最重要因素。在研究保持价值领先地位的方法时，会发现相对质量的变化对市场份额的影响要比价格的变化大得多。

质量市场意义的最突出表现是市场竞争已由"价格竞争"转变为"质量竞争"。影响用户购买的三个因素：价格、质量、交货方式（交货日期和地点），已转变为质量、交货方式和价格。质量已成为决定用户购买的首要因素，"质量竞争"在一定程度上正在取代"价格竞争"。

如果未来会发生一场全球性战争，那就不是一场旨在摧毁生命的战争，而是一场针对世界市场的全球性经济战争。经济战争最锐利的武器是质量。战争实际上已经开始了，这是"质量的市场意义"的核心。